工程项目管理

主　编　吴守荣　任英伟
副主编　孙凌志　张传明
参　编　王　扬　王海鑫

机械工业出版社

本书根据国内外最新项目管理知识体系、标准、规范、相关法律编写。在介绍工程项目、工程项目管理基本概念的基础上，详细论述了工程项目管理的基本内容和方法，主要包括项目组织，范围管理，进度管理，资源与费用管理，质量管理，职业健康、安全和环境管理，风险管理，合同管理，沟通管理，相关方管理，信息管理。本书具有较强的理论性、系统性、针对性和实用性。

本书可作为高等院校工程管理专业、土木工程专业及其他需要国家本科专业工程认证的相关专业教材，同时可作为全国一级、二级建造师、造价师考生的参考资料，也可作为建设方、施工方及政府部门工程管理人员提高专业素养的学习用书。

图书在版编目（CIP）数据

工程项目管理／吴守荣，任英伟主编. —北京：机械工业出版社，2020.12（2025.2 重印）

ISBN 978－7－111－67220－3

Ⅰ.①工… Ⅱ.①吴… ②任… Ⅲ.①工程项目管理-高等学校-教材 Ⅳ.①F284

中国版本图书馆 CIP 数据核字（2020）第 257448 号

机械工业出版社（北京市百万庄大街 22 号　邮政编码 100037）

策划编辑：曹雅君　　　责任编辑：曹雅君　刘　静
责任校对：李　伟　　　封面设计：马书遥
责任印制：郜　敏

天津市光明印务有限公司印刷

2025 年 2 月第 1 版第 4 次印刷
169mm×239mm・22.25 印张・345 千字
标准书号：ISBN 978－7－111－67220－3
定价：55.00 元

电话服务　　　　　　　　　　　　网络服务

客服电话：010－88361066　　　　　机　工　官　网：www.cmpbook.com
　　　　　010－88379833　　　　　机　工　官　博：weibo.com/cmp1952
　　　　　010－68326294　　　　　金　书　网：www.golden-book.com
封底无防伪标均为盗版　　　　　　　机工教育服务网：www.cmpedu.com

前　言

工程项目管理是项目管理的一个大类，是为了使工程项目取得成功，采用系统的观念、理论和方法，发挥计划、组织、控制、协调职能，有序、全面、科学地进行管理。

"工程项目管理"是工程管理专业、土木工程专业及其他需要参加国家本科专业工程认证的相关专业的专业课程。通过对该课程的学习，学生可掌握工程项目管理的基本理论、方法和手段，具备工程项目管理实践的初步能力。本书在编写过程中，结合"工程管理专业规范""土木工程专业规范"以及一级建造师执业资格考试大纲对工程项目管理知识要点的要求，按照基本概念、项目组织、范围管理、"三控三管一协调"的逻辑思路进行编写，工程管理知识要点突出，注重理论与实际的结合，便于学生对知识体系有更好的把握和理解。

本书共有12章。第1章、第2章由吴守荣编写，第3章、第4章由任英伟编写，第5章、第12章由孙凌志编写，第6章、第7章由王海鑫编写，第8章、第10章由张传明编写，第9章、第11章由王扬编写。全书由吴守荣教授统稿。硕士研究生马荣参与了图表绘制、文字整理工作。

本书在编写过程中参阅了有关院校的教材，借鉴了许多专家、学者的研究成果，在此致以最真挚的谢意！

由于编者水平所限，书中难免存在不足或不当之处，敬请广大读者批评指正。

编者

目 录

前 言

第 1 章 绪 论
1.1 项目与工程项目 //001
1.2 工程项目生命周期 //006
1.3 工程项目系统分析 //011
1.4 工程项目管理过程、职能和集成化 //017
1.5 工程项目管理发展历程 //025
复习思考题 //033

第 2 章 工程项目组织
2.1 概述 //034
2.2 工程项目组织策划 //039
2.3 工程项目承发包模式 //044
2.4 工程项目组织结构模式 //049
2.5 项目经理部与项目经理 //059
复习思考题 //067

第 3 章 工程项目范围管理
3.1 概述 //068
3.2 工程项目范围的确定 //070
3.3 工程系统分解结构 //073
3.4 工程项目工作分解结构 //075
3.5 范围变更与控制 //083
3.6 项目范围确认 //088
复习思考题 //090

第 4 章　工程项目进度管理

4.1　概述 // 091
4.2　工程项目进度计划的编制 // 093
4.3　工程项目进度控制 // 137
复习思考题 // 146

第 5 章　工程项目资源与费用管理

5.1　概述 // 147
5.2　工程项目资源计划 // 149
5.3　工程项目费用管理 // 155
5.4　工程项目费用控制 // 168
复习思考题 // 179

第 6 章　工程项目质量管理

6.1　概述 // 181
6.2　工程项目质量管理体系构建 // 187
6.3　工程项目质量控制 // 191
6.4　工程项目质量形成过程中的质量管理 // 196
复习思考题 // 203

第 7 章　工程项目职业健康、安全和环境管理

7.1　概述 // 204
7.2　工程项目职业健康、安全和环境管理体系 // 206
7.3　工程项目职业健康和安全管理 // 208
7.4　工程项目环境管理 // 216
复习思考题 // 219

第 8 章　工程项目风险管理

8.1　工程项目风险管理基本理论 // 220
8.2　工程项目风险识别 // 223
8.3　风险估计与评价 // 229
8.4　工程项目风险应对决策与计划 // 234

8.5　工程项目风险监控 // 237

8.6　国际工程项目风险管理 // 242

复习思考题 // 250

第 9 章　工程项目合同管理

9.1　概述 // 251

9.2　工程项目合同管理的内容 // 260

9.3　工程项目索赔 // 278

复习思考题 // 283

第 10 章　工程项目沟通管理

10.1　概述 // 285

10.2　工程项目沟通管理规划 // 290

10.3　工程项目的有效沟通 // 291

复习思考题 // 298

第 11 章　工程项目相关方管理

11.1　概述 // 299

11.2　工程项目相关方管理的一般过程 // 304

复习思考题 // 322

第 12 章　工程项目信息管理

12.1　概述 // 323

12.2　工程项目信息平台 // 329

12.3　项目管理软件主要功能 // 334

12.4　信息技术在项目管理中应用的新发展 // 339

复习思考题 // 346

参考文献 // 347

第 1 章
绪　论

本章目标　通过本章的学习，使学生了解项目与工程项目的基本概念、项目生命周期阶段的划分、项目管理的概念、工程项目管理的发展历史；熟悉工程项目系统、项目生命周期的特征、项目管理的领域；掌握工程项目管理的过程和职能。

本章介绍　本章主要介绍项目与工程项目的概念与特征、工程项目周期阶段的划分与工程全寿命期管理、工程项目系统分析、工程项目管理的基本概念、工程项目管理的过程、职能及其发展历程。

1.1 项目与工程项目

1.1.1 项目

1. 项目的定义

项目来源于人类有组织活动的分化。随着人类的发展，有组织的活动逐步分化为两种类型：

一是连续不断、周而复始的活动，人们称之为"作业（或运作）"（Operations），如企业日常生产产品的活动。

二是临时性、一次性的活动，人们称之为"项目"（Projects），如企业的技术改造活动、一项环保工程的实施等。

许多管理专家和标准化组织都企图用简单通俗的语言对项目进行抽象性概括和描述。最典型的有：

（1）国际标准《质量管理体系——项目管理质量指南》（ISO 10006）定义项目："由一组有起止时间的、相互协调的受控活动所组成的独特过程，该过程要达到符合包括时间、成本和资源的约束条件在内的规定要求的目标。"

（2）项目管理知识体系（PMBOK）定义项目："是为提供某项独特产品、服务或成果所做的临时性努力。"

但是，这个定义还不能将项目与人们常见的一些连续生产同样产品或重复提供同一服务的过程（如生产作业过程、制造业务和会计业务等）相区别。

（3）国际项目管理协会（IPMA）的ICB体系对项目的定义为："项目是受时间和成本约束的、用以实现一系列既定的可交付物（达到项目目标的范围）、同时满足质量标准和需求的一次性活动。"

（4）德国国家标准DIN 69901将项目定义为，"项目是指在总体上符合如下条件的具有唯一性的任务（计划）：具有预定的目标；具有时间、财务、人力和其他限制条件；具有专门的组织。"

综上所述，项目的定义如下：

项目是一项特殊的将被完成的有限任务，它是一个组织为实现既定的目标，在一定的时间、人力和其他资源的约束条件下，所开展的满足一系列特定目标、有一定独特性的一次性活动。

2. 项目的广义性

在现代社会生活中符合上述定义的"项目"是十分普遍的。最常见的项目有：① 各类开发项目，如资源开发项目、经济开发区项目、新产品研发项目等；② 各种工程建设项目，如城市基础设施建设、住宅区建设、机场建设、港口建设、高速公路建设等项目；③ 各种科研项目，如高科技863计划、科技攻关项目、企业的科研项目等；④ 各种环保和规划项目，如城市环境规划、地区规划等；⑤ 各种社会项目，如星火计划、希望工程、申办和举办奥运会、人口普查、工业普查、扶贫工程、社会调查、选举活动等；⑥ 各种投资项目，如银行的贷款项目、政府及其企业的各种投资和合资项目等；⑦ 各种军事和国防工程项目，如新型武器的研制项目、"两弹一星"工程、航空母舰的制造、航天飞机计划等。

项目已成为社会经济和文化生活中不可缺少的部分，它推动社会的发展和人类的进步。随着我国社会和经济的发展，项目还将会越来越多、越来越广泛。

3. 项目的基本特征

虽然人们对项目定义的角度和描述各不相同，但通常项目都体现出如下特征：

(1) 项目是一项唯一性的任务。这个任务通常是完成一项可交付的成果。这个可交付的成果是项目的对象。项目的对象决定了项目的最基本特性，是项目分类的依据，同时，它又确定了项目的工作范围、规模及界限。

由于项目的范围极其广泛，项目的种类丰富多彩，因此项目的对象也是丰富多彩的。常见的项目对象，即可交付的成果，可以分为如下几个方面：① 工程技术系统（例如，一定生产能力的流水线、一定生产能力的车间或工厂、一定长度和等级的公路等）；② 新产品（例如新产品开发或研制项目）；③ 软件、运行程序、操作规程等（如IT项目、企业的管理系统开发项目等）；④ 活动（例如举办一个运动会和举行一个舞会，这类项目的成果就是这些活动）；⑤ 文字型成果、图样、研究报告或状态报告、专利等（如社会调查、市场调查、各种类型的科学研究项目、工程设计、咨询项目等）。

所以，项目的对象可能是实体的，也可能是抽象的，有一定的范围，可以用功能、范围、技术指标等描述。在现代社会，许多项目通常是上述的综合体。例如，举办2008年北京奥运会是一个项目，该项目的成果是上述各种类型成果的综合体。

(2) 任何项目都有预定的目标。ISO 10006规定：项目目标应描述要达到的要求，能够用时间、成本、产品特性来表示，且尽可能定量描述；项目过程的实施是为了达到规定的目标，包括满足时间、费用和资源约束条件。所以，目标通常有：所要完成的项目对象的要求；完成项目任务的时间要求；完成这个任务所要求的预定的费用等。

(3) 项目是由完成可交付成果所必需的活动构成的，由活动形成过程，所以项目是行为系统，项目管理又是过程管理。对项目所做的计划、控制、协调、合同管理等通常都是针对项目的活动进行的。

(4) 项目具有特定的制约条件。包括时间（如开始和结束，以及持续时间）的限制，资源（如人力、资金、设备等）的限制，环境（如法律、自然等）的约束条件。

(5) 一次性。任何项目从总体上来说都是一次性的、不重复的。它经历前期策划（概念）、设计和计划、施工（生产、制造）和结束阶段。即使在形式上极为相似的项目，例如两个相同产品、相同产量、相同工艺的生产流水线的建设，也必然存在着区别：它们的建设时间、地点、环境、使用的资源、限制、项目组织、利益相关方、风险等都不同。所以，项目与项目之间无法等同，无法替代。

项目是一次性的、独特的，则项目管理也是一次性的，即对任何项目都有一个独立的管理过程，它的计划、控制、组织都是一次性的。项目的一次性是项目管理区别于企业管理最显著的标志之一，它对项目的组织和组织行为的影响尤为显著。通常的企业管理工作，特别是企业职能管理工作，虽然有阶段性，但却是周而复始、循环的，具有继承性。

（6）专门的临时性组织。前面这些特征还不能将项目与企业业务（日常的生产运作、经营管理、财务管理等）工作非常严格和清晰地相区别。而专门的临时性组织才是项目区别于其他管理对象的最显著的特征，项目管理的难点是对专门的临时性组织的管理。

1.1.2 工程项目

1. 工程的概念

本书所指的"工程"是有着预定要求的工程技术系统，通常可以用一定的功能（如产品的产量或服务能力）要求、实物工程量、质量、技术标准等指标表达。例如：具有一定生产能力（产量）的某种产品的生产流水线；具有一定生产能力的车间或工厂；具有一定长度和等级的公路；具有一定发电量的火力发电站或核电站；具有某种功能的产品；某种新型号的武器系统；具有一定规模的医院；具有一定规模学生容量的大学校区；具有一定规模的住宅小区等。

2. 工程项目的概念

本书所指的"工程项目"是以完成一定的工程系统的建设为任务的，包括前期策划、设计和计划、施工、竣工交付等过程。在这个过程中，工程系统通过项目的前期策划和决策从概念上被确定；在设计和计划阶段被逐渐分解细化和具体化，通过项目任务书、设计图、规范、实物模型等定义和描述；通过工程的施工过程形成实体，并在运行（使用）过程中实现其价值。

3. 工程项目的特征

工程项目不仅具有一般项目的特征，还有自身的一些特殊性。

（1）工程项目的交付成果是一个一定规模的工程技术系统。工程项目的交付成果有明确的系统范围和结构形式，具有完备的使用功能。

(2) 工程项目具有特定的目标。从总体上说，工程项目的存在价值通常是为了解决上层系统的问题，实现上层组织的战略。所以对上层系统问题的解决程度，或项目任务的完成对上层组织战略的贡献是项目的总体目标。但对项目组织本身都有如下特定的目标：① 质量目标；② 成本目标；③ 时间目标。

(3) 工程项目实施的约束条件。工程项目的实施有一定的限制条件。广义地说，上述项目目标实质上也属于项目的约束条件。此外，工程项目的约束条件还可能包括：① 资金限制（例如：必须按投资者所具有的或能够提供的资金策划相应范围和规模的工程项目，编制工程项目的实施计划）；② 人力资源和其他资源的限制（例如：劳动力、材料和设备的供应条件和供应能力的限制，技术条件的限制，信息资源的限制等）；③ 环境条件的限制（例如：自然条件的限制，包括气候、水文和地质条件，地理位置、地形和现场空间的制约；④ 社会条件的限制和法律的制约，如我国《环境保护法》对工程施工和运行过程中废弃物排放标准的规定，《劳动法》对劳动安全卫生方面的规定等）。

(4) 特殊的组织和法律条件。

1) 由于社会化大生产和专业化分工，现代工程项目都有几十个、几百个，甚至几千个独立的企业和部门参加，其组织是多企业合作的组织。

2) 工程项目参加单位之间主要靠合同作为纽带，建立起项目组织，以合同作为分配工作、划分责权利关系的依据，是最重要的组织运作规则。工程项目适用与其建设和运行相关的法律条件，例如我国《环境保护法》《招标投标法》《城乡规划法》等。

3) 工程项目组织是一次性的，多变的，动态的，不稳定的。一个单位会因项目任务的承接而进入项目组织，因项目任务的完成而退出项目组织。

由于工程项目组织和法律条件的特殊性，合同对项目的管理模式、项目运作、组织行为、组织沟通有很大的影响，合同管理在工程项目管理中有特殊的地位和作用。

(5) 复杂性。现代工程项目的复杂性体现在：

1) 现代工程项目投资大、规模大、科技含量高、持续时间长、多专业综合、参加单位多，是复杂的系统工程。

2）现代工程项目可交付成果不仅包括传统意义上的建筑工程，而且有复杂的设备系统、软件系统、运行程序、操作规程等，包括大量的高科技、开发型、研究型工作任务。

3）现代工程项目常常是研究过程、开发过程、施工过程和运行过程的统一体，而不是传统意义上的仅按照设计任务书或设计图进行工程施工的过程。

4）现代工程项目的资本组成方式（资本结构）、承发包方式、管理模式是丰富多样的，需要国际合作，合同形式和合同条件越来越复杂。

我国有许多工程项目，如三峡工程、青藏铁路工程、南水北调工程、港珠澳大桥工程，以及一些大型国防工程、城市地铁工程等建设项目，都是特大型的、复杂的、综合性的工程项目。

1.2 工程项目生命周期

1.2.1 工程的寿命期

任何一个工程就像一个人一样，有它的寿命期，在这个期限中工程经历了由产生到消亡的全过程。工程寿命期是指从构思产生到工程报废的全过程。不同类型和规模的工程寿命期是不一样的，但它们都可以划分为如下几个固定的阶段。

工程寿命期和工程项目阶段划分对应图如图1-1所示。

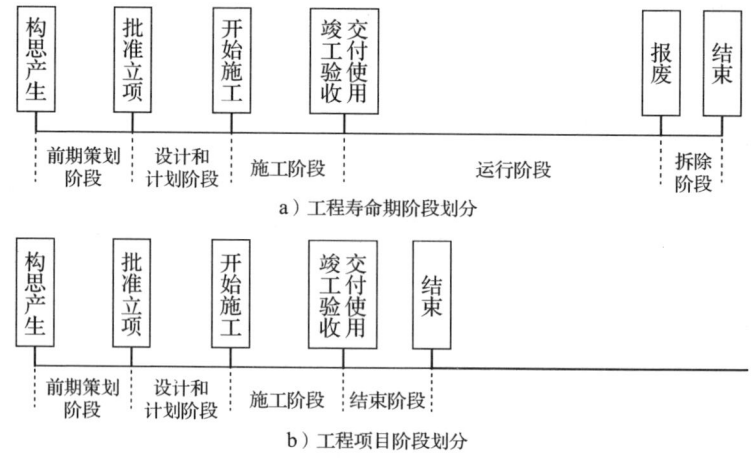

图1-1 工程寿命期和工程项目阶段划分对应图

1. 前期策划阶段

该阶段从工程项目构思产生到批准立项为止，其工作内容包括工程项目的构思、目标设计、可行性研究和工程评价，它是工程的孕育阶段。

2. 设计和计划阶段

该阶段从批准立项到开始施工为止，其工作包括设计、计划、招标投标和各种施工前准备工作。

3. 施工阶段

该阶段从开始施工开始，按照设计和计划完成各部分、各专业工程的施工，逐渐形成具有生产产品的功能或服务能力的工程系统，并通过竣工验收为止。这是工程技术系统实体的形成阶段。

4. 运行阶段

在这个阶段中，工程通过运行实现它的使用价值。在这个过程中需要对工程进行经常性维护（维修），可能有对工程的更新改造、扩建等工作。最终工程完成它的历史使命，退出运行，报废。

5. 拆除阶段

该工程被拆除，整个寿命期结束。通常在工程所在的土地上还会建设新的工程，进入下一个工程寿命期循环。虽然对旧工程的拆除工作一般由新工程的建设者负责，但从保证工程全寿命期的完整性和科学性角度，拆除阶段仍应作为原工程寿命期的一部分。

1.2.2 工程项目生命周期与阶段划分

工程项目是一个工程系统地建设并交付使用的过程，可以细分成工程建设项目（业主方）、工程设计项目（设计方）、工程施工项目（施工方）、工程咨询项目（咨询方）等。很显然，工程项目生命周期是针对项目建设期而言的，是工程寿命期的一部分。工程项目由前期策划、设计和计划、施工和结束四个阶段构成。在不同的阶段有不同的任务，有不同的可交付成果，有不同的组织，有不同的专业工作和管理工作。

1. 前期策划阶段，即概念阶段

这个阶段从项目构思产生到批准立项为止，主要包括：提出项目建议书；进行项目的可行性研究；工程项目评价和决策。

在我国，可行性研究报告经批准后，项目即立项，经批准的可行性研究报告就是工程项目的任务书，作为项目初步设计的依据。

2. 设计和计划阶段，即开发阶段、规划阶段

通常这个阶段的主要工作有：项目管理组织筹建；土地的获得；工程规划、勘察和设计；实施计划的编制；工程招标；各种审批手续的办理；现场准备等。

根据我国基本建设程序，对一般的工程项目，设计分为两个阶段：初步设计和施工图设计。对技术上比较复杂的工业工程项目，可以分为三个阶段设计：初步设计、技术设计、施工图设计。而其他国家的设计程序与我国略有差异，设计阶段划分为工艺（方案、概念）设计、基础工程设计、详细工程设计三个阶段。

3. 施工阶段，即实施阶段

这个阶段从开始施工直到工程竣工并通过验收为止。在这个阶段，工程施工单位、供应商、项目管理（咨询、监理）公司、设计单位按照合同规定完成各自的工程任务，并通力合作，按照实施计划将工程设计经过施工过程逐步形成符合要求的工程。还要做好工程移交，投入试运行前应有工程的运行准备工作。

这个阶段是项目管理最为活跃的阶段，资源投入量最大，管理难度最大、最复杂。

4. 结束阶段

工程由业主移交运行单位，或进入运行（生产或使用）阶段，则标志着工程建设阶段结束。移交过程有各种手续和仪式，对工业工程项目，在此之前要共同进行试生产（试车）；工程竣工后有许多事务性工作，包括：竣工决算，竣工资料的总结、交付、存档等工作；工程的保修（缺陷通知期）和回访；工程项目的后评价。

工程项目的后评价是指对已经完成的，且已投入运行的工程项目的目标、策划和建设过程、运行效益、作用和影响等进行系统而客观的总结、分析和评价。

在工程项目过程中上述阶段可能会出现交叉和重叠,例如,有些设计工作,招标投标工作会延伸到施工阶段中,施工阶段的有些工作会延伸到结束阶段。

关于项目生命周期值得说明的是,每个项目都有其生命周期,不同的是每个项目生命周期阶段的工作内容是不一样的。以工程施工项目为例,施工项目概念阶段的主要工作是投标工作,只有努力做好投标各项工作并中标、签订合同,该施工项目概念才成立;施工项目的设计和计划阶段的主要工作是建立施工项目管理组织,编制施工项目实施计划,做好现场各项准备工作,办理施工的各项批文等;施工项目的实施阶段的主要工作是按设计和计划阶段编制的各项实施计划,做好目标控制工作,确保各项项目目标的实现;施工项目结束阶段的主要工作是做好项目验收工作。

1.2.3 项目生命周期的特征

一般而言,项目生命周期可以分成概念阶段、规划阶段、实施阶段、结束阶段。项目存在多次责任转移。所以,开始前要明确定义工作范围,项目应该在检查点进行检查,比较实际和计划的差异并进行调整,通过设定里程碑目标增强控制、降低风险。而基线是重要的里程碑,项目交付成果应通过评审才会被接收。项目的生命周期从几个星期到几年不等,依项目的内容、规模及复杂程度而定。并且,不是所有项目都必然经历项目生命周期的四个阶段。一般来说,当项目在商业环境中执行时,项目生命周期将以更正式、更有内在结构性的方式展开,而当项目以私人或志愿者方式执行时,项目生命周期则趋向于较随便、不太正式。但无论经历几个阶段,如图1-2所示,项目生命周期都具有以下几个管理特性。

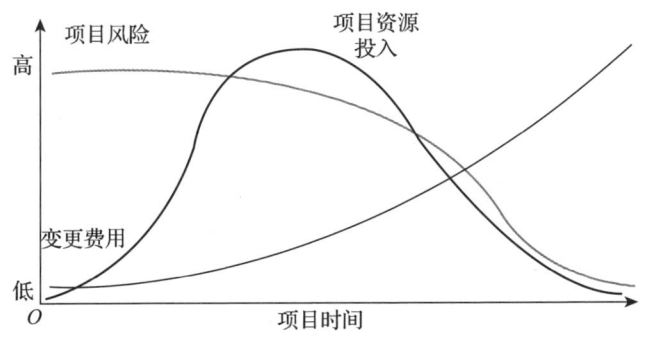

图1-2 项目生命周期的管理特性

(1) 项目资源投入的变动性。项目开始时投入的费用和人力都比较低，随着项目的不断推进，进入项目实施阶段，项目活动数量迅速增加，人力、物力投入水平也急剧增长，达到最高峰。此后，项目进入结束阶段，投入水平随之降低，直至项目终止，投入为零。

(2) 项目风险的变动性。项目开始时成功地完成项目的可能性最低。因此，不确定性和项目风险最高；随着项目任务一项项完成，不确定性因素逐渐减少，项目成功概率随之增加。

(3) 项目变更费用随项目的进行会出现急剧增长。随着项目的推进，项目变更和纠错的花费将呈现几何级数增长。因此，在每一个项目阶段结束时应及时进行总结回顾，尽可能以较小的代价纠正错误，将偏差和错误"扼杀在摇篮里"。

1.2.4　工程全寿命期管理的理念

1. 工程全寿命期理念的内涵

在现代工程项目中，工程全寿命期理念是非常重要的。人们衡量一个工程是否成功，通常以工程全寿命期的整体效率和效益目标是否实现、项目利益相关方是否满意作为衡量标准，注重工程可靠、安全和高效率运行，关注全寿命期中资源节约，费用优化，与环境协调、健康和可持续发展，而且要经得住社会和历史的推敲。

以往，人们将工程按照寿命期阶段割裂开来构建相对独立的管理系统，将前期策划阶段作为"开发管理"，工程立项到交付作为工程项目管理，交付后作为物业管理（或设施管理）。工程项目管理在建设过程中，以质量、工期、成本（投资）为三大目标，由此产生了项目管理的三大控制。这种工程项目管理是近视的、有局限性的，造成项目管理者的思维过于现实和视角太低，这种状况损害项目管理理论的发展和学科体系的建立。实际上工程项目建设过程目标是工程总目标的从属目标，是服务于总目标的。在工程项目的任何一个阶段中的工作（包括技术工作、管理工作等）都要立足于工程的全寿命期，不仅注重建设期，更注重工程的运行阶段，将建设项目管理作为工程全寿命期管理的一个组成部分。从工程全寿命期集成化管理角度进行项目管理目标、组织责任、信息过程设计，进行项目的计划和控制，将工程项目建设过程与工程的运行过程构建成一个统一的、连续的、集成化的管理系统。

2. 工程全寿命期理念对项目管理的影响

近十几年来工程全寿命期管理的研究和应用对工程项目有很大的影响。

工程全寿命期理念不仅扩大了项目管理的时间跨度和内涵,而且提升了工程项目管理的认识层次:

(1) 项目目标设置必须从工程全寿命期出发,反映全寿命期要求,进而保证项目总目标的完备性和一致性。

(2) 在工程全寿命期中能够形成具有连续性和系统性的管理组织责任体系,能够极大地提高项目管理的效率,改善工程的运行状况。

(3) 能够提升项目管理者的伦理道德、对历史和对社会的使命感。工程全寿命期的管理理念更能反映出项目的组织文化和品位,反映项目管理者良好的管理理念、思维方式、价值观、伦理道德和管理哲学。

(4) 促进项目管理的理论和方法改进,如工程全寿命期评价理论和方法、项目全生命周期成本管理、项目全生命周期质量管理、项目的可持续发展理论和方法、项目集成化管理方法等。

(5) 能够改进项目的组织文化,促进项目组织沟通。工程项目的所有参加者应就工程全寿命期的目标达成共识。虽然,他们在不同的阶段承担项目任务,有各自的目标,但他们都应有工程全寿命期的理念,有为工程全寿命期负责的精神。

1.3 工程项目系统分析

在项目管理中,系统方法是最重要也是最基本的思想方法和工作方法。系统是由若干个相互作用和相互依赖的要素组合而成,且有特定功能的整体。任何工程项目都是一个系统,具有鲜明的系统特征。作为项目管理者首先必须确立基本的系统观念,能够运用系统观念对工程项目系统进行分析,深入了解项目系统的组成结构,考虑项目结构各单元之间的联系,各个阶段之间的联系,以及与环境系统的联系,使它们之间相互协调,为工程项目管理打下坚实基础。

工程项目自身是一个复杂的系统,是技术、物质、组织、行为和信息系统的综合体。可以从各个角度、各个方面对它进行描述。通常，工程项目最重要的系统角度有目标系统、技术系统、行为系统、组织系统、管理系统、环境系统等，它们从各个方面决定着项目的形象。工程项目的各系统之间存在着错综复杂的内在联系，它们构成了一个完整的项目系统（图1-3）。

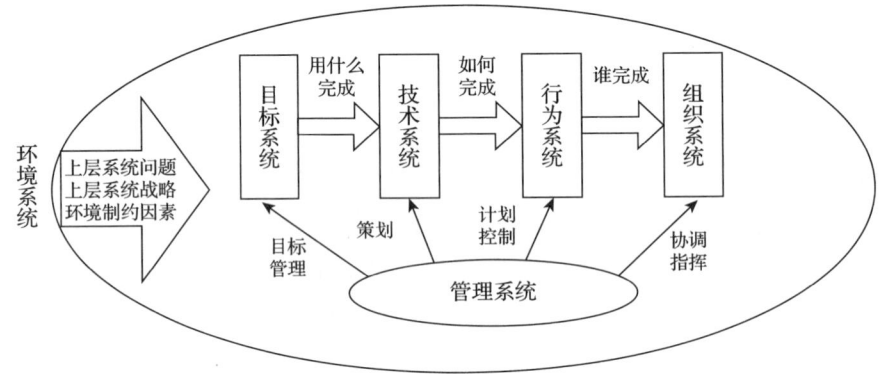

图1-3　工程项目总体系统模型

1. 工程项目目标系统

目标系统是工程项目所要达到的最终状态的描述系统。由于项目管理采用目标管理方法，因此，在前期策划过程中就要建立明确的目标系统，项目目标因素之和应完整地反映上层系统、项目相关方和环境对项目的要求，所以项目目标系统通常是由多目标构成的一个完整的体系。目标系统的缺陷会导致技术系统的缺陷、项目范围不完备、项目计划的失误和实施控制的困难。

所以，项目目标是项目实施过程的一条主线。工程项目目标包括成果性目标、进度目标、费用目标、质量目标、安全目标、环保目标等。

现代项目成功的标准就是项目目标的实现，并使项目利益相关方都满意。同时，成功的项目目标主要是针对工程全寿命期的。项目参加者和项目管理者在某个阶段参与项目，承担阶段性任务，又有各自的具体的阶段性目标和任务。就工程建设项目管理而言，其具体的目标是在限定的时间内，在限定的资源（如资金、劳动力、设备材料等）条件下，以尽可能快的进度、尽可能低的费用（成本或投资）提交满足要求的工程系统，圆满完成项目任务。

因此，项目管理目标主要包括三个方面：质量目标（生产能力、功能、技术标准等），工期目标和费用（成本、投资）目标。它们共同构成项目管理的目标体系（图1-4）。

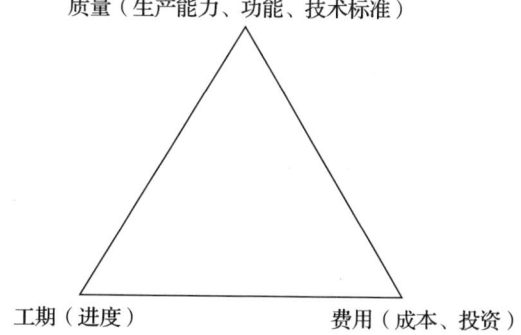

图1-4 项目管理的目标体系

在现代社会，人们要求工程项目承担更多的、更大的责任，使得项目管理的目标在进一步扩展。在传统的三大目标的基础上，在现代工程项目管理中人们又强调：

1）环境目标，即在工程的建设和运行中不污染环境。这是ISO 14000对工程项目管理的要求。

2）职业健康和安全目标，即在工程的建设和运行中必须保证施工工人、现场周边的人员、运行操作人员、工程产品的用户的健康和安全，不出现事故。

3）与业主及其他相关方建立友好合作关系，提高企业信誉等。

这不仅赋予项目管理更多的职能和工作任务，同时，会带来项目管理理论和方法的进步。

目标系统设计通常要遵循SMART原则：

1）项目目标特定性（S）。项目的一次性决定项目目标的特定性，并且任何项目系统目标都可以分解为若干子目标，子目标又可分解为可执行目标。

2）项目目标可计量性（M）。目标的可计量性是指项目目标具体可计量，由此可以进行目标执行情况检查，评价项目绩效，进行跟踪控制。例如，项目的进度目标不能只有总工期要求，必须要有开工日期、竣工日期、里程碑或关键节点完成日期等。

3）目标的可达性（A）。项目目标的可达性是指目标的设置要兼顾实际需要和可能，既不能定得太高也不能太低。不管是技术目标还是管理目标，目标定得太高，脱离实际，人们无论怎样努力都难以达成目标，就失去了初衷；目标定得太低，很容易实现，也就失去了激励作用。项目目标设置应该是考虑实际要求，是经过努力能实现的。

4）目标的相关性（R）。目标系统应是一个稳定的、均衡的相关体系，片面地、过分地强调某一个目标（子目标），常常是以牺牲或损害另一些目标为代价的，会造成项目的缺陷。特别要注意工期、费用（成本、投资）和质量目标之间的平衡。

5）项目目标要有明确的截止时间（T）。这是项目区别运作的重要特征。

目标系统是一个动态的发展过程。它是在项目目标设计、可行性研究、技术设计和计划中逐渐建立起来并形成的一个完整的目标保证体系。但是，由于环境不断变化，上层组织对项目的要求也随之变化，目标系统在实施中也会产生变更。例如，目标因素的增加、减少，指标水平的调整，这会导致设计方案的变化、合同的变更、实施方案的调整等。

项目目标系统是抽象系统，它通常由项目任务书、技术规范、合同文件等说明（定义）。

2. 工程项目技术系统

工程项目的目标最终是通过工程技术系统的建设和运行实现的，这个工程技术系统是项目要交付的成果。它通常表现为实体系统形式，有一定的功能、规模和质量要求，有自身的系统结构形式，它是由许多互相联系、互相影响、互相依赖的功能面和专业工程系统组合起来的综合体。

工程技术系统决定着工程项目的类型和性质。按工程的用途来分有房屋工程，铁路、道路、桥梁、隧道工程，水利、港口工程，工矿工程以及其他工程。按项目性质来分有设计项目、施工项目、设计与施工总承包等。这就要求工程项目管理者首先必须具备某类工程技术知识，了解项目实施的基本过程，才能在项目管理过程中把握项目。项目技术系统由项目的设计任务书、技术设计文件（如实物模型、设计图、规范、工程量表）等定义，并通过施工完成。

3. 工程项目行为系统

工程项目行为系统是由实现项目目标、完成工程建设任务所有必需的工程活动构成的，包括各种设计、施工、供应和管理等工作。这些活动之间存在各种各样的逻辑关系，构成一个有序的、动态的项目实施过程。行为系统的基本要求有：

（1）它应包括实现项目目标系统必需的所有工作，并将它们纳入计划和控制过程中。

（2）保证项目实施过程程序化、合理化，均衡地利用资源（如劳动力、材料、设备），保持现场秩序。

（3）保证各分部工程实施和各专业工程活动之间良好的协调。通过项目管理，将上千个、上万个工程活动导演成一个有序的、高效率的、经济的实施过程。

项目的行为系统也是抽象系统，通常由项目的范围描述文件、项目工作分解结构（WBS）、工作活动表、网络计划、实施计划和管理计划等描述。

4. 工程项目组织系统

项目组织是由项目的行为主体构成的系统。由于社会化大生产和专业化分工，一个项目的参加单位（企业或部门）可能有几个、几十个，甚至成百上千个；常见的有业主、承包商、设计单位、监理单位、分包商、供应商等，它们之间通过行政的或合同的关系连接并形成一个庞大的组织体系，为了实现共同的项目目标承担着各自的任务。

项目组织是一个目标明确、开放、动态、自我形成的组织系统。

5. 工程项目环境系统

任何工程项目都是处于一定的社会历史阶段，在一定的时间和空间中存在的。工程项目的环境是指围绕项目或影响项目成败的所有外部因素的总和，它们构成项目的边界条件。环境对工程项目有重大影响，主要体现在：

（1）工程项目产生于上层系统和环境的需求，它们决定着项目的存在价值。通常环境系统的问题，或上层组织新的战略，或环境的制约因素产生项目目标。工程项目必须从上层系统、从环境的角度来分析和解决问题。

（2）工程项目作为一个开放系统，它的实施过程又是项目与环境之间互相作用的过程，受外部环境条件的制约，需要与环境有如下的输入和输出（图1-5）。

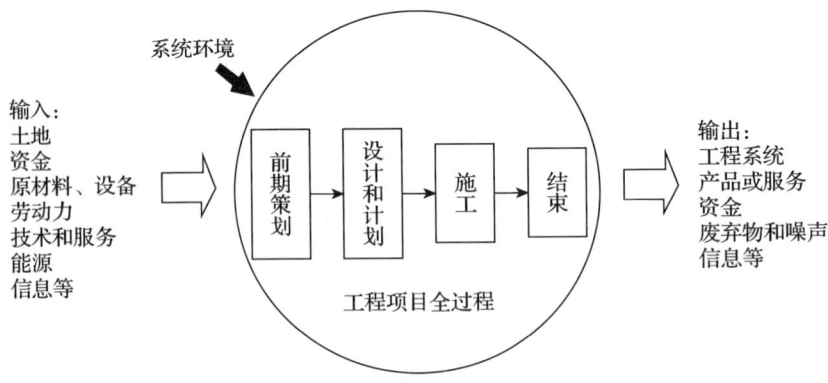

图1-5 工程项目开放系统模型

1）工程项目需要环境提供资源，包括土地、资金、原材料、设备、劳动力、能源、信息以及技术和服务等。这些输入是顺利地进行工程建设和工程运行的保证。

2）与此同时，工程项目向外界环境输出产品或服务、资金、废弃物、信息及其他（如输出新的工程技术、管理人员和管理系统等）。

所以，环境决定着工程的技术方案和实施方案以及它们的优化。如果项目没有充分地利用环境条件，或忽视环境的影响，必然会造成实施中的障碍和困难，增加实施费用。

3）项目环境除技术外，还包括项目实施地的政治、经济、法律、人文环境，这是项目风险产生的主要根源。工程项目处在一个迅速变化的环境中，环境的变化形成对项目的外部干扰，会造成项目不能按计划实施，偏离目标，甚至造成整个项目的失败。所以环境的不确定性和环境变化对项目的影响是风险管理的重点。

为了充分地利用环境条件，降低环境风险对项目的干扰，必须开展全面的环境调查，获取大量的环境资料，在项目的全过程中注意研究和把握环境与项目的交互作用。

6. 工程项目管理系统

工程项目管理系统是由项目管理的组织、方法、措施、信息和工作过程形成的系统，是由一整套过程和有关的管理职能组成的有机整体。

1.4 工程项目管理过程、职能和集成化

1.4.1 工程项目管理的概念

1. 项目管理的概念

项目管理的定义很多，人们可以从许多角度对它进行描述。

项目管理是伴随着社会的进步和项目的复杂化而逐渐形成的一门管理学科。项目管理的理念在人们的生产实践中起到了越来越重要的作用，了解和学习项目管理对于项目实施效率的提高非常重要。

"项目管理"给人们的一个直观概念就是"对项目进行的管理"。这也是其最原始的概念，它说明了两个方面的内涵，即：项目管理属于管理的大范畴；项目管理的对象是项目。

然而，随着项目概念的广义化和管理实践的发展，项目管理的内涵得到了较大的充实和发展。当今的"项目管理"已是一种新的管理方式，一门新的管理学科的代名词。项目管理已经成为一种思维方式、一种工作方法，甚至成为一种生活的方式。

"项目管理"一词有两种不同的含义：其一是指一种管理活动，即一种有意识地按照项目的特点和规律，对项目进行组织管理的活动；其二是指一种管理学科，即以项目管理活动为研究对象的一门学科，它是探求项目活动科学组织管理的理论与方法。前者是一种客观实践活动，后者是前者的理论总结；前者以后者为指导，后者以前者为基础；就其本质而言，两者是统一的。

关于项目管理的定义，人们从不同的角度进行了描述。

（1）美国项目管理协会（PMI）对项目管理的定义是：项目管理就是把各种知识、技能、手段和技术应用于项目活动之中，以达到项目的要求。项目管理是通过应用和综合诸如启动、计划、实施、监控和收尾等过程来进行的。

（2）将管理学中对"管理"的定义进行拓展，则项目管理就是以项目作为对象的管理，即通过计划、组织、领导、协调和控制等职能，设计和保持一种良好的环境，使项目参加者在项目组织中高效率地完成既定的项目任务。

（3）按照系统工程方法，项目管理可分为确定项目目标、制订方案、实施方案、跟踪检查等工作。

（4）ISO 10006 定义项目管理为："对项目各方面的策划、组织、监视、控制和报告，并激励所有参与者实现项目目标。"

2. 项目管理的特点

项目管理与传统的部门管理相比最大的特点是项目管理注重于综合性管理，并且项目管理工作有严格的时间期限。项目管理必须通过不完全确定的过程，在确定的期限内生产出不完全确定的产品，日程安排和进度控制常对项目管理产生很大的压力。项目管理的特点如下：

（1）项目管理的对象是项目或被当作项目来处理的运作。

（2）项目管理的全过程都贯穿着系统工程的思想。

（3）项目管理的组织具有特殊性。

（4）项目管理的体制是一种基于团队管理的项目经理负责制。

（5）项目管理的方式是目标管理。

（6）项目管理的要点是创造和保持一种使项目顺利进行的环境。

（7）项目管理的方法、工具和手段具有先进性、开放性等。

3. 工程项目管理的概念

将一般项目管理的定义延伸到工程项目，则工程项目管理就是指以工程的建设过程为对象的系统管理方法，通过一个临时性的专门的组织，对工程项目的全过程进行计划、组织、指导和控制，以实现工程项目的目标。

英国建造学会《项目管理实施规则》这样定义工程项目管理："为一个建设项目进行从概念到完成的全方位的计划、控制与协调，以满足委托人的要求，使项目在所要求的质量标准的基础上，在规定的时间之内，在批准的费用预算内完成。"

由于工程项目的特殊性，工程项目管理不仅适用一般的管理学原理和方法、系统工程的理论和方法、组织学理论和方法，而且有自己独特的理论和方法体系。

1.4.2 工程项目管理过程

任何项目都是由一系列的项目阶段所构成的一个完整过程，而各个阶段又是一系列具体活动所构成的具体工作过程。过程是指为了生成具体结果（可度量结果，如产品、成果或服务）而开展的相互联系的一系列行动和活动的组合。项目的过程分为两种类型：① 项目的实现过程，是指人们为创造项目的产出物而开展的各种业务活动所构成的整个过程。该过程是面向项目产品的过程，又称为项目过程；一般由项目生命周期表述，并因应用领域不同而不同。② 项目的管理过程，是指在项目实现过程中，人们开展项目的计划、决策、组织、协调、沟通、激励和控制等方面的活动所构成的过程。一般不同项目的实现过程有着相同或相类似的项目管理过程。在一个项目的过程中，项目管理过程和项目实现过程从时间上是相互交叉和重叠的，从作用上是相互制约和相互影响的。

一般而言，项目管理过程由五个不同的项目管理的具体过程（或阶段/活动）构成。这五个项目管理的具体过程构成了一个项目管理过程的循环"启动—计划—执行—监控—结束"。一个项目管理过程循环中所包含的具体过程如图1-6所示，图中经过扩展的循环可以用于过程组内及其之间的相互关系中。

1. 启动过程

启动过程处于一个项目管理过程循环的首位，它所包含的管理活动内容主要有：确定并核准项目或项目阶段，即定义一个项目或项目阶段的工作与活动，决策一个项目或项目阶段的开始与否；决策是否将一个项目或项目阶段继续进行下去等。

2. 计划过程

计划过程又称规划过程，是指确定和细化目标，并为实现项目要达到的目标和完成项目要解决的问题规划必要的行动路线。计划过程所包含的管理活动内容有：拟定、编制和修订一个项目或项目阶段的工作目标、任务、工作计划方案、管理计划、范围规划、进度计划、资源供应计划、费用计划、风险规划、质量规划以及采购规划等。

3. 执行过程

执行过程是将人与其他资源进行结合，具体实施项目管理计划。执行过程所包含的管理活动内容有：组织协调人力资源及其他资源；组织协调各项任务与工作；实施质量保证；进行采购；激励项目团队完成既定的各项计划，生成项目产出物等。

4. 监控过程

监控过程又称控制过程，是指定期测量并监视绩效情况，发现偏离项目目标和项目管理计划之处，采取相应的纠正措施以保证项目目标的实现。监控过程所包含的管理活动内容有：标准制定、项目工作实际情况监督和测量、差异和问题分析、纠偏措施实施、整体变更控制、范围核实与控制、进度控制、费用控制、质量控制、团队管理、利益相关方管理、风险监控以及合同管理等。

5. 结束过程

结束过程又称收尾过程，是指正式验收项目产出物（产品、服务或成果），并有序地结束项目或项目阶段。结束过程所包含的管理活动内容有：制定项目或项目阶段的移交与接收条件，完成项目或项目阶段成果的移交，完成项目收尾和合同收尾工作，使项目或项目阶段顺利结束等。

一个项目的实现过程中，即项目生命周期的任何一个阶段，都需要开展上述项目管理过程循环中的各项管理活动。因此，项目管理的五个具体过程是在项目各阶段中不断循环的。

值得注意的是，一个项目循环过程中的五个具体管理过程之间具有特定的关系。首先，它们之间是一种前后衔接的关系，各项目管理具体过程都有自己的输入和输出，这些输入和输出就是各个具体管理过程之间的相互关联要素。一个项目管理具体过程的输出（结果）是另一个项目管理具体过程的输入（条件/依据）。因此，各个项目管理具体过程之间都有相应的文件和信息传递，并且这些具体过程之间的输入和输出有的是单向的，有的是双向循环的。具体如图1-6所示。

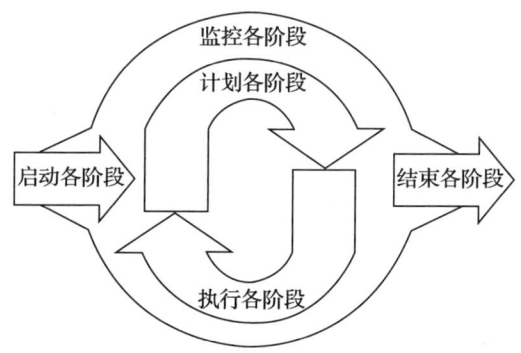

图 1-6　项目管理过程及其循环

一个项目管理循环过程中，各个具体过程在时间上会有不同程度的交叉和重叠。图 1-7 表达了一个项目管理过程循环中，各具体过程之间在时间上的交叉和重叠。

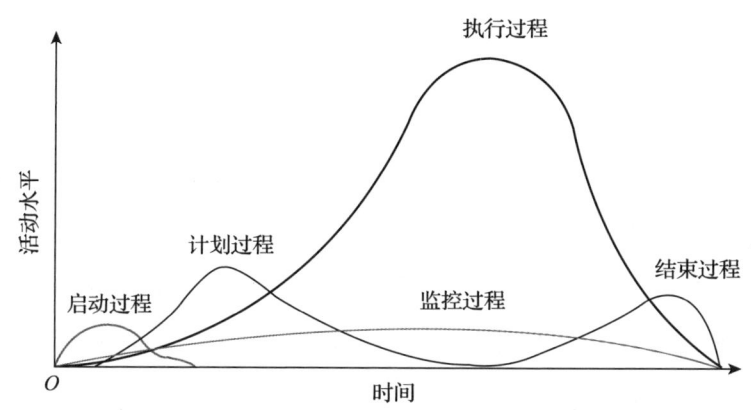

图 1-7　项目管理五个过程的交叉与重叠

1.4.3　工程项目管理的职能分解

现代项目管理知识体系包括许多方面的内容，这些内容可以按照多种方式去组织。PMI 从不同的管理职能角度，将现代项目管理知识体系划分为十大知识领域，包括项目整合管理、项目范围管理、项目进度管理、项目成本管理、项目质量管理、项目资源管理、项目沟通管理、项目风险管理、项目采购管理和项目利益相关方管理，如图 1-8 所示。

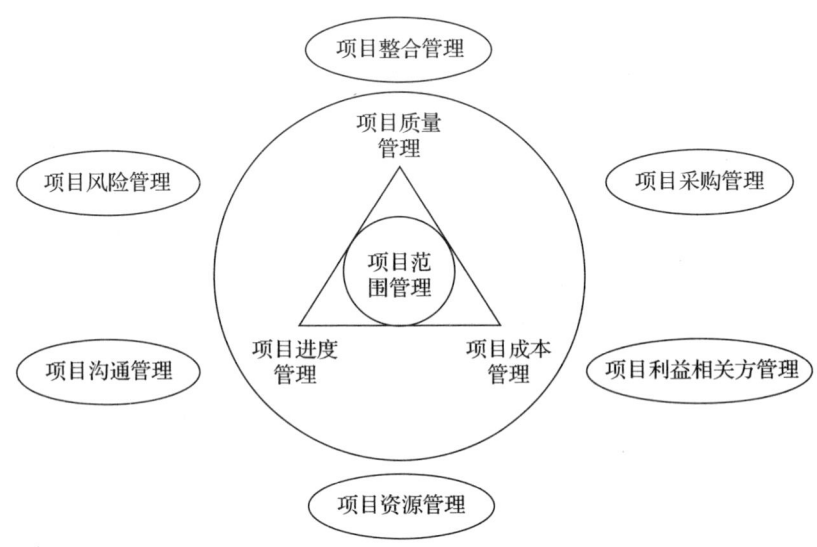

图1-8 项目管理的十大知识领域

工程项目管理的主要工作同样可以分为许多管理职能，这是项目管理专业化的表现，在项目经理部中一般都是按照管理职能落实部门责任。通常工程项目管理职能有：

1. 项目范围管理

项目范围管理工作包括：项目范围的描述；范围的分解（WBS）；范围的定义、WBS词典的建立；活动跟踪与控制；范围验收等。这是项目管理最重要和最基础的工作。

2. 项目进度管理

项目进度管理是在工程量计算、实施方案选择、施工准备等工作基础上进行的，包括如下具体的管理活动：

（1）工期计划。包括按照总工期目标安排各工程活动的工期，确定工程活动的持续时间，明确活动之间的逻辑关系。

（2）进度控制。包括审核实施方案和进度计划，监督项目参加者各方按计划开始和完成工作，预测进度状况，调整（修改）进度计划等。

3. 项目成本管理

项目成本管理工作包括如下具体的管理活动：

（1）成本的预测和计划。包括工程成本（投资）的估算、概算和预算。

（2）工程估价。对工程编制标底和报价，以及在工程施工中对工程变更进行估价。

（3）工程项目的支付计划、收款计划、资金计划和融资计划的编制。

（4）成本控制。包括对已完工程进行量方，指令各种形式的工程变更，处理费用索赔，审查、批准进度付款，审查监督成本支出，进行成本跟踪和诊断。

（5）竣工结算以及最终结算编制和审核，以及结算报告的提出。

4. 项目资源管理

项目资源管理包括制订资源供应计划，控制资源采购和供应过程。

5. 项目质量管理

项目质量管理包括如下具体工作：

（1）审核承包商的质量管理体系和HSE（健康-安全-环境）管理体系，并监督体系的执行。

（2）对材料采购、实施方案、设备进行事前认定和进场检查、验收。

（3）对工程施工过程进行监督、中间检查。

（4）对不符合要求的工程、材料、工艺进行处置。

（5）对已完工程进行验收，以及组织整个工程竣工验收、安装调试和移交。

（6）为工程运行做各种准备，如使用手册、维修手册、人员培训、运行物质准备等。

6. 项目沟通管理

项目沟通管理包括如下具体管理活动：

（1）项目组织策划。

（2）建立项目管理机构和安排人事，培训项目职能人员，促进团队建设。

（3）落实各方面责权利关系，制定项目管理工作流程和工作规则。

（4）领导项目经理部工作，解决出现的各种问题和争执。

（5）信息管理，包括建立管理信息系统，确定组织成员（部门）之间的信息流，收集项目实施过程中的各种信息，并予以保存，起草各种文件，向承包商提供设计图、发布指令，向业主、企业和其他相关各方提交各种报告。

（6）沟通管理，包括协调各参加者的利益和责任，举行协调会议，调解争执等。

7. 项目采购管理

它包含如下具体管理活动：

（1）工程合同策划。

（2）招标投标管理，包括招标准备工作、起草招标文件、合同审查、主持各种会议等。

（3）合同实施控制。

（4）合同变更管理。

（5）索赔管理，解决合同争执等。

8. 项目风险管理

项目风险管理包括风险识别、风险评估、风险应对和风险控制。

9. 项目利益相关方管理

项目利益相关方管理包括：识别项目相关方；规划相关方参与；管理相关方参与；监督相关方参与等。

10. 项目整合管理

一个完整的项目管理系统应将上述各方面融合成一个完整的、有序的整体。

在同一个工程项目中，项目主要参加者的工作都符合项目的定义，都有自己的项目管理工作任务和项目管理组织。如业主有项目经理、项目经理部；项目管理公司（监理公司）也有项目经理和项目经理部；承包商、设计单位、供应商甚至分包商都可能有类似的组织。它们各自的项目管理内容、范围和侧重点有一定的差异，共同构成一个工程项目的管理系统。

1.4.4 工程项目管理的集成化

虽然项目管理有不同的对象、不同的阶段、不同的职能部门、不同层次和角色的管理工作，但在现代项目中，人们越来越强调集成化管理。这是从一个新的高度和广度构建项目管理系统，要求项目管理有更高层次的系统性、连续性、稳定性、有效性。

项目集成化管理要求项目管理者必须有工程全寿命期的理念，系统地观察问题、解决问题，综合地计划和控制，进行良好的界面管理、良好的组织协调和信息沟通。这主要体现在：

（1）将项目构思、目标系统设计、可行性研究、决策、设计和计划、供应、施工和工程运行等综合起来，形成工程全寿命期一体化的管理过程。

（2）把项目的各部分有机地结合在一起，保证项目目标、工程系统、实施过程和管理活动、组织单位结合起来，形成一个协调运行的综合体。

（3）将项目管理的各个职能，如成本管理、进度管理、质量管理、合同管理、信息管理等综合起来，形成一个有机的整体。

（4）将投资者、业主、承包商、设计单位、项目管理公司等各方面的管理集成化和一体化，消除项目组织责任的盲区和组织成员的短期行为，使整个项目组织实现无障碍沟通和运作。

（5）对项目管理信息系统进行集成，如通过构建所有项目参加者共享的信息平台，构建工程全寿命期的信息体系，实现工程全寿命期各阶段、各组织成员和各个职能管理部门之间的信息无障碍沟通。

项目管理的集成化是目前项目管理研究的热点之一。

1.5 工程项目管理发展历程

1.5.1 工程项目管理的历史发展

1. 我国古代的工程项目管理

工程项目的存在已有久远的历史，相应的项目管理工作也源远流长。随着人类社会的发展,政治、经济、宗教、文化生活和军事等方面对某些工程产生了需要,且当时社会生产力发展水平又能满足该需要,因此就出现了工程项目。历史上最典型的是建筑工程项目,主要包括:房屋(如皇宫、庙宇、住宅等)工程项目;水利(如运河、沟渠、船闸等)工程项目;道路桥梁工程项目;陵墓工程项目;军事工程(如城墙、兵站等)项目等。

以上这些工程项目又都是当时政治、军事、经济、宗教和文化活动的一部分,体现了当时社会生产力的发展水平。现存的如长城、都江堰水利工程、大运河、故宫等,规模宏大、工艺精湛,至今还发挥着经济和社会效益,令人叹为观止。

有项目必然有项目管理。在如此复杂的工程项目中必然需要高水平的项目管理与之相配套,否则很难获得成功。虽然现在从史书上很难看到当时工程项目管理的详细情景,但人们仍可以从一些文献中对我国古代的项目和项目管理窥见一斑。如:

(1)工程项目管理程序。在我国古代对工程建设项目就有一套独特的规划、设计和施工管理程序、管理组织。

《左传》中记载东周修建都城的过程,在取得周边诸侯同意后,"士弥牟营成周,计丈数,揣高卑,度厚薄,仞沟洫,物土方,议远迩,量事期,计徒庸,虑材用,书糇粮,以令役于诸侯"。这比较具体地记载了在2500多年前我国古代城墙工程建设的过程,包括工程规划,测量放样,设计城墙的厚度和壕沟的深度,计算土方工程量,计划工期,计算用工量和用料量,准备粮食的后勤供应,并向诸侯摊派征调劳动力。

到了清代,工程建设项目程序已经十分完备,包括选址、勘察地形、设计、施工及竣工后保修等。在整个过程中有计划、勘估(工程量和费用预算)、成本控制(估价、预算、成本控制、工程审计等)、施工质量管理、竣工验收和保修等管理工作。这个流程与现代工程建设过程十分相似。

(2)计划管理。在我国古代经常要进行大规模的宫殿、陵寝、城墙、运河的建设,为了保证工程项目的成功,必须在实施前进行缜密的计划管理。

《孙子兵法》中有"庙算多者胜",是指国家对于战争必须事先做详细的预测和计划。可以想象当时国家进行大型工程的建设必然有"庙算",必然有"运筹帷幄",必然有工程项目时间(工期)的计划和控制,对各工程活动也必然有统筹的安排。

例如北宋皇宫遭大火焚毁后，由丁谓负责建造，建设过程遇到几个问题：烧制砖头需要泥土，大量的建筑材料（如石材、木材）需要采用适当的运输方式，建设完成后需要处理建筑垃圾等。他计划和组织建造过程：先在皇宫中开河引水，通过人工运河运输建筑材料；同时采用开河挖出的土烧砖；工程建成后再用建筑垃圾填河，最终该工程建设项目节约了大量投资。

（3）质量管理。在我国古代工程中就有预定的质量要求，有质量检查、控制的过程和方法。在我国古代的一些建筑遗址中，人们发现有在建筑结构和构件上刻写生产者名字的做法。这就是当时的一种简单而有效的质量管理责任制形式，与现在规定设计人员必须在设计图上签字类同。

最典型的是明代南京城墙的建设，其质量控制方法和责任制形式就是在城墙砖上刻生产者的名字，如果出现质量问题可以方便地追究生产者责任。

到了清代，工程质量管理体系已经十分完备。例如对不同种类的工程有不同的保修（保固）期规定，工程如在保固期限内坍塌，监修官员负责赔修并交由内务府处理；如在工程保固期内发生渗漏，由监修官员负责赔修。

（4）投资管理。我国在工程的投资管理方面很早就形成了一套费用的预测、计划、核算、审计和控制体系。

北宋时期，李诫编修的《营造法式》就是吸取了历代工匠的经验，对控制工料消耗做了规定，可以说是工料计算方面的巨著。

《儒林外史》第 40 回中描写萧云仙在平定叛乱后修青枫城城墙，修复工程结束后，萧云仙将本工程的花费清单上报工部。工部对花费清单进行了全面审计，认为清单中有多估冒算，经"工部核算：……该抚题销本内：砖、灰、工匠，共开销一万九千三百六十两一钱二分一厘五毫……核减七千五百二十五两"。这个核减的部分必须向他本人追缴，最后他回家变卖了父亲的庄园才填补了这个漏洞。该工程审计得如此精确，而且分人工费（工匠）、材料费（砖、灰）进行核算，则必然有相应的核算方法，必有相应的费用标准（即定额）。同时可见当时对官员在工程项目中多估冒算、违反财经纪律的处理和打击力度是很大的。

到了清代，出现了专门负责工程估工算料和编制预算的部门——"算房"。它的职责是根据已做出的工程规划和设计，计算出工料数量和所需费用。

按照清代工程的程序，算房在勘察阶段、设计阶段、施工阶段和工程完工阶段都要进行工程的工料测算（量），有一整套计算规则，进行全过程费用控制。

（5）项目组织形式。我国古代工程项目管理有自己适宜的组织模式，一般都采用集权管理方式，有一套严密的军事化的或准军事化的组织形式。例如都江堰工程由太守李冰负责建造，秦代万里长城的建设由大将蒙恬和蒙毅负责，这种以政府或军队的领导负责大型工程项目管理的模式在我国持续了很长时间。直到新中国成立后，许多工程建设项目获得了成功，这和中国的文化传统、政治和经济体制相关。但由于当时科学技术水平和人们认识能力的限制，历史上的项目管理是经验型的、不系统的。

2. 现代项目管理的发展过程

现代项目管理是在 20 世纪 50 年代以后发展起来的。它的起因有两方面：

1）生产力的高速发展。由于生产力高速发展，大型及特大型的工程项目越来越多，如航天工程、核武器研制工程、导弹研制工程、大型水利工程、交通工程等。项目规模大，技术复杂，参加单位多，又受到时间和资金的严格限制，需要新的管理手段和方法。例如，1957 年"北极星"导弹计划的实施项目被分解为 6 万多项工作，有近 4000 个承包商参加。

现代项目管理理论和方法通常是在大型的或特大型的工程项目中研究和应用的。

2）现代科学技术的发展。现代科学技术的发展，促进了系统论、信息论、控制论、计算机技术、运筹学、预测技术、决策技术的产生，对现代项目管理理论和方法的产生和发展提供了可能性。

由于项目的普遍性和对社会发展的重要作用，项目管理的研究、应用和教育也越来越受到许多国家的政府、企业界和高等院校的广泛重视，得到了长足的发展，成为近 60 年来国内外管理领域中的一大热点。它的发展大致经历了如下几个阶段：

1）20 世纪 50 年代，国际上人们将网络计划技术（CPM 和 PERT 网络）应用于工程项目（主要是美国的军事工程项目）的工期计划和控制中，取得了很大成功。最重要的是美国 1957 年的"北极星"导弹研制和后来的登月计划。当时及此后很长一段时间，人们一谈起项目管理便是网络计划技术，一举例便是上述两个项目。

我国当时学习苏联的工程管理方法，引入施工组织设计与计划。用现在的观点看，那时的施工组织设计与计划包括业主的工程项目实施计划和组织（工程项目施工组织总设计），以及承包商的施工项目计划和组织（如单位工程施工组织设计、分部工程施工组织设计），其内容包括工程项目的组织结构、工期计划和优化、技术方案、质量保证措施、资源（如劳动力、设备、材料）计划、后勤保障（现场临时设施等）计划、现场平面布置等，这对我国新中国成立后顺利完成国家重点工程建设项目具有重要作用。

2) 20世纪60年代，国际上利用计算机进行网络计划的分析计算已经成熟，人们可以用计算机进行工期的计划和控制。在此基础上又实现了用计算机进行资源和成本的计划、优化和控制。这虽然扩大了网络技术的作用和应用范围，但由于当时计算机不普及，上机费用较高，一般的项目不可能使用计算机进行管理。

20世纪60年代初，华罗庚教授将网络计划方法介绍到我国，将它称为"统筹法"，并在纺织、冶金和建筑工程等领域中推广。网络技术的引入不仅给我国的工程施工组织设计中的工期计划、资源计划和优化增加了新的内涵，提供了现代化的方法和手段，而且在现代项目管理方法的研究和应用方面缩小了我国与国际上的差距。

在我国的一些国防工程项目中，系统工程理论和方法的应用提高了项目管理水平，保证了我国许多重大国防工程项目的顺利实施。

3) 20世纪70年代初，信息系统方法被引入项目管理中，项目管理信息系统模型被提出。

整个20世纪70年代，项目管理过程和各个管理职能被全面、系统地研究。同时项目管理在企业组织中推广，人们研究了在企业职能组织中项目组织的应用，在工程项目的质量管理方面提出并普及了全面质量管理（TQM）或全面质量控制（TQC），依据TQM（TQC）原理建立起来的PDCA（计划—执行—检查—处理）循环模式一直是工程项目的质量、职业健康、安全和环境管理中一种有效的工作方法。

4) 20世纪70年代末80年代初，计算机得到了普及，这使项目管理理论和方法的应用走向了更广阔的领域。由于计算机及软件价格降低、数据获得更加方便、数据处理时间缩短、调整容易以及程序与用户友好等优点，寻常的项目管理公司和中小企业均可使用现代项目管理方法和手段，提高了工作效率，收到了显著的经济和社会效果。

同时，项目管理的应用领域在扩展，被广泛地应用于建筑工程、航空航天、国防、农业、IT、医药、化工、金融、财务、广告、法律等行业。

5）20世纪80年代以来，人们进一步拓展了项目管理研究领域，有许多热点：

① 加强合同管理、风险管理、项目组织行为和沟通的研究和应用，提倡双赢或多赢，关注各方面的利益，使项目相关方满意。

② 计算机和现代信息技术（特别是互联网）的广泛应用，对现代项目管理各项工作有着十分巨大的促进作用。

③ 在工程项目中出现许多新的融资模式、承发包模式和管理模式，有许多新的合同形式和组织形式。在我国的施工企业中逐渐推行了项目管理（项目法施工），在投资领域推行工程建设投资项目业主全过程负责制，在工程建设项目中实行监理制度，近年来，在我国政府工程建设项目中又推行代建制。

这些研究和应用也是工程项目管理最富特色的内容。

④ 从工程项目的社会责任和历史责任，以及工程的可持续发展出发，更关注工程的全寿命期管理、集成化管理、人性化管理、健康-安全-环境（HSE）管理等。

⑤ 由于现代社会大型和特大型项目越来越多，越来越复杂，项目管理研究的深度和广度也进一步拓展：

第一，由对一个项目的管理向多项目管理、项目群管理、组织项目管理（OPM）发展。

第二，由以项目职能管理为重点向集成化、复杂项目管理、项目（工程）与环境协调管理方面发展。

第三，由以项目管理技术和方法应用为重点向项目管理理论、价值观、组织文化、社会影响、管理哲学等方面的研究发展。

随着科学技术的发展和社会的进步，对工程项目的需求也越来越大，工程项目的目标、计划、协调和控制也更加复杂，这将进一步推动工程项目管理理论和方法的发展。

1.5.2 现代工程项目管理的特点

1. 项目管理理论、方法和手段的科学化

这是现代项目管理最显著的特点。现代项目管理的发展历史正是现代管理理论、方法、手段和高科技在项目管理中研究和应用的历史。现代项目管理吸收并使用了现代科学技术的最新成果，具体表现在：

（1）现代管理理论的应用。现代项目管理理论是在系统论、信息论、控制论、行为科学等基础上产生和发展起来的，并在现代工程项目的实践中取得了惊人的成果。它们奠定了现代项目管理理论体系的基石，同时推动项目管理学科的发展。从本书后面的论述可见，项目管理实质上就是这些理论在项目实施过程和管理过程中的综合运用。

（2）现代管理方法的应用。例如预测技术、决策技术、数学分析方法、数理统计方法、线性规划、网络计划技术、图论、排队论等，它们可以用于解决各种复杂的工程项目问题。

（3）现代管理手段的应用。最显著的是计算机和现代信息技术，包括现代图文处理技术、通信技术、先进的测量定位技术、多媒体技术和互联网等的使用，大大提高了项目管理工作效率。

近十几年来，管理领域中新的理论和方法，如创新管理、以人为本、学习型组织、变革管理、危机管理、集成化管理、知识管理、虚拟组织、柔性管理、并行工程、敏捷管理等在项目管理中应用，大大促进了现代项目管理理论和方法的发展，开辟了项目管理一些新的研究领域。同时项目管理的研究和实践也充实和扩展了现代管理学的理论和方法的应用领域，丰富了管理学的内涵。如何应用管理学和其他学科中出现的新的理论、方法和高科技手段，一直是项目管理领域研究和开发的热点。

2. 项目管理的社会化和专业化

在现代社会中，由于工程规模大、技术新颖、参加单位广泛，且项目数量越来越多，社会对项目的要求也越来越高，使得项目管理越来越复杂。按社会分工的要求，需要专业化的项目管理公司专门承接项目管理业务，为业主和投资者提供全过程的专业咨询和管理服务。专业化的工程项目管理已成为一个新的职业，一个新的工程领域。国内外已探索出许多比较成熟的工程项目管理模式，极大地提高了工程项目的整体效益，实现投资省、进度快、质量好的目标。

随着项目管理专业化和社会化，近十几年来，项目管理的教育也越来越引起人们的重视。在许多高校中，工科、理科、商学、法学，甚至文科专业都设有项目管理相关课程，并有项目管理专业的学位教育，最高可达到博士学位；在国家注册监理工程师、造价工程师、建造师等的培训和执业资格考试中都将工程项目管理作为主要内容。

3. 项目管理的标准化和规范化

项目管理是一项技术性很强的十分复杂的管理工作，要符合社会化大生产的需要，项目管理必须标准化、规范化。这样才能逐渐摆脱经验型的管理状况，才能实现专业化、社会化，才能提高管理水平和经济效益。

在我国，工程项目管理的标准化和规范化体现在许多方面，如：

（1）《建设工程工程量清单计价规范》（GB 50500—2013）。

（2）网络计划表达形式的标准化，如《工程网络计划技术规程》（JGJ/T 121—2015）。

（3）标准的合同条件和招投标文件。

（4）《建设项目工程总承包管理规范》（GB/T 50358—2017）。

（5）《建设工程施工合同（示范文本）》（GF—2017—0201）。

（6）《建设工程项目管理规范》（GB/T 50326—2017）。

4. 工程项目管理国际化

在当今世界，国际合作项目越来越多，如国际工程、国际咨询和管理业务、国际投资、国际采购等，在项目管理领域的国际交流也日益增多。

现在，中国的工程承包市场已成为国际承包市场的一部分，不仅大型工程项目，甚至一些中小型工程项目的要素（如参加单位、设备、材料、管理服务、软件系统、资金等）都呈国际化趋势。

项目要素的国际化带来项目管理的困难，这主要体现在不同文化和经济制度背景的人们，由于风俗习惯、法律背景和项目管理模式等的差异，在项目中难以协调。这就要求按国际惯例进行项目管理，采用国际通用的管理模式、程序、准则和方法，这样就使得项目的实施和管理有一个统一的基础。

工程项目管理国际惯例与管理体系比较典型的有：

（1）世界银行推行的工业项目可行性研究指南以及世界银行的采购条件。

（2）国际咨询工程师联合会（FIDIC）颁布的合同条件。

（3）国际上处理一些工程问题的惯例和通行的准则。

（4）国际标准《质量管理体系——项目管理质量指南》（ISO 10006）。

（5）国际标准《项目管理指南》（ISO 21500）等。

（6）PMBOK。

（7）IPMA 的专业资质认证（IPMP）体系和美国 PMI 的项目管理专业资质认证（PMP）体系等。

复习思考题

1. 收集不同书籍中对项目的定义，并分析它们的差异。
2. 工程寿命期阶段划分和工程项目阶段划分有什么联系和区别？
3. 工程项目管理的职能有哪些？
4. 什么是项目的目标系统、技术系统、行为系统和组织系统？它们之间有什么联系？以三峡工程为例，简述其目标系统、技术系统、行为系统、组织系统。

第 2 章
工程项目组织

本章目标 通过本章的学习，使学生了解工程项目组织策划过程；熟悉项目组织结构的基本形式与特点，以及对项目经理的素质和能力要求；掌握工程项目承发包模式及其特点。

本章介绍 工程项目组织是由业主、承包商、设计单位、供应商和项目管理公司等组成的组织。本章主要介绍：工程项目组织的定义、基本形式、特殊性；工程项目组织策划过程和主要工作；工程项目的承发包模式，它决定了项目组织结构的基本形式；项目经理部的结构、组建与项目经理的职业要求。

2.1 概述

2.1.1 工程项目组织的基本概念

1. 组织的概念

"组织"一词，其内涵比较宽泛，人们通常所用的"组织"一词一般有两层含义：

（1）对一个过程的组织，对行为的策划、安排、协调、控制和检查，如组织一次会议、组织一次活动。

（2）人们（单位、部门、个人）为某种目的，按照某些规则形成的职务结构或职位结构，如项目组织、企业组织等。

2. 工程项目组织的定义

国际标准 ISO 21500 定义，项目组织是从事项目具体工作的组织，是临时性组织。它包括项目参与方、责任、层级结构和界限等。因此，本书中的"工程项目组织"是指为完成整个工程项目工作分解结构图中的各项工作的个人、单位、部门按一定的规则或规律构成的群体，通常包括业主、施工单位、项目管理单位（监理单位）以及设计和供应单位等；有时还包括投资者、为项目提供服务的或与项目有某些关系的部门，如政府机关、鉴定部门等。

工程项目组织中的某一参加者从事项目的一部分工作，如勘察工作、设计工作、施工工作、监理工作、供应工作等，也符合项目的定义，也需要建立相应的"项目组织"。例如：设计单位承担了工程设计的任务，其组织即为"设计项目组织"；施工承包商承担了工程施工的任务，其组织即为"工程施工项目组织"等。

3. 工程项目组织的基本形式

工程项目是由目标产生工作任务，由工作任务决定承担者，由承担者形成组织。按照工程项目的范围管理和系统结构分解，在项目中有两种性质的工作任务。

（1）为完成项目对象所必需的专业性工作任务。项目的专业性工作任务包括工程设计、建筑施工、安装、设备和材料的供应、技术鉴定等。这些工作一般由设计单位、工程承包公司、供应商、技术咨询和服务单位等承担；它们构成项目的实施层，其主要任务和责任是按合同规定的工期、质量完成自己承担的项目任务（如工程设计、供应、服务、施工和保修责任）。

（2）管理工作。在工程项目全过程中，相关的管理工作可分为以下四个层次：

1）战略决策层。该层是项目的投资者（或发起者），包括项目所属企业的领导、投资项目的财团、参与项目融资的单位。它在项目的前期策划和实施过程中负责战略决策和宏观控制工作。它的组成由项目的资本结构决定，但由于它通常不参与项目的具体实施和管理工作，因此一般不出现在项目组织中。

2）战略管理层。投资者通常委托一个项目主持人或建设的负责人作为业主，以项目所有者的身份进行项目全过程总体的管理工作，包括：① 确定生产规模，选择工艺方案，选择和批准重大的技术和实施方案；② 批准项目的设计文件、实施计划和它们的重大修改；③ 确定项目组织策略，选择承发包方式、管理模式，委托项目任务，并以项目所有者的身份与项目管理单位和项目实施者（承包商、设计单位、供应单位）签订合同；④审定和选择工程项目所用材料、设备和工艺流程等，提供项目实施的物质条件，负责与环境的协调，取得官方的批准；⑤对项目实施过程进行宏观控制，做重大问题的决策，给项目管理单位以持续的支持；⑥按照合同规定向项目实施者支付工程价款和接受已完工程等。

3）项目管理层。它通常是由业主组建的，或委托项目管理公司或咨询公司构建的由项目经理领导的项目经理部（或小组），在项目实施过程中承担计划、协调、监督、控制等具体的项目管理工作。它的责任是保护业主利益，保证业主投资目的和项目整体目标的实现。

4）实施管理层。工程的设计、施工、供应等单位，为完成各自的项目任务，分别开展相应的项目管理工作，如质量管理、安全管理、成本管理、进度管理、信息管理等；这些管理工作由各自的项目经理部承担。

因此，工程项目组织结构层级如图2-1所示。

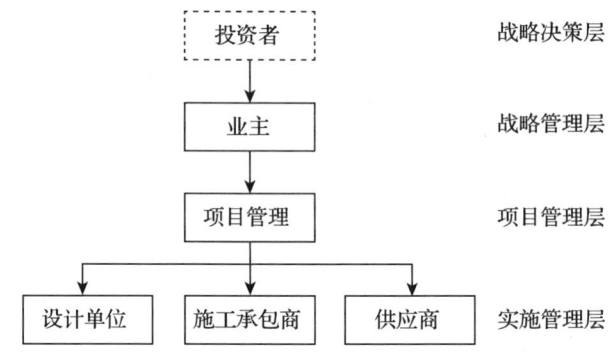

图2-1　工程项目组织结构层级

2.1.2　工程项目组织的特殊性

项目组织不同于一般的企业组织、社团组织和军队组织，它具有自身的组织特殊性。这是由项目的特点决定的，同时，它又决定了项目组织设置和运行的原则，在很大程度上决定了人们在项目中的组织行为，决定了项目沟通管理、协调以及信息管理。

1. 项目组织具有临时性

每一个工程项目都是一次性的、暂时的,所以项目组织也是一次性的、暂时的,具有临时组合的特点。项目组织成员在完成它所承担的项目任务(由合同规定)后就退出项目组织;整个项目结束后,项目组织就会解散或重新构建其他项目组织。即使有一些经常从事相近项目任务或项目管理任务的机构(如项目管理公司、施工企业),尽管项目管理班子或队伍人员未变,但由于不同的项目有不同的目的、不同的范围、不同的对象和不同的合作者(如业主、分包单位等),其项目组织仍然是一次性的。项目组织的一次性和临时性,是它区别于企业组织的一大特点,对项目组织的运行、参加者的组织行为、团队建设和沟通管理影响深远。

2. 项目的工作分解结构决定项目的组织分解结构

项目组织是为完成项目的所有任务而建立起来的,即通过项目结构分解得到的所有工作(专业性工作和管理工作),都应无一遗漏地落实承担者。所以项目工作分解结构对项目组织结构具有很大的影响,它决定组织结构的基本形态和组织工作的基本分工。每个参加者在项目组织中的地位是由他所承担的任务决定的,并不是由其企业规模、级别或隶属关系决定的。

同时,项目组织应力求结构的简单化。增设不必要的机构,不仅会增加项目管理费用,而且常常会降低组织运行效率。

在工程项目过程中组织成员由工作任务决定,所以出现较迟。这是工程项目组织与企业组织最大的区别之一。

3. 项目组织存在巨大的复杂性

(1) 项目组织与企业组织之间有复杂的关系。这里的企业组织不仅包括投资者和业主的企业组织,而且包括承包公司、设计公司等。工程项目的组织成员实质上是各个参加企业的委托授权机构,项目组织成员来自不同企业或部门,按合同和项目计划进行工作,各自承担一定范围的项目责任,有独立的经济利益和权利。例如某学校建造一栋教学楼,该工程项目组织关系如图2-2所示。

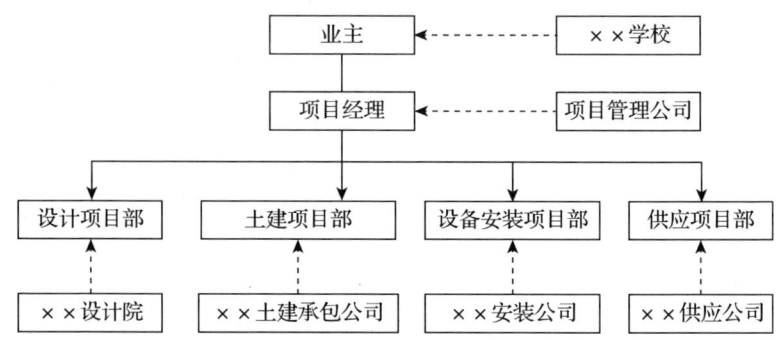

图 2-2 某教学楼工程项目组织关系图

项目组织成员通常扮演两个角色，如土建项目部既是本项目成员，又是承包公司中的组织成员。研究和解决企业对项目的影响，以及它们之间的关系，在企业管理和项目管理中都具有十分重要的意义。而企业组织与项目组织之间的障碍也是导致项目失败的主要原因之一。

无论是企业内的项目（如研究开发项目），还是由多企业合作进行的项目（如工程建设项目、合资项目），企业和项目之间都存在如下复杂的关系：

1）由于企业组织是现存的，是长期的稳定的组织，项目组织常常依附于企业组织，项目的人员常常来自企业，有些项目任务直接由企业部门完成。一般项目组织必须适应而不能修改企业组织和管理体制。企业的运行方式、企业文化、责任体系、运行机制、分配形式、管理机制直接影响项目的组织行为。

2）项目和企业之间存在一定的责权利关系，这种关系决定着项目组织成员的独立程度。既要保证企业对项目的控制，使项目实施和运行符合企业战略和总计划，防止失控，又要保证项目的自主权，充分调动项目部的积极性，这是项目顺利成功的前提条件。

3）由于企业资源有限，则在企业与项目之间及企业同时进行的多项目之间存在十分复杂的资源优化分配问题。

4）企业管理系统和项目管理系统之间存在十分复杂的信息交往。

5）项目参加者和部门通常都有项目的和自己原部门工作的双重任务，甚至同时承担多项目任务，这样不仅存在项目和原工作之间资源分配的优先次序问题，而且项目参加者在工作中常常要改变思维方式。

(2) 工程项目内部存在多种形式的组织关系。以下两种是其中最主要的关系：

1) 专业和行政方面的关系。这与企业内部的组织关系相似，上下级之间为行政和专业的领导和被领导的关系，这种组织关系主要存在于企业（如承包商、供应商、分包商、项目管理公司）内部的项目组织中。

2) 合同关系或由合同定义的管理关系。不同隶属关系（不同法人）的项目组织成员之间以合同作为组织关系的纽带，如业主与承包商之间的关系由承包合同确立。合同签订和解除（结束）表示组织关系的建立和脱离。项目参加者的任务、工作范围、经济责权利关系和行为准则均由合同规定。项目组织按照合同运行，所以工程项目的合同体系与项目的组织结构有很大程度的一致性。

虽然承包商与项目管理者（如监理工程师或项目管理公司）没有合同关系，但其责任和权利的划分及其行为准则仍由管理合同和承包合同限定。因此，在工程项目组织的运行和管理中合同十分重要，合同管理是工程项目区别于一般项目管理和企业管理的最有特色的部分。项目管理者必须通过合同手段运作项目，同时，应采用合同、法律和经济等措施解决问题，而不是借助行政手段。

通常一份合同确定了项目组织成员两两之间的关系，而一个项目有许多合同，容易造成项目组织成员行为准则的不统一，由此导致项目组织联系是比较松散的。

除了合同关系外，项目参加者在项目实施前通常还订立了项目管理规程，使各项目参加者在项目实施过程中能更好地协调、沟通，以便项目管理者能更有效地控制项目。

2.2 工程项目组织策划

2.2.1 工程项目组织策划要解决的主要问题

工程项目组织策划有许多宏观和微观的问题需要解决，对项目组织有最重要影响的是如下三方面（图2-3）：

（1）工程项目的资本结构，即项目所采用的融资模式。它决定了项目所有者（或发起人）的组成方式。它通常由上层组织决定，一般不作为项目管理的任务，但它对项目管理的影响很大，是现代工程项目领域研究和应用的热点。

（2）承发包模式。它决定了项目实施和管理工作任务的委托方式，决定了工程项目组织结构的基本形式。

（3）项目管理组织方式，即项目所采用的管理模式。它决定了业主委托项目管理的组织形式和管理工作的分担。

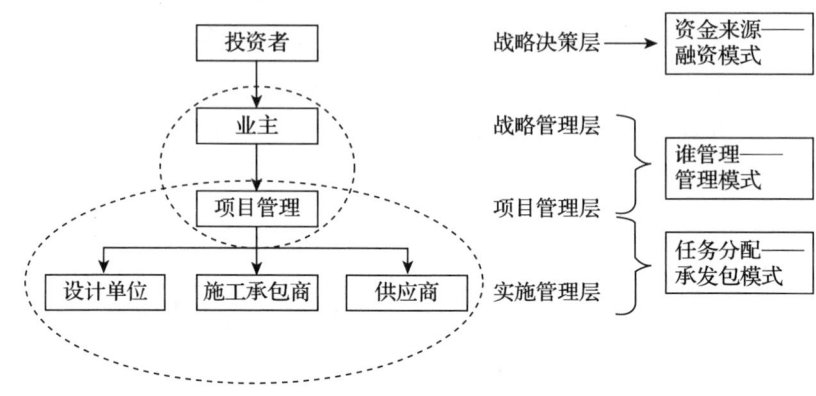

图 2-3　工程项目组织策划要解决的主要问题

2.2.2　工程项目组织策划过程

工程项目组织策划是项目管理的一项重要工作，策划过程如图 2-4 所示，主要包括如下内容：

（1）在项目组织策划前应进行项目总目标分析，环境调查和制约条件分析，完成相应阶段的工程技术设计、项目范围确定和结构分解工作等。这些是项目组织策划的基础。

（2）确定项目的实施组织策略，即确定项目实施组织和项目管理模式总的指导思想：如何实施该项目？业主如何管理项目？控制到什么程度？总体确定哪些工作由企业内部组织完成，哪些工作由承包商或管理公司完成？业主准备面对多少承包商？选择什么样的承发包模式？业主准备投入多少管理力量？采用什么样的材料和设备供应方式？

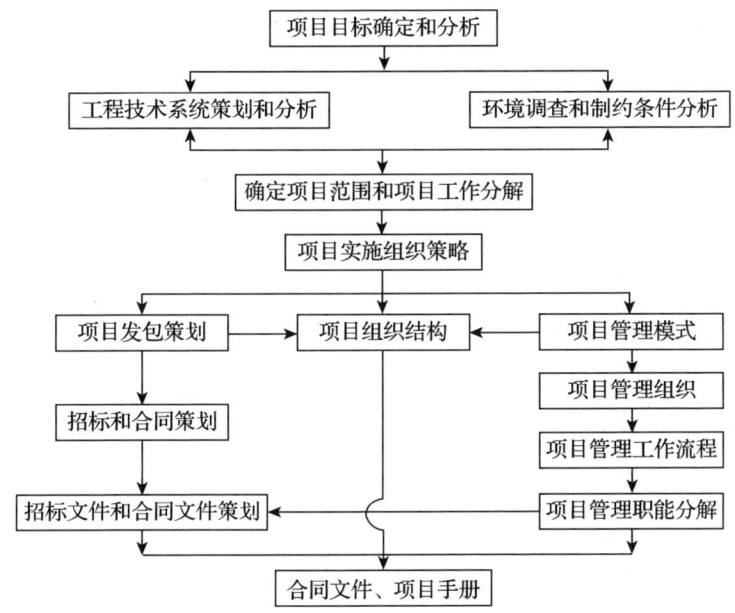

图 2-4 工程项目组织策划过程

在总承包模式下，总承包单位会遇到同样的问题。

（3）涉及项目实施者任务的委托及相关的组织工作。

1）项目承发包策划，即对项目工作结构分解得到的工程活动进行具体分类和打包，决定工程承发包模式，这对项目的组织结构形式起决定作用。

2）项目管理组织设置。通常在工程施工任务委托前，业主委托项目管理公司（咨询公司、监理公司）建立项目实施的管理组织体系。具体工作包括：

① 组建项目经理部或管理小组，确定合适的项目管理组织结构。

② 项目管理组织职能分解和落实。应将整个项目管理工作在业主委派的人员、委托的项目管理公司（如监理单位）和承包商之间进行分配，清楚划分各自的工作任务、目标和范围，分配职责，授予权力。

3）项目管理工作流程设计。确定项目管理部门的工作规则和沟通规则，它们包括极其重要的同时又是十分复杂的内容，如招标投标程序、质量控制程序、采购和库存控制程序、工程变更程序、会商制度、成本（或投资）控制程序等。

组织策划的结果通常由招标文件、合同文件和项目手册（包括项目组织结构图、项目管理规程和组织责任矩阵图）等定义。

2.2.3 工程项目组织策划的依据

1. 业主方面

业主方面的依据主要有：项目的资本结构，投资者（或上层组织）的总体战略、组织形式、思维方式、项目目标以及目标的确定性，业主的项目实施策略、具有的管理力量、管理水平、管理风格和管理习惯，业主对工程师和承包商的信任程度，期望对工程管理的介入深度，对工程项目的质量和工期要求等。

2. 承包商方面

承包商方面的依据主要有：拟选择的承包商的能力，如是否具备施工总承包、设计-施工（DB）总承包，或设计-采购-施工（EPC）总承包的能力，承包商的资信、企业规模、管理风格和水平、抗御风险的能力、相关工程和相关承包方式的经验等。

3. 工程方面

工程方面的依据主要有：工程的类型、规模、基本结构、特点、技术复杂程度、质量要求、设计深度和工程范围的确定性，工期的限制，项目的盈利性，项目风险程度，项目资源（如资金、材料、设备等）供应及限制条件等。

4. 环境方面

环境方面的依据主要有：工程所处的法律环境、市场交易方式和市场行为，人们的诚实信用程度，人们常用的工程项目实施组织方式，建筑市场竞争激烈程度，资源供应的保障程度，获得额外资源的可能性等。

2.2.4 项目管理组织规划原则

项目管理组织规划原则是在组织设计原则基础上，结合项目特性而产生的组织规划的指导思想，是项目组织构思过程中必须遵循的工作原则。项目管理组织规划的原则主要包括以下几方面：

1. 目标统一原则

任何一个项目都有其特定的任务和目标，项目的各个参与方从属于不同组织，具有不同的利益和不同的目标；但要使一个组织高效运转，各个参与方必须有统一的目标。

2. 整体性原则

项目管理组织规划时需要以系统论的思想来指导。项目组织是一个由若干子系统组成的总系统，在组织规划时对于部门设置、层级关系管理跨度、授权范围等都应从全局性出发，使项目组织形成一个有机整体。

3. 统一指挥原则

项目的独特性、约束性和成果不可挽回性要求项目管理应有统一指挥，项目组织也应遵循这个原则。

4. 责权利平衡原则

在项目管理组织规划中，对项目成员委以重任的同时，应明确责任，给予必要的权利并使其享有相应的利益，这是充分调动各级管理部门和管理人员工作积极性的重要手段。

5. 分工协作原则

分工有利于专业化水平提高，责任划分明确，是提高工作效率的有效手段。协作是组织内部门之间、个人之间的协调配合。组织中各部门不可能脱离其他部门单独运行，必须与其他部门之间相互协作、相互配合，才能实现项目目标。因此，项目管理组织规划时要做到分工合理，协作明确。

6. 集权与分权相结合原则

要想保证项目的有效管理，必须把该集中的权力集中起来，该授予的权力就授予下级。这样不但能使高层领导把工作重心放在项目的战略性、方向性的大问题上，而且能够充分调动下属发挥他们的积极性和创造性，以保证管理效率的提高。

7. 管理跨度合适原则

与一般组织设计相似，项目组织规划时也要设定适当的管理幅度和管理层级，这也是建立高效率项目组织机构的基本条件。

8.弹性原则

项目管理组织应该随着项目的进展、所涉及范围的大小、子项目的多少以及所需专业领域的不同,对项目组织机构进行动态的调整。其弹性还表现在部门的弹性、岗位的弹性以及职务的弹性等。

2.3 工程项目承发包模式

2.3.1 概述

项目工作分解结构(WBS)得到的各个项目单元(工作),必须由一定的组织去完成,业主将它们委托出去,通过承发包模式选择承包商和供应商,通过合同的签订和执行完成任务,保证工程总目标的实现。这对业主来说是发包,对承包商来说是承包。

由于社会化大生产和专业化分工,现代工程项目中承发包范围通常包括:

(1)工程施工,即通过工程的招标委托工程的承包单位,签订工程承包合同。

(2)物资供应,包括各种材料、生产设备和施工设备等的供应。

(3)服务,如设计、劳务、项目管理(监理、造价咨询、招标代理等)、技术服务等。

设备的租赁也可以归入这一类。

(4)其他,包括计算机软件、信息、控制系统、专利技术和场地等的供应。

项目的承发包模式就是决定将整个项目任务分为多少个合同包(或标段),以及如何划分这些标段。它是项目实施的战略问题,对整个项目实施有重大影响。要充分考虑以下方面:

(1)它必须反映项目战略和企业战略,反映业主的经营指导方针和根本利益。

(2)承发包策划决定了与业主签约的承包商的数量,决定着项目组织结构的基本形式及管理模式,从根本上决定了工程项目的组织关系。

(3)工程承发包是实施项目的手段。业主通过发包和合同委托项目任务,形成项目的合同体系结构，并通过合同实现对项目目标的控制。只有正确的承发包和合同策划才能摆正工程过程中各方面的重大关系，才能保证圆满地履行各个合同，减少组织矛盾和争执，顺利地实现工程项目的总目标。

（4）承发包又属于工程承包的市场交易方式，影响工程项目的交易费用，它需要承包市场的培育和逐步完善。

2.3.2 工程项目中主要的承发包模式

对一个具体的工程项目，其承发包模式（即 WBS 中活动的发包组合方式）是非常多的。但在现代工程项目中，承发包模式一般有如下几类，它们各有优点、缺点和适用条件：

1. 分阶段分专业工程平行承发包

这即业主将设计、设备供应和土建、电器安装、机械安装、装饰等工程施工任务分别委托给不同的承包商。各承包商分别与业主签订合同，对业主负责（图 2-5），各承包商之间没有合同关系。

分阶段分专业工程平行承发包模式的特点如下：

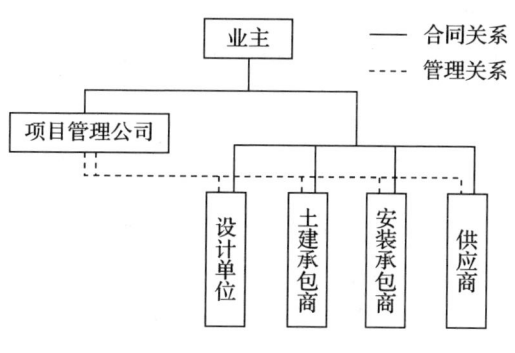

图 2-5 平行承发包模式

（1）业主有大量的管理工作，管理太细；需要对出现的各种工程问题做中间决策；有许多次招标；项目的设计和计划必须周全、准确、细致，需要严格地实施控制，因此在项目前期需要比较充裕的时间。

（2）业主必须负责各承包商之间的协调，确定它们的工作范围和责任界限，对各承包商之间互相干扰造成的问题承担责任，在整个项目的责任体系中会存在责任"盲区"。例如，由于设计单位拖延造成施工现场设计图延误，土建和设备安装承包商向业主提出工期和费用索赔，而设计单位又不承担，或承担很少的赔偿责任。

（3）业主可以分阶段进行招标，通过协调和组织管理加强对工程的干预。同时各承包商的工程范围容易确定，责任界限比较清楚。承包商之间，以及设计、工程承包、供应之间存在着一定的制衡，如各专业设计、设备供应、专业工程施工之间存在制约关系。

（4）设计和施工分离；设计不管施工，缺乏对施工的指导和咨询，而施工单位对设计没有发言权，设计单位和施工承包商对技术方案的优化和创新的积极性都不高。

（5）在大型工程项目中，采用这种方式，业主将面对很多承包商（包括设计单位、供应单位、施工单位），直接管理承包商的数量太多，管理跨度太大，容易造成项目协调的困难，造成项目中的混乱和失控现象，最终导致总投资的增加和工期的延长。

因此，业主必须具备较强的项目管理能力，当然它可以委托项目管理公司进行工程管理。长期以来，我国的工程项目大都采用这种承发包模式。例如某城市地铁工程，业主签订了4000多份合同。这是我国建设工程项目许多问题的最主要原因之一。

2. 设计-采购-施工（EPC）总承包（全包或一揽子承包）

EPC总承包即由一个承包商承担工程项目的全部工作，包括设计、设备采购、各专业工程的施工以及项目管理工作，甚至包括项目前期筹划、方案选择和可行性研究等。承包商向业主承担全部工程责任。

业主常常需要委托一个咨询公司代表业主承担项目的宏观管理工作，如审查承包商的设计、审批工程实施方案和计划、发布指令、验收工程等（图2-6）。

当然，总承包商可以将部分设计、施工、供应工作分包出去。

EPC总承包模式的特点如下：

（1）通过全包可以减少业主面对承包商的数量，这给业主带来很大的方便。业主事务性管理工作较少，例如仅需要一次招标。业主主要提出工程的总体要求（在FIDIC合同中被称为"业主要求"，如工程的功能要求、设计标准和材料标准），进行宏观控制和成果验收，一般不干涉承包商的

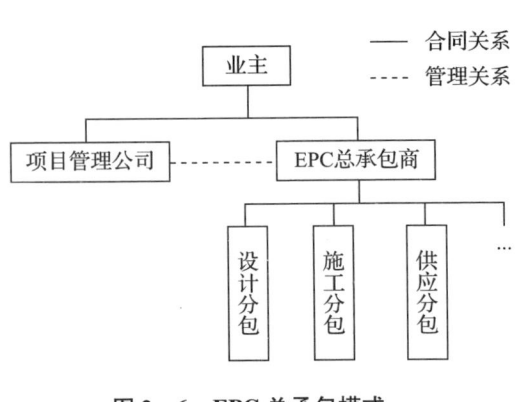

图2-6　EPC总承包模式

工程实施过程和项目管理工作，责任较小。

（2）这使得承包商能将整个项目管理形成一个统一的系统，避免多头领导，方便协调和控制，减少大量重复性的管理工作，降低管理费用；使得信息沟通方便、快捷、不失真；有利于施工现场的管理，减少中间检查、交接环节和手续，避免由此引起的工程拖延，能缩短工期（招标投标和建设期）。

（3）承包商为业主提供全过程、全方位的服务，包括工程的设计、施工、供应、项目管理、运行管理，甚至参与项目融资，持续时间长，责任范围大。项目责任体系是完备的，无论是设计、施工和供应之间的互相干扰，还是不同专业之间的干扰，都由总承包商负责，业主不承担任何责任，所以合同争执较少，索赔也较少。

（4）能够最大限度地调动承包商对工程的规划、设计、施工技术和过程的优化和控制的积极性和创造性。所以采用EPC总承包对双方都有利，工程整体效益高。

（5）对承包商的要求很高。对业主来说，承包商资信风险很大，必须加强对承包商的宏观控制，选择资信好、实力强、适应全方位工作的承包商。承包商不仅需要具备各专业工程施工力量，而且需要很强的设计能力、管理能力和供应能力，甚至需要很强的项目策划和融资能力。

目前，这种承包方式在国际上受到普遍欢迎。国际上有人建议，对大型工业建设项目，业主应尽量减少他所面对的现场承包商的数目（当然，最少是一个，即采用全包方式）。据统计，国际上最大的承包商所承接的工程项目大多数都是采用总承包形式。

3. 介于以上两者之间的模式

这即将工程委托给几个主要承包商，如设计总承包商、施工总承包商、供应总承包商等。这种模式在工程项目中是极为常见的。

在现代工程项目中，还有许多其他形式的总承包，例如：

（1）设计-施工（DB）总承包。

（2）设计-管理总承包。其施工合同有以下两种方式：

1）施工承包商、供应承包商直接和业主签订合同（图2-7a）。

2）施工承包商、供应承包商直接和设计-管理承包商签订合同（图2-7b）。

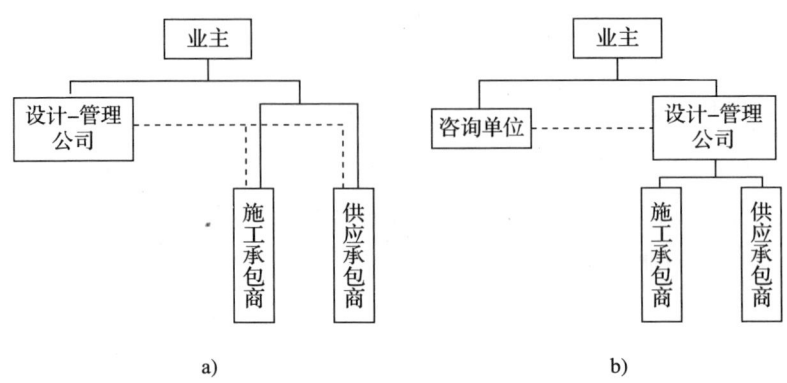

图 2-7 设计-管理总承包模式

4. 非代理型的 CM 承包（CM/non-agency）

CM 承包商直接与业主签订合同，接受整个工程施工的委托，再与分包商、供应商签订合同（图 2-8）。可以认为它是一种工程承包方式。

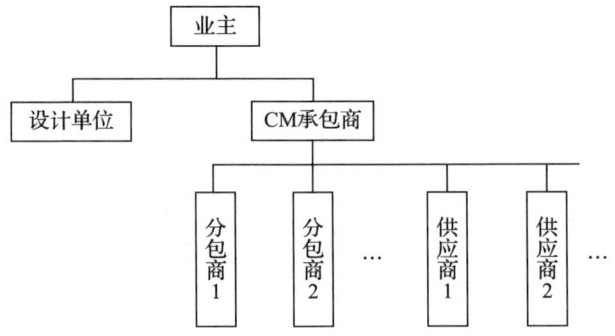

图 2-8 非代理型的 CM 承包模式

5. 风险型"项目管理总承包"

它与图 2-8 非代理型的 CM 承包模式相似，项目管理公司直接与业主签订合同，接受整个工程项目管理的委托，再与分包商、供应商签订合同。项目管理公司承担工程承包的风险，也可以认为它是一种工程承包方式。

6. 设计-建造-运营（DBO）承包

DBO 是国际上一种新的工程承发包模式，即将工程的设计、施工、安装、运行维护，归入一份合同中，由一个承包商承包。DBO 承包商将对设计和施工负责，工程竣工后，承包商继续承担工程运营管理、员工培训、维修责任，并保证运营绩效。一般 DBO 承包商是由设计单位、施工承包商和运营维护单位组成的联合体或联合企业。

DBO 模式能够在更大程度上保证工程项目责任体系的完备性和一体化，可以优化工程的全寿命期费用，促进工程建设和运营效率的提高。

2.4 工程项目组织结构模式

无论是业主还是承包商，项目一旦确立，首先要面临两个问题：一是必须确定项目与公司的关系，即项目的组织结构形式；二是必须确定项目内部的组织构成。项目组织对于项目的顺利完成很重要，它能为项目经理的工作打好基础；构筑组织机构是企业高层领导人的职责，组织设置是否合理，将影响到项目经理工作的成效。实际中存在多种项目组织形式，并没有证据证明有一个最佳的组织形式，每一种组织形式有各自的优点与缺点，有其适用的场合。因此，人们在进行项目组织设计时，要采取具体问题具体分析的方法，选择适合的组织形式。

一般项目的组织形式有职能式、项目式和矩阵式等。

2.4.1 职能式组织形式

职能式组织形式是按职能以及职能的相似性来划分部门，这种组织形式属于纵向划分组织结构，如图 2-9 所示。在这种组织形式中，各职能部门在自己职能范围内独立于其他职能部门进行工作，各职能人员接受相应的职能部门经理或主管的领导。

采用职能式组织形式的企业在进行项目工作时，各职能部门需要根据项目的情况承担本职能范围内的工作，共同完成。每个职能部门只有唯一的一个上级领导或上级部门，即上下级呈现直线形的领导与被领导的权责关系，一级服从一级，上级工作部门在所管辖的范围内对直接下级具有直接的指挥权。也就是说企业主管根据项目任务需要从各职能部门抽调人员及其他资源组成项目实施小组。

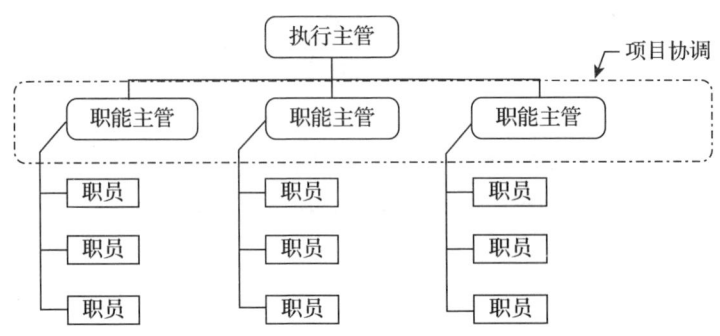

图 2-9　职能式组织结构示意图

例如，开发新产品可能要从营销、设计及生产部门各抽调一定数量的人员形成开发小组，当项目进行时，设计人员只对设计主管负责，生产主管无权对设计人员下达命令。

然而这样的组织界限并不十分明确，小组成员既要完成项目中需本职能完成的任务，同时，由于他们并没有脱离原来的职能部门，因此，项目实施的工作多数属于兼职工作性质。这样的项目组织的另一特点是没有明确的项目主管或项目经理，当涉及职能部门之间的项目事务和问题时，各种职能的协调只能由处于职能部门顶部的部门主管或经理来协调。例如，一个开发新产品的项目，若营销人员与设计人员发生矛盾，只能由营销部门经理与设计部门经理来协调处理，同样各部门调拨给项目实施组织的人员及资源也只能由各部门主管决定。

1. 职能式组织形式的优点

1) 有利于企业技术水平的提升。职能式组织是以职能的相似性划分部门的，同一部门的人员可以交流经验及共同研究，有利于专业人才专心致志钻研本专业领域理论知识，有利于积累经验、提高业务水平。同时这种结构为项目实施提供了强大的技术支持，当项目遇到困难时，问题所属职能部门可以联合攻关。

2) 资源利用灵活、低成本。在职能式组织形式中，项目实施组织中的人员或其他资源仍归职能部门领导，因此职能部门可以根据需要分配所需资源，当某人从某项目退出或闲置时，部门主管可以安排他到另一个项目去工作，可以降低人员及资源的闲置成本。

3) 有利于从整体协调企业活动。由于每个部门或部门主管只能承担项目中本职能范围的责任，并不承担最终成果的责任，而每个部门主管都直接向企业主管负责，因此，要求企业主管要从全局出发进行协调与控制。

4) 有利于专业人员晋升。成功的项目虽然可以给参加者带来荣誉，但是他们在专业上的发展和进步还需要一个相对的职能部门作为基础。由于职能部门主管了解该职能部门专业人员的情况，因此在他们晋升时就具有发言权。

简而言之，职能式组织形式具有的最大优点是有利于专业化水平的提高，有利于集权管理，但是这种组织形式也存在一定的缺陷。

2. 职能式组织形式的缺点

1) 客户利益关注不足。在职能式组织形式中，客户不是项目活动关心的焦点，对客户要求的响应比较迟缓和艰难。这主要是由于职能部门有自己的日常工作，项目和与项目相关的客户的利益不是优先考虑的问题；此外，项目和客户之间存在多个管理层次，这也加大了与客户沟通的难度。

2) 协调的难度加大。由于职能的差异性及本部门的局部利益，每个职能主管容易从本部门的角度去考虑问题，而且项目经理和部门经理之间存在许多交叉，当发生部门间冲突时，部门经理之间很难进行协调。项目不是全部工作，这会影响企业整体目标的实现。

3) 项目组成员责任淡化。由于项目实施组织成员只是临时从职能部门抽调而来，有时工作的重心还在职能部门，因此很难树立积极承担项目责任的意识。尽管说在职能范围内承担相应责任，但是职能部门的工作方式常常是面向本部门的活动，而项目采用的工作方式是面对问题的，两者之间存在很大的区别。当需要处理的问题在项目利益与部门利益发生冲突时，成员往往会将部门利益放在第一位，因此，职能式组织形式不能保证项目责任的完全落实。

2.4.2 项目式组织形式

项目式组织形式是按项目划归所有资源，属于横向划分组织结构，即每个项目有完成项目任务所必需的所有资源，组织的经营业务由一个个项目组合构成，每个项目之间相互独立。

每个项目实施组织有明确的项目经理或项目负责人，责任明确，对上直接接受企业主管或大项目经理领导，对下负责本项目资源的运用以完成项目任务。在这种组织形式下，项目可以直接获得系统中大部分的组织资源，项目经理具有较大的独立性和对项目的绝对权力，项目经理对项目的总体负责。以业主方项目组织为例说明如下：

通常独立的单个中小型工程项目业主委托的项目管理公司会采用项目式组织形式（图2-10a）。它主要描述"业主-项目管理公司-承包商（包括设计单位、供应商）"之间的组织关系。这种组织结构形式与项目的结构分解图具有较好的对应性。

又如，某施工总承包企业对于远离公司总部的项目，也可以采用项目式组织结构形式，人员从公司各个部门抽调组成现场项目部，如图2-10b所示。

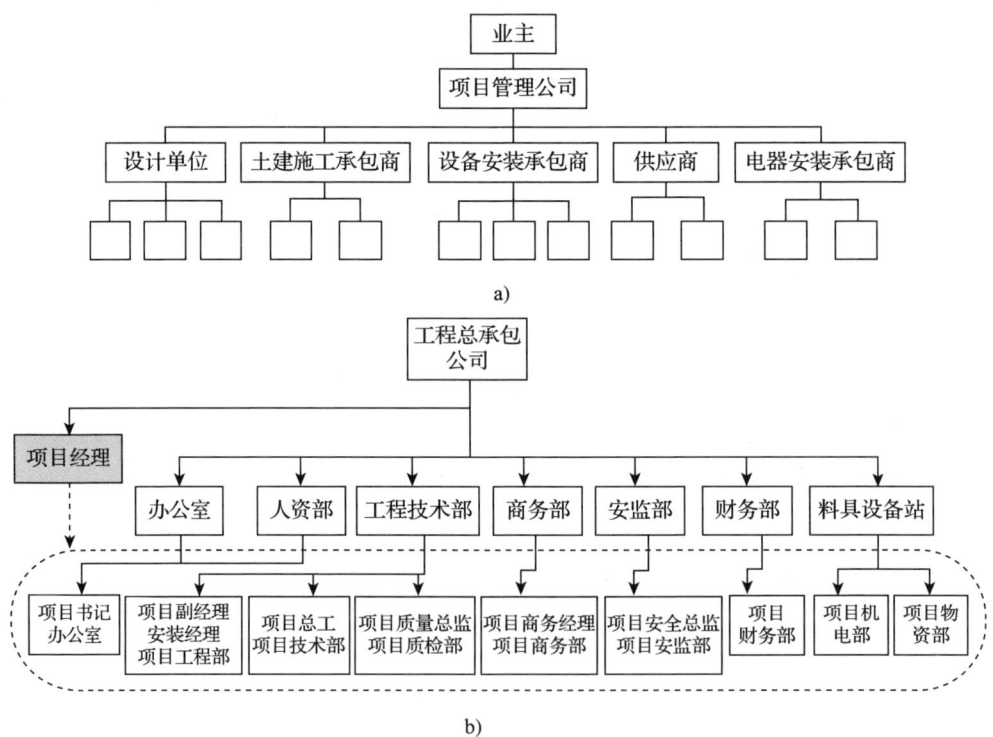

图2-10 项目式组织形式

再如，某企业有A、B、C三个项目，企业主管按项目A、B、C的需要获取并分配人员及其他资源，形成三个独立的项目组A、项目组B、项目组C，项目结束以后项目组织随之解散。这种组织形式适用于规模大、项目多的公司。

1. 项目式组织形式的优点

1) 目标明确及统一指挥。项目式组织是基于某项目而组建的，圆满完成项目任务是项目组织的首要目标，而每个项目成员的责任及目标也是通过对项目总目标的分解而获得的。项目成员只受项目经理领导，不会出现多头领导的现象。

2) 有利于项目控制。由于项目式组织按项目划分资源，项目经理在项目范围内具有绝对的控制权，尽管他必须向单位的高层领导报告，但项目经理享有最大限度的决策自主权；因此，从项目角度讲有利于项目进度、成本、质量等方面的控制与协调，可以统一协调整个项目的管理工作。

3) 有利于沟通协调。项目从职能部门中分离出来，使得沟通途径变得简洁，而且项目经理可以对客户的需求和单位高层的意图做出快速的响应，而不像职能式组织形式或矩阵式组织形式那样，项目经理必须通过职能经理的协调才能达到对项目的控制。

4) 组织结构简单易操作。各项目组独立核算，能充分发挥它们的积极性、主动性和创造性，同时各项目组之间的竞争有利于提高整个企业的效率。

5) 有利于全面型人才的成长。项目实施涉及计划、组织、指挥、协调与控制等多种职能，因此，项目式组织形式提供了全面型管理人才的成长之路，从管理小项目的小项目经理，经过管理大中型项目的项目经理，成长为管理多项目的项目群经理，直至最后成长为企业的主管。另外，一个项目中拥有不同才能的人员，人员之间的相互交流学习也为员工的能力开发提供了良好的场所。

2. 项目式组织形式的缺点

1) 机构重复及资源闲置。项目式组织形式按项目所需来设置机构及获取相应的资源，会使每个项目有自己的一套机构，一方面是完成项目任务必需的，另一方面是企业从整体上进行项目管理之必要，这就造成了人员、设施、技术、设备等的重复设置。同时，在包括人员在内的资源使用方面，每种资源项目都要拥有，当这些资源闲置时，其他项目也很难利用这些资源，造成闲置成本较大。

2) 不利于企业专业技术水平的提高。项目式组织并没有给专业技术人员提供同行交流与互相学习的机会，往往只注重项目所需的技术水平，因此不利于形成专业人员钻研本专业业务的氛围。

3）不稳定性。项目的一次性特点使得项目式组织形式随项目的产生而建立，也随项目的结束而解体。从企业整体角度上看，企业的资源及结构会不断地发生变化。而在项目组织内部，由新成员刚组建的组织会发生碰撞而不稳定，随着项目进程的进展而进入相对的稳定期；但在项目快结束时，所有成员预见到项目的结束，都会为自己的未来而做出相应的考虑，使得"人心惶惶"，而又进入不稳定期。

2.4.3 矩阵式组织形式

职能式组织形式和项目式组织形式各有其优缺点，而且职能式组织形式的优点与缺点正好对应项目式组织形式的缺点与优点。如何建立一种组织形式既有两种组织形式的优点，又能避免两种组织形式的缺点呢？矩阵式组织形式较好地解决了这一问题。矩阵式组织形式的特点是将按照职能划分的纵向部门与按照项目划分的横向部门结合起来，构成类似矩阵的管理系统，在组织资源合理配置与利用方面显示出强大的优越性。

当很多项目对有限资源的竞争引起对职能部门的资源的广泛需求时，矩阵管理就是一个有效的组织形式。传统的职能式组织在这种情况下无法适应的主要原因是：职能式组织无力对包含大量职能之间相互影响的工作任务提供集中、持续和综合的关注与协调。因为在职能式组织中，组织结构的基本设计是按职能专业化和职能分工的，不可能期望一个职能部门的主管会不顾他在自己的职能部门中的利益和责任，或者完全打消职能中心主义的念头，使自己能够把项目作为一个整体，对职能之外的项目各方面也加以专心致志的关注。

在矩阵式组织形式中，项目经理在项目活动的"什么"和"何时"方面，即内容和时间方面对职能部门行使权力，而各职能部门负责人决定"如何"支持。每个项目经理要直接向最高管理层负责，并由最高管理层授权。而职能部门则从另一方面来控制，对各种资源做出合理的分配和有效的控制调度。职能部门负责人既要对他们的直线上司负责，也要对项目经理负责。这种组织形式不仅利于项目的综合管理，也有利于各管理职能部门的横向联系与协调。矩阵式组织形式首先在美国军事工业中实行，它适应于多品种、结构工艺复杂、品种变换频繁的场合。

1. 矩阵式组织形式的基本原则

1) 必须有一个人花费全部时间和精力用于项目，且具有明确的责任，这个人通常为项目经理。

2) 必须同时存在纵向和横向两条沟通渠道。

3) 要从组织上保证有迅速有效的办法来解决矛盾。

4) 无论项目经理之间，还是项目经理与职能部门负责人之间，要有确切的沟通渠道和自由交流的机会。

5) 各个经理都必须服从统一的计划。

6) 纵向或横向的经理（或负责人）都要为合理利用资源进行谈判和磋商。

7) 必须允许项目作为一个独立的实体来运行。

矩阵式组织中的职权以纵向、横向在一个企业里流动，因此在任何一个项目的管理中，都需要项目经理与职能部门负责人共同协作，将两者很好地结合起来。要使矩阵式组织能有效地运转，必须考虑和处理好以下几个问题：

1) 如何创造一种能将各种职能综合协调起来的环境？由于具有每个职能部门从其职能出发只考虑项目的某一方面的倾向，考虑和处理好这个问题是很必要的。

2) 一个项目中比其他要素更为重要的是由谁来决定的？考虑这个问题可以使主要矛盾迎刃而解。

3) 纵向的职能系统应该怎样运转才能保证实现项目的目标，而又不与其他项目发生矛盾？

要处理好这些问题，项目经理与职能部门负责人要相互理解对方的立场、权力以及职责，并经常进行磋商。

2. 矩阵式组织的几种形式

根据横向划分和纵向划分相结合的强弱程度，矩阵式组织形式又可以分为强矩阵式、弱矩阵式和平衡矩阵式组织形式。

(1) 强矩阵式项目组织形式。图 2-11 是一种典型的矩阵式组织形式，常称之为强矩阵式组织形式。这种组织形式是在原有职能式组织形式的基础上，由组织最高领导者任命对项目全权负责的项目经理，项目经理直接对最高领导者负责，或者在组织中增设与职能部门同一层级的项目管理部门，项目管理部门再按照不同的项目委任项目经理，直接对最高领导者负责。在强矩阵式组织中资源均由职能部门所有和控制，每个项目经理根据项目需要向职能部门借用资源。各项目组是临时性组织，项目任务完成后就解散。各专业人员又回到各职能部门再执行别的任务。项目经理向项目管理部门经理或总经理负责，他领导本项目内的所有人员，通过项目管理职能，协调各职能部门派来的人员，以完成项目任务。强矩阵式组织形式对实施大型、复杂项目比较有利。

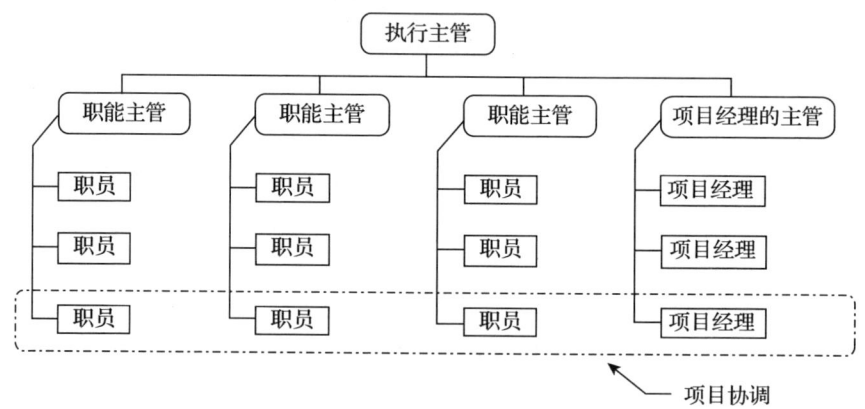

图 2-11　强矩阵式组织结构示意图

例如，我国某大型工程企业组织结构如图 2-12 所示。

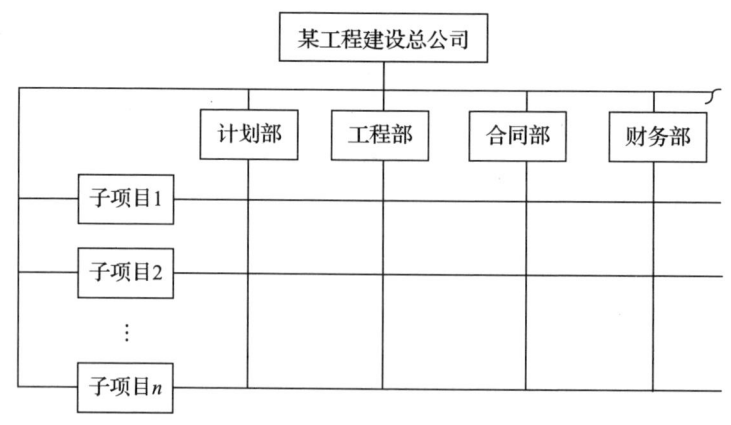

图 2-12　我国某大型工程企业组织结构

(2) 弱矩阵式组织形式。弱矩阵式组织形式（图 2-13）基本上保留了职能式组织形式的主要特征，但是为了更好地实施项目，建立了相对明确的项目管理团队，这样的项目管理团队由各职能部门下属的职能人员所组成，这样针对某一个项目就有对项目总体负责的项目管理人员。但这种组织形式并没有明确对项目目标负责的项目经理，即使有项目负责人，他的角色也只不过是一个项目协调者或项目监督者，而不是真正意义上的项目管理者，项目人员的唯一直接领导还是各自职能部门的负责人。对项目管理而言，弱矩阵式组织形式优于项目的职能式组织形式，但是由于项目化特征较弱，当项目涉及各职能部门且产生矛盾时，因为没有强有力的项目经理，各职能部门的项目人员很可能会过多地从本部门的利益出发来处理问题。

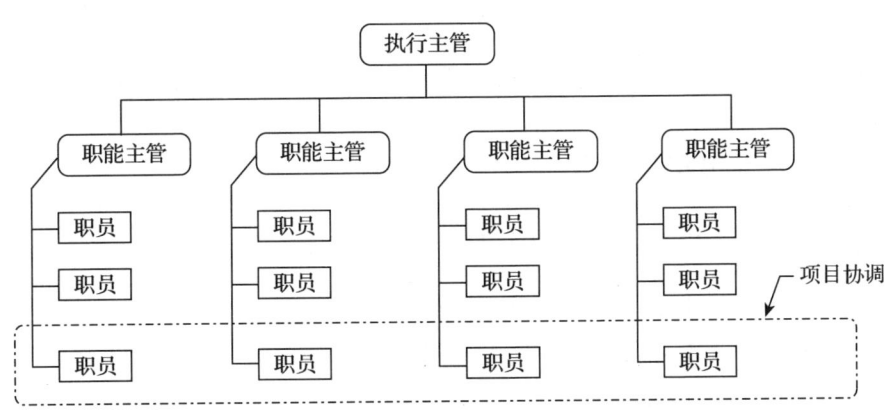

图 2-13　弱矩阵式组织结构示意图

(3) 平衡矩阵式组织形式。平衡矩阵式组织形式或称中矩阵式组织形式，是为了加强对项目的管理而对弱矩阵式组织形式的改进。与弱矩阵式组织形式的区别是从职能管理部门参与本项目的人员中选出一位对项目负责的管理者，即项目经理，对此项目经理赋予一定的权力，使其对项目总体与项目目标负责，如图 2-14 所示。平衡矩阵式组织形式与弱矩阵式组织形式相比，对项目管理更有利。在平衡矩阵式组织形式中，项目经理可以调动和指挥职能部门中的相关资源来实现项目，在项目上享有一定的权力。

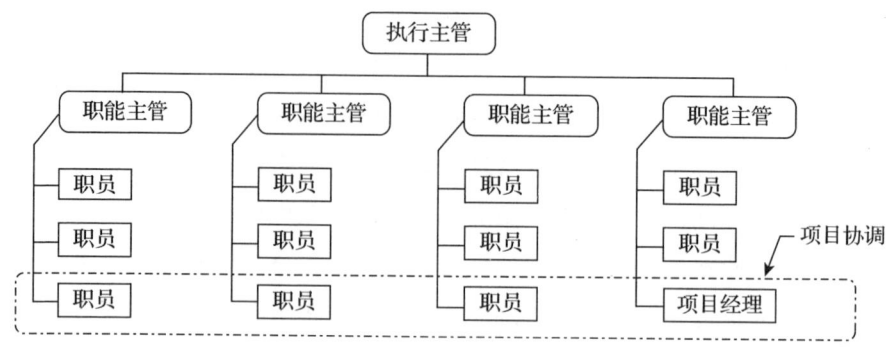

图 2-14 平衡矩阵式组织结构示意图

矩阵式组织形式项目经理与职能经理的权限变化趋势如下：

1）强矩阵式组织形式：项目经理的权力＞职能部门经理的权力。

2）弱矩阵式组织形式：项目经理的权力＜职能部门经理的权力。

3）平衡矩阵式组织形式：项目经理的权力＝职能部门经理的权力。

3. 矩阵式组织形式的优缺点

（1）矩阵式组织形式具有如下优点：

1）强调项目组织是所有有关项目活动的焦点。

2）项目经理拥有对人力、资金等资源的最大控制权，每个项目都可以独立地制定自己的策略和方法。

3）职能组织中的专业人员既可到项目团队中发挥自己的才能，又有机会获得专业知识的提升。项目结束后，人员回到职能部门中，通过相互交流学习，获得专业上的提高，丰富了经验和阅历。

4）由于交流渠道的建立和决策点的集中，对环境的变化以及顾客的要求能迅速做出反应和及时满足，对环境变化有较好的适应能力。

5）由于关键技术人员能够为各个项目所共享，充分利用了人才资源，使项目费用降低，又有利于项目人员的成长和提高。

6）集中全部的资源为各项目服务，项目目标能够得到保证，而且企业在人员及资源上统筹安排，优化整个系统的效率，而不会牺牲其他项目去满足个别项目的要求。

7) 通过内部的检查和平衡，以及项目组织与职能组织间经常性的协商，可以得到时间、费用以及运行的较好平衡。

8) 项目中会有来自职能部门的人员，不仅保证了组织的稳定性和项目工作的稳定性，而且在执行规章制度时与企业保持一致，从而增加了企业高层领导对项目的控制。

9) 打破了传统的以权力为中心的思想，树立了以任务为中心的思想。这种组织的领导不是集权的，而是分权的、民主的、合作的，所以领导者的管理风格应该适应这种变化。

(2) 矩阵式组织形式也有一些缺点：

1) 职能组织与项目组织间的平衡需要持续地进行监督，防止双方互相削弱。

2) 由于存在双重领导，工作人员有时无所适从。而要解决双重领导的问题，就会使协调工作量加大，如会议多、报告多。

3) 在开始制定政策和方法时，需要花费较多的时间和劳动量。

4) 每个项目是独立进行的，容易产生重复性劳动以及对稀缺资源的争夺。

5) 必须具有足够数量的经过培训的强有力的项目经理。

6) 对时间、费用以及运行参数的平衡必须加以监控，保证不因时间和费用而忽视技术运行。

2.5 项目经理部与项目经理

在工程项目组织中，业主或承包方的项目经理部在项目实施过程中起决定性作用。工程项目能否顺利实施，能否取得预期的效果，实现目标，直接依赖项目经理部，特别是项目经理的管理水平、工作效率、能力和责任心。

2.5.1 项目经理部的结构

项目经理部以项目经理为核心，一般按项目管理职能设置职位（部门），按照项目管理规程工作。项目经理部的组成和人员设置与所承担的项目管理任务相关。

(1) 对中小型的工程项目通常设项目管理小组，有项目经理、专业工程师（土建、安装、工艺等专业）、质量管理人员、合同管理人员、成本管理人员、信息管理员等，有时还可能有负责采购、库存管理、安全管理和计划等方面的人员。通常可以采用直线职能式组织形式。

一般项目管理小组职能不能分得太细，否则不仅信息多，管理程序复杂，组织成员能动性小，而且容易造成组织摩擦。

(2) 对大型工程项目，而且子项目又不多的情况，项目经理部的组织结构形式如图2-15所示。

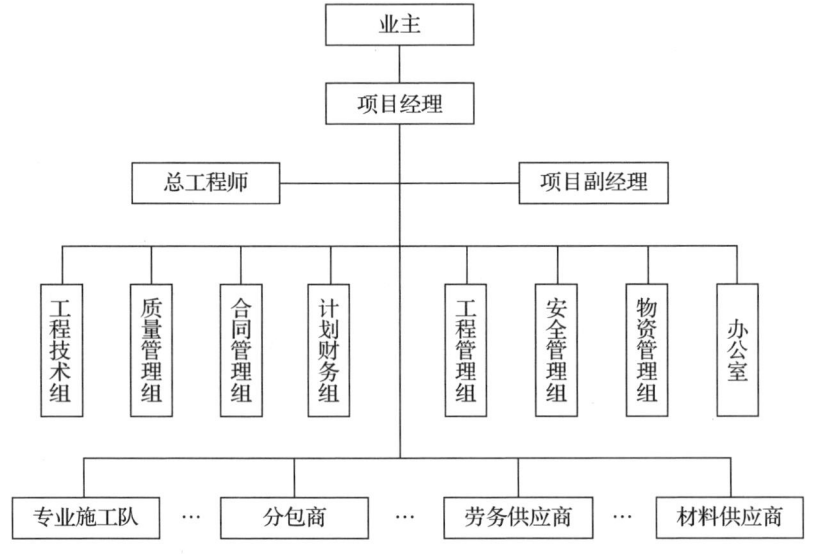

图2-15 项目经理部职能式组织结构

这种组织形式强调职能部门和职能人员专业化的作用，大大提高了项目组织内的职能管理的专业化水平，进而能够提高项目的整体效率，项目经理主要负责协调。它的不足是项目组织中权力过于分散，有碍于指令的统一性，容易形成多头领导，也容易产生职能工作的重复或遗漏。

(3) 对于大型复杂工程项目，项目经理部的组织结构形式也可以考虑采用矩阵式组织形式，如图2-16所示。

由于在项目实施过程中，项目管理的任务是动态的，所以项目经理部的组织结构和人数经常会随着项目的进展而发生变化。

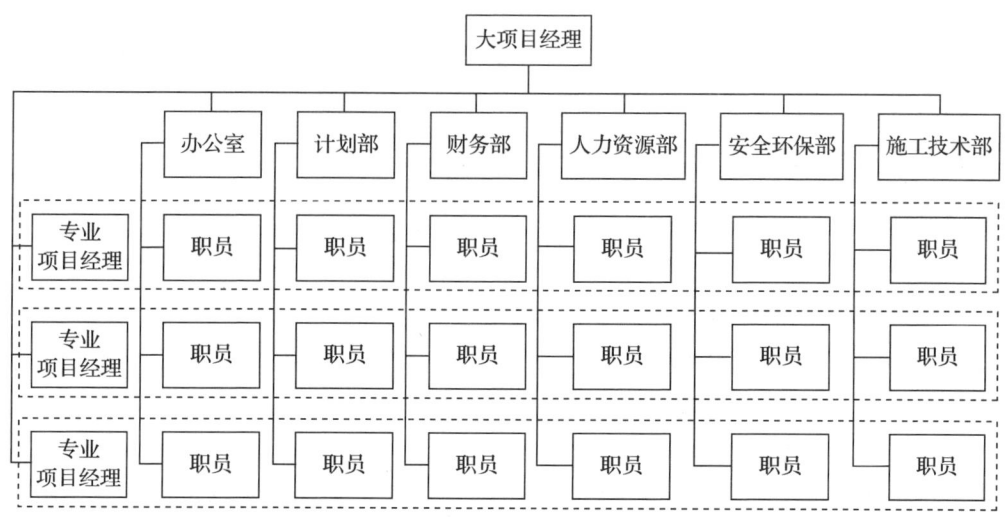

图 2-16 项目经理部矩阵式组织结构图

2.5.2 项目经理部的组建和运作

项目经理部的组建和运作是一个持续的过程。建设高效的项目管理组织是项目经理的首要职责，他需要掌握领导技巧，全面把握项目的组织结构、组织界面、责任分配和激励方法。项目经理部是一个团队，它的建立过程符合团队建设的一般规律。

1. 项目管理系统设计

要使项目管理组织尽快地投入，高效率地运行，必须构建项目管理系统。一般项目管理公司或工程承包公司都有标准化的项目管理系统，但必须按照业主的要求、项目管理模式和项目的特殊性进行改进使用。

项目管理系统设计是以项目实施全过程和全部的项目管理工作为对象的。

（1）按照项目总目标确定项目管理工作范围，划分项目管理的主要过程。

（2）构建项目管理系统结构（子系统构成），一般从以下两个角度着手：① 按照项目阶段划分，如前期策划（或投资咨询）、计划和实施控制子系统等；② 按照项目管理职能划分，如进度管理、质量管理、成本管理、安全管理和合同管理子系统等。

（3）按项目过程和管理职能全面分解项目管理工作，列明项目管理工作目录。

（4）进行管理工作流程设计，理顺各子系统的管理工作逻辑关系。可以从不同的角度用流程图描述管理工作流程，如前期策划流程、计划管理流程、实施控制流程、变更管理流程、合同管理流程、材料进场流程、账单审查流程和竣工检验流程等。

通过流程分析，可以将项目管理工作构成一个动态的过程。管理工作流程又是项目管理信息流程设计的基础。

（5）对项目管理组织进行设计，包括确定项目经理部组织结构、运作规则、责任体系、人员配备计划、责任分配矩阵、沟通机制等。

（6）编制相关项目职能管理体系文件。例如质量管理体系、合同管理体系、进度管理体系、HSE管理体系、资源管理体系等文件系列。项目职能管理体系文件可以作为企业标准化文件直接颁布（如对工程承包项目），也可以由项目管理组织讨论后制定（如对大型工程建设项目）。

针对各个阶段具体项目的各职能管理工作，提出管理工作所应达到的要求，如工作的详细程度、准确程度、工作文件范围等。

（7）设计项目管理标准文件，如报告系统、文档系统、合同文件、招标文件、表格等。

（8）应用项目管理手段和工具，如项目管理软件、互联网系统等。

最终的管理系统设计文件通常包括：管理流程、管理组织结构图、人员配备计划、项目管理责任矩阵和项目管理体系文件等。

项目管理责任矩阵是最常用的组织工具之一，它反映了项目管理组织与管理工作的对应关系，能保证每项管理工作均已分配落实到具体的部门，且责任关系明确。

2. 项目管理组织计划

项目管理组织计划是为了满足具体项目的需要，对管理组织人员拟定的一整套需求、招聘、安置、报酬、培训、提升和考评等计划。

通过管理组织计划，确定项目管理角色、职责、组织关系，并安排适当人选。人员需求要按照项目管理的模式、任务、职能、工作内容和以往的项目管理经验来决定。

通常，项目管理（或咨询）公司可以承接不同类型的工程项目，在项目经理部中，大部分是通用型工程项目管理人员，如合同工程师、计划工程师、财务经理、造价工程师、资源管理人员、信息管理员和秘书等，仅有小部分专业人员与所承接的工程类型相关，如：承接化工工程，则需要增加化工工艺方面的专门人才；承接核电工程项目，则需要增加核电方面的专门人才。对各类承包商项目，经理部应根据项目承包的范围、职责、目标等结合承包企业组织结构形式、管理体系、管理制度、资源状况等综合考虑。

3. 项目管理团队的组建

项目管理团队的组建即项目经理部的形成阶段。按照项目的组织策划和管理组织计划，成立项目经理部。它应结构健全，包括项目管理的所有工作职能，同时力求保持最小规模；应依据项目管理组织计划的要求选择（或招聘）管理人员。项目经理部成立后，必须选择合适的成员，形成一个联合的工作群体。在组建项目管理团队过程中，要求做到以下几方面：

（1）上层领导要积极支持项目，保证有效的符合计划要求的管理人员投入。

（2）项目经理部的许多职能管理人员是由企业的职能部门派遣的，所以，管理人员配备常常需要企业各个职能部门的支持，特别要考虑人力资源部门能提供的协助和支持程度。只有得到部门的支持，才能获得在各相关领域有经验与技能的人力资源。

对重大项目，项目经理应有权选择关键岗位的项目经理部成员。

（3）对以项目作为经营管理对象的工程承包公司、项目管理（监理）公司等，应尽可能设置相对稳定的项目管理组织机构。这样尽管项目是一次性的、常新的，但项目经理部却是相对稳定的，组织成员之间均为老搭档，彼此了解，彼此适应，协调方便，可大大减小组织摩擦，容易形成良好的组织文化。若项目经理部成员变动过于频繁，不利于组织的稳定，容易缺乏凝聚力，组织摩擦大，效率低下。

（4）将人员分配到项目各职能部门时，应考虑该岗位所需要人员的才能、知识背景和经验等方面的要求，同时考虑选派人员的兴趣、特点、经验及人际关系，实现人尽其用。

被任命人应理解并接受项目管理工作职能的要求，应有项目工作的积极性。

（5）建立绩效考核和评估体系，对整个项目经理部、项目经理部内的各职能部门（或小组）的工作进行分解、落实、监控，进行全方位的绩效考评。

有时，还要顾及其他因素，如项目靠近公司，则可以配备较少的人员；若远离公司，则要求组织人员配备齐全。

2.5.3 项目经理

1. 项目经理的作用

项目经理部是项目组织的核心，而项目经理领导着项目经理部的工作。项目经理居于整个项目的核心地位，他对项目经理部以及对整个项目有举足轻重的作用，对项目的成功有决定性影响。工程实践证明，一位能力强的项目经理领导一个弱小的项目经理部，比一位能力弱的项目经理领导一个强的项目经理部能使项目取得更大的成就。

在现代工程项目中，由于工程技术系统更加复杂化，实施难度加大，项目经理对项目的效益影响越来越大。业主在选择承包商和项目管理公司时十分注重对其项目经理的经历、经验和能力的审查，并赋予一定的权重，作为定标、授予合同的重要指标之一。而许多项目管理公司和承包商将项目经理的选择、培养作为企业的一个重要发展战略。

2. 现代工程项目对项目经理的要求

由于项目和项目管理的特点，以及项目经理对项目的重要作用，人们对他的知识结构、能力和素质要求越来越高，许多机构均提出了相应的标准。例如，IPMA的国际项目经理标准（ICB4.0）几乎达到苛刻的程度。该标准对项目管理、项目集群和项目组合管理三大领域，从环境能力、行为能力和技术能力（项目集群管理和项目组合管理技术能力）三个维度28（29）要素；环境能力要素5个、行为能力要素10、技术能力要素13个（项目集群管理和项目组合管理技术能力要素14个）进行评估，并且每个要素又设计了若干关键能力指标（KCI）用来评估项目经理的项目管理能力。

（1）项目经理的素质。在市场经济环境中，项目经理的素质是最重要的，特别对专业化的项目经理，他不仅应具备一般领导者的素质，还应符合项目管理的特殊要求。

1）项目经理应有使命感和很高的社会责任感。有工程全寿命期的理念，注重项目对社会的贡献和历史作用，注重社会公德，保障社会利益，保护生态环境，严守法律和规章，具有全局的观念。

2）项目经理对业主、企业和其他项目相关方负有职业责任。他必须具有很好的职业道德，将用户利益放在首位，不谋私利，有工作热情和敬业精神，勇于挑战，勇于承担责任和风险，努力完成任务。项目经理在工程项目中除了自己的酬金外不应获取另外利益，也不能与项目其他相关方有利益关系，这样易于公正办事。

3）由于项目是一次性的，项目管理是常新的工作，富于挑战性，因此他应具有创新精神、务实的态度，有强烈的管理雄心和愿望，不安于现状，勇于决策，并努力追求高的目标。如果他不努力进取，定较低的目标，做十分保守的计划，则不会有成功的项目。

4）为人诚实可靠，讲究信用，言行一致，正直，实事求是，有敢于承认错误的勇气。他的行为应以项目的总目标和整体利益为出发点，应以没有偏见的方式工作，正确地解释并执行合同，公平、公正地对待各方利益。

5）能承担艰苦的工作，任劳任怨，忠于职守。在项目组织中，项目经理是一个特殊的角色，处于矛盾的焦点，常常得不到业主和承包商的理解。由于其责权利不平衡，项目经理要做好工作是很艰难的，可能项目组织各方对他都不满意。

6）具有团队精神。能够与他人合作共事，能够公开、公正、公平地处理事务，不能搞管理上的神秘主义，不能用诸葛亮式的"锦囊妙计"来分配任务和安排工作。

7）胸怀坦荡，有坚强的意志，能自律，具有较强的自我控制能力。

（2）项目经理的能力。

1）成熟的判断能力、思维能力和随机应变能力。项目经理应具有长期从事工程项目管理工作的经历和经验，特别要求具有同类项目成功的经验和业绩，对项目的专业工作和管理工作具有敏锐的洞察力和成熟客观的判断力。由于项目是常新的，因此他又必须具有应变能力和灵活性，能够适应不同的项目和不同的项目组织。

2）很强的沟通能力、激励能力。项目经理职务是个典型的低权力的领导职位，他主要靠领导艺术、影响力和说服力而不是靠权力和命令行事。由于项目组织的特点，他能采取的激励措施也是十分有限的，应努力做到以下三点：① 充分利用合同和项目管理规程赋予的权力管理项目；② 注意从心理学、行为科学的角度调动项目经理部成员的积极性；③ 项目经理要掌握沟通艺术，能够与外界交往，与上层组织和企业各部门有较好的人际关系；④ 在项目中充当激励者、教练、活跃气氛者、维和人员和冲突裁决人。

3）较强的组织管理能力与冲突管理能力。包括：① 能胜任领导工作，知人善任，敢于和善于授权；② 协调好各方面的关系，善于处理矛盾与解决冲突；③ 能处理好与业主（或顾客）的关系，设身处地地为他人考虑；④ 工作具有计划性，能有效地利用时间；⑤ 具有追寻目标和跟踪目标的能力等。

4）较强的语言表达能力。项目经理要有良好的表达能力，尤其在国际项目中，需要项目经理具有熟练运用外语的能力，并掌握谈判技巧。

5）一定的工程技术技能。项目经理应具有一定的工程技术技能，但又不能是纯技术专家，他必须对工程技术系统的机理有成熟的理解，对项目实施过程（包括行政过程、专业技术过程和管理过程）十分熟悉；能够及时发现问题，提出问题，能迅速设计解决问题的方法、程序；能够从容地处理紧急情况，具有应对突发事变和风险的能力。

6）综合能力。项目经理应具有战略观念，具有系统思维和决策能力，统筹兼顾，对整个项目系统进行全面观察，统一指挥，统一管理。

(3) 项目经理的知识结构。

1）项目经理通常要接受过大学以上的专业教育，必须具有专业知识，一般来自工程专业，最好是土木工程或其他专业工程方面的专家，否则很难真正介入项目工作，并被人们认同。

2）要接受过项目管理的专门培训或通过再教育掌握项目管理的知识。目前国外和我国都有一整套项目经理的教育培训的途径和方法，有比较成熟的经验。最典型的是美国PMI提出的PMBOK，要求项目经理掌握如下三方面的知识：

①项目所在领域的相关专业知识，如相关的工业、农业、建筑知识等。项目管理是分领域的，不同领域的项目管理的差异性很大。项目经理需掌握相关的工

程专业知识，这是他的专业根底。

②一般的管理知识，如管理学、经济学、工程经济学、系统工程理论、组织行为学、战略管理理论、相关法律、财务管理与会计等理论和方法。

③项目管理知识，包括整合管理、范围管理、进度管理、成本管理、资源管理、采购管理、质量管理、沟通管理、风险管理、利益相关方管理十大知识体系。

3）他需要综合的、广博的知识面，能够对所从事的工程相关专业有一定的了解，具有工程系统知识。

复习思考题

1. 简述项目组织策划的工作内容和过程。
2. 简述常见的承发包模式的特点。
3. 矩阵式项目组织有哪些优缺点？有哪些适用条件？
4. 简述项目团队建设的基本过程。
5. 简述项目管理组织规划原则。
6. 项目经理需要哪些素质、能力和知识？如何才能培养合格的项目经理？
7. 讨论题：我国许多业主喜欢分标很细，较多采用"分阶段分专业平行承发包"模式，希望掌握材料和设备供应权力，这会带来什么问题？这对业主的项目管理有什么影响？

第 3 章
工程项目范围管理

本章目标　通过本章的学习,使学生了解项目范围、项目范围管理、工程系统分解结构的基本知识;掌握工作结构分解的原则、工作结构分解的方法、范围变更与控制的工具和技术。

本章介绍　本章主要介绍范围、项目范围管理内容,工程系统分解结构,工作分解结构的概念、分解方法、编码设计和遵守的基本原则,项目范围变更与控制的工具和技术。

3.1 概述

3.1.1 范围的概念

范围的概念主要针对以下两方面:

(1)产品范围。产品范围是指在项目的可交付成果中将要包括的性能,是指项目的对象系统的范围。

(2)项目范围。项目范围是指为了成功实现项目的目标,完成项目可交付成果而必须完成的工作,即项目行为系统的范围。

确定项目的范围就是确定项目的系统界限,明确项目管理的对象。

项目范围管理是项目管理的一部分,包括项目范围的确定、范围管理的组织责任、范围控制、范围变更管理、竣工阶段的范围核查等工作。

3.1.2 范围管理的作用

在现代项目管理中,范围管理是项目管理的基础工作,范围管理具有以下作用:

(1) 项目的范围是确定项目费用、时间和资源计划的前提条件和基准。

(2) 有助分清项目责任，对项目任务的承担者进行考核和评价。

(3) 项目范围是项目实施控制的依据。

3.1.3 项目范围管理内容

范围管理涉及整个项目过程，包括如下七方面工作：

(1) 项目范围的确定。项目范围的确定就是明确项目的目标和可交付成果，确定项目的总体系统范围并形成文件，以作为项目设计、计划、实施和评价项目成果的依据。

(2) 范围管理组织责任。范围管理已逐渐成为一项职能管理工作，在有些项目组织中设立专职人员负责范围管理工作，编制范围控制程序，落实范围管理组织责任，对可能发生的变更进行监测和调整。

(3) 范围定义（项目系统结构分解）。范围定义是对项目系统范围进行结构分解，范围定义的结果是工作分解结构（Work Breakdown Structure，WBS）以及相关的说明文件。用可测量的指标定义项目的工作任务，并形成文件，以此作为分解项目目标、落实组织责任、安排工作计划和实施控制的依据。

工作分解结构和工作范围说明文件是范围定义的主要内容，工作分解结构的每一项活动应在工作范围说明文件中表示出来。

(4) 项目范围预期稳定性的评价。它实质上属于风险管理的内容，即预测在项目实施过程中发生范围变更的可能性、程度和状况。项目范围变更通常取决于项目目标的科学性、项目本身的复杂性、施工方案的可行性、环境条件的变化和用户要求的确定性等。

(5) 实施过程中的范围控制。

1) 活动控制。控制项目中实际进行的工作，保证在预定的范围内实施项目。

2) 落实范围管理任务。审核设计任务书、施工任务书、承包合同、采购合同、会议纪要以及其他信函和文件等，掌握项目动态，并识别所分派的任务是否属于合同工作范围，是否存在遗漏或多余。

3) 项目实施状态报告。通过这些报告了解项目实施的中间过程和动态，识别是否按项目范围定义实施，以及任务的范围和标准有无变化等。

4）定期或不定期地进行现场访问。通过现场观察，了解项目实施状况，控制项目范围。

（6）范围变更管理。项目范围变更是项目变更的一个方面，是指在项目实施期间项目工作范围发生的改变，如增加或删除某些工作等。范围变更管理符合变更管理的一般程序。

1）应建立范围变更控制系统。
2）当变更发生时必须进行有效的控制，合理调整项目范围。
3）调整行动。
4）总结变更管理方面的经验教训。

（7）范围确认。在工程项目的结束阶段或整个工程竣工时，在将项目最终交付成果移交之前，应对项目的可交付成果进行审查，查核项目范围内规定的各项工作或活动是否已经完成，可交付成果是否完备和令人满意。范围确认需要进行必要的测量、考察和试验等活动。

3.2 工程项目范围的确定

3.2.1 工程项目范围确定的过程

在推进工程项目的过程中，项目范围的确定，以及项目的范围文件是相对的概念。项目建议书、可行性研究报告、项目任务书，以及设计和计划文件、招标文件、合同文件都是定义和描述项目范围的文件，并为项目的进一步实施提供了基础。

通常，项目的范围确定需经过如下过程：
（1）项目目标的分析。
（2）项目环境的调查与限制条件分析。
（3）项目可交付成果的范围和项目范围确定。
（4）对项目进行结构分解工作。
（5）项目单元的定义。将项目目标和任务分解落实到具体的项目单元上，从各个方面对它们做详细的说明和定义。这个工作应与相应的技术设计、计划、组织安排等工作同步进行。

（6）项目单元之间界面的分析，包括界限的划分与定义、逻辑关系的分析，实施顺序的安排。将全部项目单元还原成一个有机的项目整体。这是进行网络分析、项目组织设计的基础工作。

3.2.2 工程项目范围确定的依据

（1）项目目标的定义和批准的文件。如项目建议书、可行性研究报告、项目任务书、招标文件。

（2）项目产品描述文件。如项目的功能描述文件、规划文件、设计文件、规范、可交付成果清单。

（3）环境调查资料。如法律规定、政府或行业颁布的与本项目有关的各种设计和施工标准、现场条件、周边组织的要求等。它们确定了对工程实施的要求。

（4）项目的其他限制条件和制约因素。如项目的总计划、上层组织对项目的要求、总实施策略等。它们决定了项目实施的约束条件和假设条件，如预算的限制、资源供应的限制、时间的约束等。

（5）其他。如其他项目的相关历史资料，特别是关于过去同类项目的经验教训的资料。

3.2.3 确定工程项目范围的影响因素

按照项目的定义，工程项目的范围就是工程项目所有活动的组合，即工程项目行为系统的范围。工程项目的范围是由多方面因素决定的。

（1）项目的总目标、项目的环境条件和上层系统对项目的制约条件决定项目的总体范围。

（2）工程系统的结构决定项目的范围。工程系统的结构是通过如下过程确定的。

1）按照市场和用户要求确定项目最终产品的范围或服务的要求。这是针对工程建成后的运营的。例如，地铁项目最终是为乘客提供运载服务，汽车制造厂是每年提供一定量和一定标准的汽车。应对这些产品或服务进行详细描述。

2) 由最终产品和服务的结构可以确定工程系统的功能和子功能结构，列出菜单，并做功能描述。工程的功能和子功能就是为提供最终产品服务的。按照功能定义可以确定工程技术系统的要求。

3) 按照项目的总目标、用户的要求、产品或服务的功能要求和环境的要求确定整个工程系统的结构，即项目的可交付成果的范围和结构。

一个工程可以分解成许多独立的子系统，如一座工厂可分解为多个车间，每个车间又可细分为土建工程、设备工程、给水排水工程、电力系统工程等。

(3) 项目的过程责任决定项目的工作范围。工程项目的目标和工程技术系统必须经历项目实施的各个阶段，形成项目工作。例如一个工程项目的范围可能包括详细的可行性研究、规划、设计、施工准备、施工、竣工交付、运营维护。这是上层组织委托给项目任务承担者的，由项目的任务书定义。

(4) 项目实施和管理的其他责任决定项目的工作范围。有些项目的工作或工程活动是由其他责任产生的。例如按照我国《环境保护法》，需要采取环境保护的措施，以及对周边建筑物的保护措施。有些项目工作是为实施过程服务的，不作为最终可交付的成果，如在项目过程中临时设施的搭设等。

3.2.4 工程承包项目范围的确定

工程承包项目范围由如下因素确定：

(1) 工程技术系统。

1) 对单价合同，业主在招标文件中提供比较详细的图样、工程说明、工程量表以及合同文件等。

2) 对EPC总承包合同，在招标文件中业主提出"业主要求"，描述业主所要求的最终交付工程的功能，这相当于工程的设计任务书。

(2) 合同条款。工程承包合同文件既确定了施工项目范围，又确定了约束条件，如预算费用、开工日期。

(3) 因环境制约产生的活动，如由现场环境、法律等产生的施工项目环境保护的工作任务等。

这些活动构成了承包商的施工项目范围。

3.3 工程系统分解结构

工程是在一定空间上的技术系统，它具有一定的功能，通过它的运行生产最终产品或提供服务。对工程系统的结构分解，是假设工程已经建成，对它进行系统分解。

工程系统范围通常可从两个角度定义：① 工程的空间范围。如建筑工程的红线范围，是城市规划部门确定的工程法定占用的土地范围。② 工程系统的结构框架，即工程系统构成。工程系统由一些功能面和专业工程系统（专业工程要素）构成，它们都被称为工程子系统。工程系统分解结构（Engineering Breakdown Structure，EBS）如图 3-1 所示。

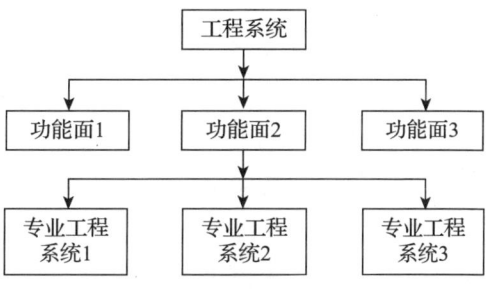

图 3-1　工程系统分解结构

3.3.1 功能面

1. 功能面的定义

功能是工程建成后应具有的作用，它与工程的用途有关，常常是在一定的平面和空间上起作用的，所以又被称为功能面。

一个工程系统通常是由许多功能面组合起来的综合体。

例如，一座工厂由各个车间、办公楼、仓库和生活区等构成，一条高速公路由各段道路、服务区、收费区、绿化区、桥梁等构成，一个校区由教学楼、图书馆、宿舍楼、实验楼、体育馆和办公楼等单体建筑物构成。

2. 常见的工程系统的功能面分解方法

（1）按产品结构进行分解。例如，新建一个汽车制造厂，则可将整个工程分解成发动机、轮胎、壳体、底盘、组装、油漆等分厂以及办公区、库房等几个大区。

(2) 按平面或空间位置进行分解。例如，一个分厂可按几何形体分解成几个建筑物（车间、仓库、办公室），一条道路可以分为几个区段。

(3) 每个车间或一栋建筑物还可以分解为多个功能面，但这里的功能是在局部被定义的。

例如：一个车间厂房可划分为生产区和服务区；办公楼可分为办公室、展览厅、会议厅、停车场、公用区间等，办公室又可分为各个科室，如人事处、财务科、工会等。

3.3.2 专业工程系统

1. 专业工程系统的概念

(1) 每个功能面是由许多专业工程系统构成的。这些专业工程系统具有明显的专业特征，一般不能独立存在，必须通过系统集成共同组合成功能面。例如，学校的教学楼提供教学功能，它包括建筑、结构、给水排水系统、电力系统、消防系统、通风系统、通信系统、多媒体系统、控制系统等专业工程系统。

(2) 专业工程系统的分解。有些专业工程系统还可以进一步分解为子系统。例如，厂房结构可分解为基础、主体结构及装饰装修工程等，供排设施可以分为给水排水系统、供暖系统、通风系统等。

(3) 对大型工程项目，在整个工程中起作用的，或属于多功能面上统一的专业工程系统，常可作为独立功能面对待。例如地铁工程中的控制系统、通信系统、闭路电视系统等。

2. 专业工程系统的形态

专业工程系统有不同的形态：有的是实体系统，如结构、给水排水系统等；有的是软件系统，如自动控制系统、信号系统等。

3.3.3 工程系统分解结构的概念

将一个工程的所有专业工程系统提取出来，就得到该工程所包含的专业工程系统结构，如地铁工程包括40多个专业工程系统。

通过系统分解，得到该工程所包含的专业工程系统结构，则其分解结果可以用工程系统分解结构表示。

同类工程的功能面形态和布置差异可能很大，但它们的专业工程系统结构是相同的。

工程系统的结构分解思路与常用的分解方法相似，即一个工程可分解为许多单项工程，单项工程分解为单位工程，进一步还可以分解为分部工程、分项工程。

3.3.4 某城市地铁 1 号线工程系统的分解结构

1. 功能区的划分

（1）车站。本工程共有 17 个车站。各个车站还可以划分不同的子功能区，如出入口通道、地下大厅、票务和检票处、商务中心等。

（2）区间段。区间段为相邻两车站之间的隧道或高架桥。

（3）车辆站基地。可细分为综合维修中心、车辆段、材料库房、培训中心等。

（4）总控制中心。

（5）办公行政大楼。

（6）变电所等。

2. 地铁工程的专业工程系统

专业工程系统主要包括建筑、土建结构工程、水文地质工程、给水排水工程、照明系统、空气调节工程、装饰工程、综合布线系统、隧道工程、桥梁工程、道路工程、轨道工程、电梯安装工程、动力工程、消防工程、设备安装工程、供电系统、机车工程、自动检票售票系统、环境监控系统、防灾报警系统、信号系统、广播系统、报时系统等。

3.4 工程项目工作分解结构

工作分解结构是一种层次化的树状结构，是将项目按一定的方法划分为可以管理的项目单元，通过控制这些单元的质量、费用和进度目标，使它们之间的关系协调一致，从而控制整个项目目标。

3.4.1 工程项目工作结构分解的目的

(1) 保证项目结构的系统性和完整性。分析的结果应包括项目所包含的所有工作（工程），不能有遗漏。这样才可能在设计、计划、实施中保证项目的完整性。

(2) 通过结构分解，把项目分解开来，使人们对项目一目了然，使项目的概况和组成明确、清晰、透明，这使项目管理者，甚至不懂项目管理的业主、投资者也能把握整个项目，方便地观察、了解和控制整个项目过程，也可以反过来分析可能存在的项目目标的不明确性。

(3) 确定建立完整的项目保证体系的基础。在项目结构分解的基础上，将项目任务的重点、质量、工期、成本（投资）目标分解到各项目单元，这样可以进行详细的设计、计划，实行更加有效的控制和跟踪，对项目单元进行工作量计算，确定实施方案，制订实施计划、成本计划、工期计划、资源计划，进行风险分析等。

(4) 能明确地划分各单元和各项目参加者之间的界限，能方便地进行责任的分解、分配和落实，即对每个项目单元能具体地落实责任者，并进行各部门、各专业的协调。

(5) 方便网络的建立和分析，可用于进度控制。

(6) 作为项目报告系统的对象。例如，费用结算、进度报告、账单、会谈纪要、文件说明常常就以项目单元为对象。

(7) 方便建立项目组织和相应的责任体系。即将项目系统与组织结合起来形成责任体系，作为下达任务、进行沟通的依据。

(8) 方便目标的协调，使项目的形象透明，方便控制。

3.4.2 工程项目工作结构分解的方法

目前尚没有统一、公认、通用的分解方法、规则和技术术语。分解方法随项目的特点而变化，基本上是靠项目管理者的经验和技能来定。分解结果的优劣也只有在项目设计、计划和实施控制过程中才能体现出来。

总体来讲，目前对工作结构进行分解主要有以下两种方法：

(1) 基于可交付成果或功能的分解方法，以完成该项目应该交付的成果为导向，确定相关的任务、工作、活动和要素。上层一般为可交付成果，下层一般为可交付成果的工作内容。这种方法的上层分解即工程系统分解结构。图 3-2 为基于成果的分解方法。

（2）基于工作过程或流程的划分，以完成该项目所经历的流程为导向，确定相关的任务、工作、活动和要素。上层按照工作的流程分解，下层按照工作的内容划分。

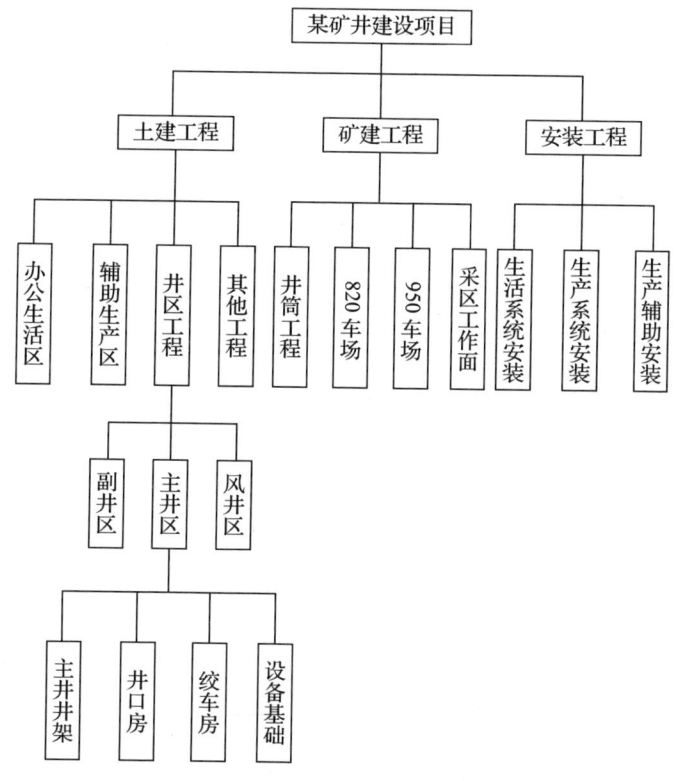

图 3-2 基于成果的工作分解结构

采用何种方法进行分解，应针对项目的具体情况加以确定，并非对任何项目都可以任意选择。

对常见的工程项目，按照具体的实施过程可以将其分解为以下工作内容：

（1）设计和计划。

（2）招标投标。

（3）实施准备。

（4）施工。施工单元下的分解很大程度上就是工程系统分解结构。分解的时候应考虑以下问题：

1）工程施工承发包模式。
2）在工程施工中功能区标段的划分。
3）工程分阶段实施，还是一次性全面实施。
4）考虑按照专业工作的内容分解。
5）对施工承包商，承包合同工作分解结构就是承包工程项目工作分解结构。

（5）试生产验收。
（6）项目管理工作的分解。

例如，某项目包括一栋办公楼和楼外工程的建设，分解其结构如图 3-3 所示。

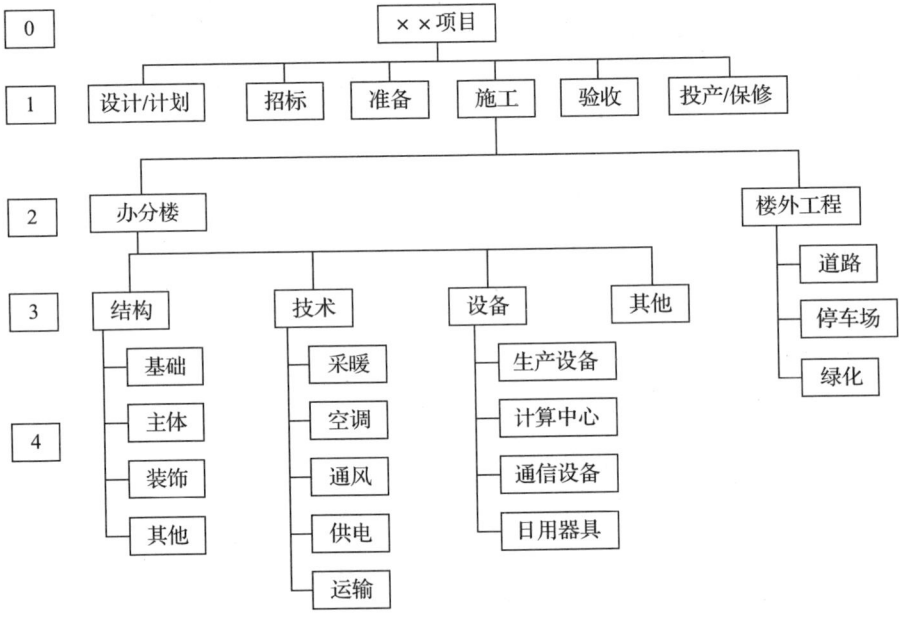

图 3-3 某办公楼工程项目工作分解结构图

3.4.3 工程项目工作分解结构编码设计

对每个项目单元进行编码是现代信息化管理的要求。为了便于计算机数据处理，在项目初期，应进行编码设计，建立整个项目统一的编码体系，确定编码规则和方法，并在整个项目中使用。这是项目管理规范化的基本要求，也是项目管理集成化的前提条件。

通过给每个项目单元以唯一的不重复的数字或字母标识，使它们互相区别。编码能够标识项目单元的特征，使人们以及计算机方便地"读出"这个项目单元的信息，如属于哪个项目、功能面、专业工程系统和实施阶段等。在项目管理过程中的网络分析，成本管理以及数据的储存、分析、统计，均依靠编码识别。编码设计对整个项目的计划、控制和管理系统的正常运行都很关键。

项目的编码一般按照项目工作分解结构图，采用"父码+子码"的方法编制。例如，该项目为管理主体所属的第1个项目，假设该项目共分解为4层，则该项目第1层编码为1000；本项目次层子项目的编码是在第1层编码后加子项目的标识码，即为1100、1200、1300、1400，如此等等；而子项目1100的分解单元分别用1110、1120、1130等表示。从一个编码中能"读"出它所代表的信息，如14223表示项目"1"的子项目"4"，功能面"2"，专业工程"2"，工作包"3"。工程项目工作分解结构编码示例如图3-4所示。

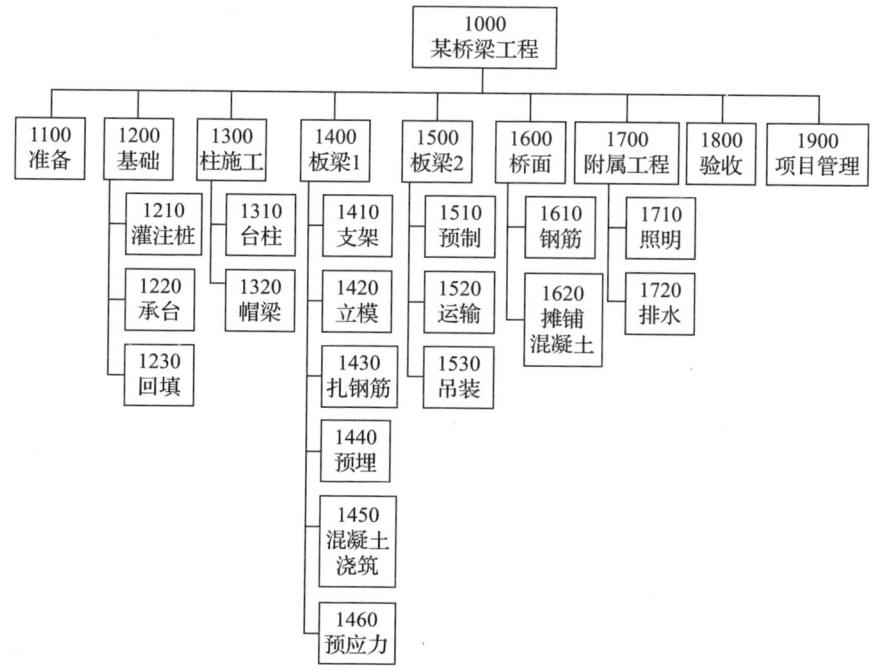

图3-4 工程项目工作分解结构编码示例

3.4.4 工程项目工作结构分解结果

对一个项目进行结构分解，通常按系统分析方法，由总体到具体、由粗到细分解成树形结构。结构分解的结果有：

（1）树形结构图。常见的工程项目的树形结构图如图 3-5 所示。其中每一个单元（不分层次）又统一被称为项目单元。项目结构图表明了项目总体的结构框架。

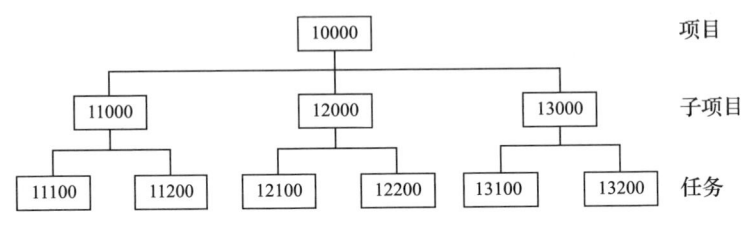

图 3-5　工程项目树形结构图

（2）项目结构分析表。将项目结构图用表来表示，则为项目结构分析表（表3-1）。

表 3-1　项目结构分析表

项目单元编码	名称	负责人	成本	××	××	××	××	××
10000								
11000								
11100								
11200								
12000								
12100								
12200								
13000								
13100								
13200								

3.4.5　WBS 词典及工作描述

WBS 词典是工作分解结构的支持性文件，对工作分解结构中的各要素做详细说明。工作分解结构相当于按一定逻辑关系形成的名词汇编，WBS 词典就相当于详细的名词解释。当然，详细到什么程度，没有统一的标准，视具体项目的需要而定。WBS 词典至少要对每个工作包做详细说明，如质量要求、时间要求、成本限制、负责人及协助人、与其他工作包或要素的关系等。

工作描述的目的是更明确地描述工程项目包含的各项工作的具体内容和要求，以此作为编制项目计划的依据，同时便于实施过程中更清晰地领会各项工作的内容。工作描述的主要依据是项目分解结构和项目工作分解结构。

工作描述的结果是工作描述表和项目任务栏表。

（1）工作描述表。该表是对工作的具体描述，应包括工作名称、范围、内容、主要目标、需要提供的条件、所需要的资源、所存在的风险、工作量和工作时间等重要内容。

在工程项目管理实践中可运用工作卡片详细描述某项工作任务，为了完成一项工作或工作包，需要许多工作卡片来详细描述所需开展的工作。这些卡片被发给相关人员，从而使工作得以执行。工作卡片包括为了完成工作所需的所有信息，如计划的开始和完成时间、所需图样的编号、所需材料的数量、规范的编号和质量或检查的详细要求等。工作卡片有时被合并成一个与某一实体相联系的工作包，从而提高了对工程的控制。因此，工作卡片不仅代表了短期的详细计划的最低层次，而且也是控制信息的首要来源。工作卡片的完成即代表了工作的完成。表 3-2 是一种简易的工作卡片。

表 3-2　工作卡片

编号 描述	计划的日期 实际的日期	控制区	
拟做工作的描述	质量控制的特殊要求	允许的要求	其他要求
	图样要求		
材料要求		评语 工作完成后签名	

（2）项目任务栏表。该表是描述项目所有工作基本内容的汇总表。项目任务栏表包含的内容见表 3-3。

表3-3　项目任务栏表包含的内容

项目	具体含义
工作代码	计算机管理工作时的唯一标识符，从中可看出工作之间的系统关系
工作名称	工作的名称
输出	完成该工作后的交付物（包括产品、图样、技术文件、工装和有关决策信息等）以及对物的规范和内容定义
输入	完成本工作所要求的前提条件（包括设计文档、技术文件和资料等）
内容	定义本工作要完成的具体内容和流程（包括应用文件、支撑环境、控制条件和工作流程）
负责单位	本工作的负责单位或部门
协作单位	完成本工作的协作单位和部门
子工作	工程项目工作分解树形结构中与本工作直接相连的下属工作

3.4.6　工程项目工作结构分解的基本原则

（1）在各层次上保持项目内容上的完整性，不能遗漏任何必要的组成部分。

（2）一个项目单元只能从属于某一个上层单元，不能同时交叉属于两个上层单元。如果发生这种情况，则可能在上层分解时界面不清楚。

（3）相同层次的项目单元应有相同的性质。例如，某一层次是按照实施的过程进行分解的，则该层次的单元均应表示实施过程，而不能有的表示过程，有的表示中间产品，有的表示专业功能。

（4）项目单元应能区分不同的责任者和不同的工作内容，项目单元应有较高的整体性和独立性，单元之间的工作责任、界面应尽可能小且明确，这样就会方便项目目标和责任的分解和落实，方便进行成果评价和责任的分析。

（5）由于项目结构分解是为项目的计划和实施控制服务的，是计划和控制的主要对象，因此分解的合理性还应体现在：

1）能方便地应用工期、质量、成本、合同、信息等管理方法和手段，方便项目目标的跟踪和控制。

2）符合计划和控制所能达到的程度。

3）注意物流、工作流、资金流、信息流的效率和质量。

4）注意功能之间的有机组合和合理的归属。

5）分解出的项目结构应有一定的弹性（包括编码），应能方便地扩展项目的范围、内容和变更项目的结构。

6）符合要求的详细程度。

3.5 范围变更与控制

在项目的生命周期中，存在着各种因素不断干扰着项目的进行，项目总是处于一个变化的环境之中。项目管理得再好，采用的管理方法再科学，项目也免不了会发生变化。根据项目管理的哲学思想，这种变化是绝对的。对于项目管理者来说，关键的问题是能够有效地预测可能发生的变化，以便采取预防措施，以实现项目的目标。但实际上很难做到这一点，更为实际的方法则是通过不断的监控、有效的沟通和协调、认真的分析研究，力求弄清项目变化的规律，妥善处理各种变化。

3.5.1 项目变化的规律

项目的变化是不可避免的，问题的关键是能够掌握项目变化的规律，有效地进行项目变化的控制。项目变化的规律可能因项目而异，但通常情况下，项目变化一般受以下因素的影响：

（1）项目的生命周期。项目的生命周期越长，项目的变化就越多，特别是项目的范围就越容易发生变更。

（2）项目的组织。项目的组织越科学、越有力，则越能有效制约项目的变化。反之，缺乏强有力的组织保障的项目则较易发生变化。人员的流动、协调的困难、管理的随机性等都会使项目容易产生较大的变化。

（3）项目经理的素质。高素质的项目经理善于在复杂多变的项目环境中应付自如，正确决策，从而使项目的变化不会造成对项目目标的影响；反之，则在这样的环境中，往往难以驾驭和控制项目。

（4）外部因素。引起项目变化的因素不仅来源于项目自身，更多的则是来源于项目的外部。例如，不良的天气，原材料、设备的供应，法律纠纷，团队成员的消极态度，以及有关方面的干预等因素都会使项目发生变化。

当然，除了上述因素以外，还有其他若干因素。例如，项目要采用新技术、新方法，项目就可能会发生变化；计划出现错误，项目需要变化；项目中原定的某项活动不能实现，项目也需要变化；项目的设计不合理，项目更需要变化等。

项目的变化更多的是来源于顾客的要求和项目团队对项目或服务的改进。随着项目的进展，顾客会越来越清楚地认识到一些在项目初期未能认识到的问题，因此会不断提出更改的要求。项目团队在项目实施过程中，也有可能不断改进技术或发现一些新的方法、工艺或材料。

3.5.2 项目变化对项目产生的影响

毫无疑问，项目的变化会对项目产生影响，这种影响有的可能有利于项目目标的实现，但更多的则不利于项目目标的实现。

一般来说，项目的变化会对项目带来以下影响：

（1）项目的目标。项目的变化可能会造成项目工期的延长或缩短、项目费用的增加或减少、项目质量的降低或提高。这种影响是项目管理人员最为关心的问题，也是最重要的。

（2）生产要素。项目的变化可能会导致对项目所需材料、设备或工具等生产要素的更新。

（3）项目组织。项目的变化也可能会导致项目组织的变更。

项目的变化可能会对以上三个方面都产生影响，但更多的是对有些方面产生影响，而对另一些方面不产生影响。这就需要项目管理人员针对具体情况做出具体分析，以便识别项目的变化对项目所产生的影响。

为了保证项目的顺利实现，处理项目变化最根本的措施是变更。范围变更就是针对项目的变化状况，以实现项目的既定目标为前提，所采取的应变措施。

范围变更是一项复杂工作。对于可预见的项目变化，可以采取预防措施，以消除变化对项目的影响；而更多的则是项目的变化无法预测，因此也就无法事先采取对策，以使项目发生合理的变更。

范围的变化要求范围变更，这种变更会发生在项目实施过程中的任一阶段。但根据项目的生命周期理论，项目的变更越早，损失就会越小；变更越迟，变更的难度就越大，损失也就越大。项目在失控的状态下，任何微小变化的积累，最终都可能会导致项目质量、费用和进度的变更，这是一个从量变到质变的过程。

在项目进行过程中，项目的变更可能是由顾客引起的，也可能是由项目团队引起的，或是由不可预见事件的发生引起的。下面举例分别说明。

（1）顾客引起的变更。例如，购房者向建筑商建议，房间应该更大些，窗户的位置应重新设置。这是由顾客引起的变更。这些变更类型代表着对最初项目范围的变更，将会对项目的进度和费用产生影响。不过，影响程度却取决于做出变更的时间。如果在房子的设计图尚未完成时，改变房子的大小和窗户的位置就比较容易；但是，如果房子的主体已完成，窗户也已安装好，要做上述变更，则对项目的进度和费用将会产生很大的影响。

（2）项目团队引起的变更。例如，在项目实施过程中，项目团队发现项目设计方案不合理，则提出设计变更建议。

（3）项目经理引发的变更。

（4）计划的不完善引起的变更。这是在项目计划过程中，忽略了某些环节而引起的变更。例如，在建造房屋时，业主或承包商未将安装下水道列入工作范围，则应进行范围变更。

（5）不可预见事件引发的变更。例如，地质条件的变化使得原先的设计方案不能满足要求，则需要进行设计变更；暴风雨延缓了项目实施过程，则需进行进度变更。

3.5.3 范围变更的控制

范围变更会对项目产生影响，所以必须对其严格控制。

1. 范围变更控制的基本要求

（1）关于变更的协议。在项目早期，项目承包商和业主之间，项目经理和项目团队之间应就有关变更方式、过程等问题进行协商，并形成文件或协议。

（2）谨慎对待变更请求。对任何一方提出的变更请求，其他各方都应谨慎对待。例如，承包商对业主提出的变更，在未对这种变更可能会对项目的工期、费用产生何种影响做出判断前，就不能随便同意变更。而应估计变更对项目进度和费用的影响程度，并在变更实施前得到业主的同意。业主同意了对项目进度和费用的修改建议后，所有额外的任务、修改后的工期估计、原材料和人力资源费用等均应列入计划。

(3) 制订变更计划。无论是由业主、承包商、项目经理、项目团队成员，还是由不可预见事件的发生引起的变更，都必须对项目计划涉及的范围、预算和进度等进行修改。一旦这些变更被各方同意，就应形成一个新的基准计划。

(4) 变更的实施。变更计划确定后，应采取有效措施加以实施，以确保范围变更达到既定的效果。其步骤如下：

1) 明确界定范围变更的目标。范围变更的目的是适应项目变化的要求，实现项目预期的目标。这就要求明确范围变更的目标，并围绕着该目标进行变更，做到有的放矢。

2) 优选变更方案。变更方案的不同影响着项目目标的实现，一个好的变更方案将有利于项目目标的实现，而一个不好的变更方案则会对项目产生不良影响。这就存在着变更方案的优选问题。

3) 做好变更记录。范围变更的控制是一个动态过程，它始于项目的变化，而终于范围变更的完成。在这一过程中，拥有充分的信息、掌握第一手资料是做出合理变更的前提条件。这就需要记录整个变更过程，而记录本身就是范围变更控制的主要内容。

4) 及时发布变更信息。范围变更最终要通过项目团队成员实现，所以，一旦确定范围变更方案，应及时将变更的信息和方案公布于众，使项目团队成员能够掌握和领会变更方案，以调整自己的工作方案，朝着新的方向去努力。同样，变更方案实施以后，也应通报实施效果。

值得注意的是：不同类型的范围变更控制，其变更控制实施的前提、控制的工具和技术、变更控制的作用等各有不同。现以项目范围变更控制为例，做简单叙述。

2. 项目范围变更控制实施的基础和前提

(1) 进行工作任务分解。建立工作任务分解结构是确定项目范围的基础和前提。

(2) 提供项目实施进展报告。提供项目实施进展报告就是提供与项目范围变化有关的信息，以便了解哪些工作已经完成，哪些工作尚未完成，哪些问题将会发生，这些将会如何影响项目的范围变化等。

（3）提出变更要求。变更要求一般以书面的形式提出，其方式可以是直接的，也可以是间接的。变更要求的提出可以来自项目内部，也可能来自项目外部；可以是自愿的，也可能是被迫的。变更流程如图3-6所示。

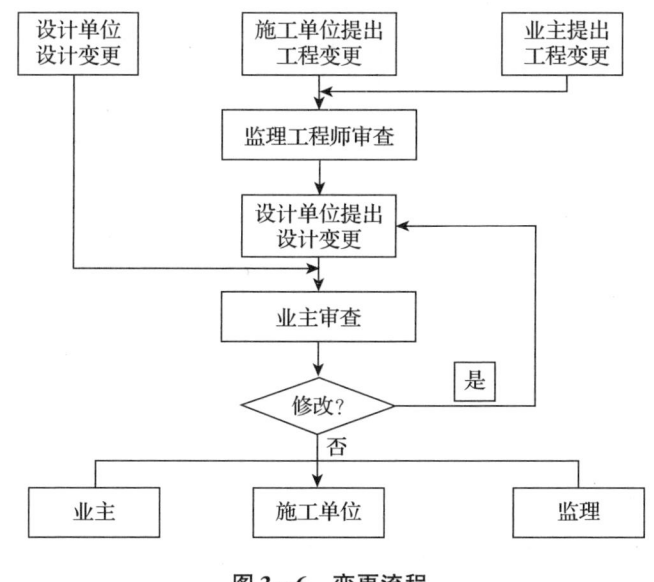

图3-6　变更流程

（4）制订项目管理计划。项目管理计划应对变更控制提出明确要求和有关规定，以使变更控制做到有章可循。

3. 项目范围变更控制的工具和技术

（1）项目范围变更控制系统。该系统用于明确项目范围变更处理程序，包括计划范围文件、跟踪系统和偏差控制与决策机制。项目范围变更控制系统应与全方位变化控制系统相集成，特别是与输出产品密切相关的系统的集成。这样才能使范围变更的控制与其他目标或目标变更控制的行为相兼顾。当要求项目完全按合同要求运行时，项目范围变更控制系统还必须与所有相关的合同要求相一致。

（2）项目进展报告。项目进展报告应反映已经发生的项目范围变化，而且应说明导致项目范围变化的原因。

（3）计划调整。为有效进行项目范围的变更与控制，应不断进行项目工作任务的再分解，并以此为基础，建立多个可供选择和有效的计划更新方案。

4. 项目范围变更控制的作用

（1）合理调整项目范围。范围变更是对已经确定的、建立在已审批通过的工程项目工作分解结构基础上的项目范围所进行的调整与变更。项目范围变更常常伴随着对成本、进度、质量或项目其他目标的调整和变更。

（2）纠偏行动。范围的变化所引起的范围变更偏离了计划轨迹，产生了偏差。为保证项目目标的顺利实现，就必须进行纠正。所以，从这个意义上来说，范围变更实际上就是一种纠偏行动。

（3）总结经验教训。导致项目范围变更的原因、所采取的纠偏行动的依据和其他任何来自变更控制实践中的经验教训，都应该形成文字、数据和资料，以作为项目组织保存的历史资料。

3.6 项目范围确认

项目范围确认是项目范围管理的一项重要工作，在项目范围界定清楚并给出项目工作分解结构之后，就可以按照项目范围的界定去开展项目的实施。在项目实施之前和之后都需要做好项目范围的确认工作。

项目范围确认是指项目相关利益主体对项目范围的正式认可和接受的工作，这既包括验证和确认项目范围界定所给出的项目范围界定结果，也包括对项目实施的范围进行全面的检验和确认。其中，前者的作用是确保所有项目范围界定给出的项目产出物范围和项目工作范围的充分必要，而后者的作用是确保项目实施完成了界定的项目范围。所以项目范围确认还包括对项目实施完成的项目产出物范围和项目工作范围所进行的验证和认可。

1. 项目范围确认的内容

项目范围确认工作既涉及对于整个项目范围的确认，也包括对一个项目阶段范围的确认工作。这种项目范围确认工作不同于项目质量管理的工作，因为项目质量管理所关心的是项目工作结果好坏，而项目范围确认关心的是项目工作范围的对错和完成与否，所以项目范围确认在某种程度上是一种项目管理中的决策工作。

2. 项目范围确认的成果

项目范围确认工作的成果主要包括两个方面：一是经过确认的项目范围；二是全面更新的项目工作分解结构及其字典。所谓经过确认的项目范围，主要是由项目业主或用户等签发的项目范围确认文件所包括的项目可交付物范围和项目工作范围，以及他们接受和确认的项目或项目阶段生成的项目可交付物与完成的项目工作范围。成果中的"全面更新的项目工作分解结构及其字典"是指根据项目范围确认的结果而对于二者所做出的修订和更新。

3. 项目范围确认的依据

项目范围确认的依据主要有：项目范围界定中所使用的各种依据以及项目实施中各种范围变更文件和项目实施最终结果文件。最主要的依据包括如下几个方面：

(1) 项目的各种文件。项目范围确认工作需要依据各种已有的项目文件，包括项目章程、项目合同、项目集成计划、项目范围管理计划、详细项目范围说明书、项目工作分解结构及其字典、项目技术设计文件和其他各种在项目验证时已有的项目文件。

(2) 项目的各种信息。项目范围确认还需要依据各种到项目验证时已有的项目信息，这包括与项目有关的事业组织环境方面的信息、组织过程资产中包括的各种信息、项目变更请求和审批的信息、项目所属专业技术领域方面的信息以及其他各种相关的项目信息。

(3) 项目范围确定结果。项目范围确定结果也是在确认项目范围确定结果时使用的依据之一，这包括项目或项目阶段的产出物、可交付物以及项目工作范围等确定结果文件。在进行项目范围确认时，项目相关利益主体需要根据这些文件去确认项目范围。

(4) 项目实施工作结果。项目实施工作结果是人们确认项目实施范围时所使用的依据之一，因为此时需要确认的就是项目范围是否按照计划得以实施。在进行这种项目范围确认时人们需要对项目实施成果进行分析和确认，最终得出是否予以确认的结论。

复习思考题

1. 范围管理包括哪些内容？
2. 简述工程项目范围确定的过程。
3. 工程项目功能面和专业工程系统之间有何联系？
4. 何为工程项目工作分解结构？何为 WBS 词典？简述工程项目工作结构分解的基本原则。
5. 以自己上课的教学楼的建造为例进行项目工作结构分解。
6. 如何对项目范围进行控制？

第 4 章
工程项目进度管理

本章目标 通过本章的学习，使学生了解进度管理、进度计划、进度控制的基本概念；熟悉项目进度计划系统的构成、横道图计划方法、单代号搭接网络计划图；掌握单、双代号网络图的绘制、参数计算；掌握时标网络图的概念、参数计算；掌握网络计划优化方法；掌握实际进度前锋线等偏差分析方法；掌握工程项目进度控制措施。

本章介绍 本章主要介绍进度管理、进度计划和进度控制的基本概念，工程项目进度计划系统的构成。重点分析网络计划编制的主要工具，包括横道图、里程碑计划和网络计划技术。网络计划技术包括普通双代号网络图、单代号网络图、双代号时标网络图和单代号搭接网络图。在初始网络计划的基础上，进行网络计划优化，主要包括工期优化、资源优化和工期-费用优化。在项目实施过程中进行进度控制，通过收集到的项目进度数据进行偏差分析，包括实际进度前锋线分析方法、S 形曲线分析方法和切割线分析方法。并介绍了工程项目进度控制的组织措施、管理措施、经济措施和技术措施。

4.1 概述

在全面分析工程项目的工作内容、工作程序、持续时间和逻辑关系的基础上编制进度计划，力求使拟订的计划具体可行、经济合理，并在计划实施过程中，通过采取有效措施，为确保预定进度目标的实现，而进行的组织、指挥、协调和控制（包括必要时对计划进行调整）等活动，称为工程项目的进度管理。

项目进度管理是项目管理的一个重要方面，它与项目费用管理、项目质量管理等同为项目管理的重要组成部分。它是保证项目如期完成或合理安排资源供应、节约工程成本的重要措施之一。

工程项目进度管理包括两部分内容，即项目进度计划的编制和项目进度计划的控制。

项目进度计划是表达项目中各项工作、工序的开展顺序、开始及完成时间及相互衔接关系的计划。通过进度计划的编制，使项目实施形成一个有机整体。进度计划是进度控制的依据。

项目进度控制，是指制订项目进度计划以后，在项目实施过程中，对实施进展情况进行的检查、对比、分析、调整，以确保项目进度计划总目标得以实现的活动。

在项目实施过程中，必须经常检查项目的实际进展情况，并与项目进度计划进行比较。如果实际进度与计划进度相符，则表明项目完成情况良好，进度计划总目标的实现有保证。如果实际进度已偏离了计划进度，则应分析产生偏差的原因和对后续工作及项目进度计划总目标的影响，找出解决问题的办法和避免进度计划总目标受影响的切实可行措施，并根据这些办法和措施，对原项目进度计划进行修改，使之符合现在的实际情况并保证原项目进度计划总目标得以实现。然后再进行新的检查、对比、分析、调整，直至项目最终完成。

工程项目进度计划系统是由多个相互关联的进度计划组成的系统，它是项目进度控制的依据。由于各种进度计划编制所需要的必要资料是在项目进展过程中逐步形成的，因此项目进度计划系统的建立和完善也有一个过程，它是逐步形成的。

根据项目进度控制不同的需要和不同的用途，业主方和项目各参与方可以构建多个不同的建设工程项目进度计划系统，如：

（1）由多个相互关联的不同深度的进度计划构成的计划系统。

（2）由多个相互关联的不同功能的进度计划构成的计划系统。

（3）由多个相互关联的不同项目参与方的进度计划构成的计划系统。

（4）由多个相互关联的不同周期的进度计划构成的计划系统。

由不同深度的进度计划构成的计划系统包括：

1）总进度计划。

2）项目子系统进度计划。

3）项目子系统中的单项工程进度计划。

由不同功能的进度计划构成的计划系统包括：

1）控制性进度计划。

2）指导性进度计划。

3）实施性进度计划。

由不同项目参与方的进度计划构成的计划系统包括：

1）业主方编制的整个项目实施的进度计划。

2）设计方编制的进度计划。

3）施工和设备安装方编制的进度计划。

4）采购和供货方编制的进度计划。

由不同周期的进度计划构成的计划系统包括：

1）5年建设进度计划。

2）年度、季度、月度和旬计划。

在工程项目进度计划系统中，各进度计划或各子系统进度计划编制和调整时必须注意其相互间的联系和协调，如：

（1）总进度计划、项目子系统进度计划与项目子系统中的单项工程进度计划之间的联系和协调。

（2）控制性进度计划、指导性进度计划与实施性进度计划之间的联系和协调。

（3）业主方编制的整个项目实施的进度计划、设计方编制的进度计划、施工和设备安装方编制的进度计划与采购和供货方编制的进度计划之间的联系和协调等。

4.2 工程项目进度计划的编制

4.2.1 横道图和里程碑计划图

1. 横道图

横道图，也称为甘特图、条线图，是美国人甘特（Gantt）提出的，经长期应用与改进，已成为一种被广泛应用的进度计划表示方法。甘特图是一个二维平面图（图4－1），横维表示进度或活动时间，纵维表示工作包内容，图中的横道线显示了每项工作的开始时间和结束时间，横道线的长度表示该项工作的持续时间。甘特图的时间维决定着项目计划粗略的程度，根据项目计划的需要，可以以小时、天、周、月等作为度量项目进度的时间单位。

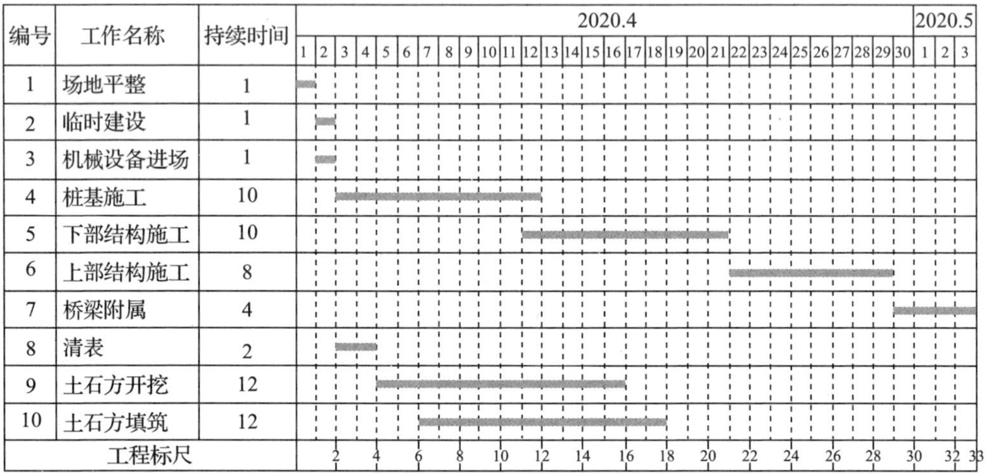
编号
工作名称
持续时间
2020.4
2020.5
1 2 3 4 5 6 7 8 9 10 11 12 13 14 15 16 17 18 19 20 21 22 23 24 25 26 27 28 29 30 1 2 3
1 场地平整 1
2 临时建设 1
3 机械设备进场 1
4 桩基施工 10
5 下部结构施工 10
6 上部结构施工 8
7 桥梁附属 4
8 清表 2
9 土石方开挖 12
10 土石方填筑 12
工程标尺
2 4 6 8 10 12 14 16 18 20 22 24 26 28 30 32 33

图4－1　横道图示意图

横道图有如下优点：

1）它能够清楚地表示活动的开始时间、结束时间和持续时间，一目了然，易于理解，并能够为各层次的人员（上至战略决策者，下至基层的操作工人）所掌握和运用。

2）使用方便，制作简单。

3）不仅能够安排工期，而且可以与劳动人力计划、材料计划、资金计划相结合。

横道图存在以下不足：

1）很难表达工程活动之间的关系。如果一个活动提前或推迟，或延长持续时间，很难分析出它会影响哪些后续的活动。

2）不能表示活动的重要性，如哪些活动是关键的，哪些活动有推迟或拖延的余地。

3）不能用计算机处理，即对一个复杂的工程不能进行工期计算，更不能进行工期方案的优化。

这些不足严重制约了横道图的进一步应用。所以，传统的横道图一般只适用于比较简单的小型项目，由于活动比较少，可以直接用它排工期计划。

2. 里程碑计划图

里程碑计划是以项目中某些重要事件的完成或开始时间点作为基准所形成的计划，是一个战略计划或项目框架。它显示了项目为实现最终目标而必须经过的条件或状态序列。项目的里程碑事件通常是项目的重要阶段或重要工程活动的开始或结束，是项目生命周期中关键的事件。工程项目的里程碑事件有批准立项、初步设计完成、签订合同、现场开工（奠基）、基础完成、主体结构封顶、工程竣工、交付使用等。里程碑计划如图 4-2 所示。

编号	里程碑计划	2019 年										2020 年				
		3	4	5	6	7	8	9	10	11	12	1	2	3	4	5
1	施工准备完成	3月4日														
2	基础工程完成			5月1日												
3	主体工程完成									11月3日						
4	水电安装工程完成											1月1日				
5	装饰工程完成													3月15日		
6	竣工验收														4月15日	

图 4-2 里程碑计划

里程碑事件通常与项目的阶段结果相联系，作为项目的控制点、检查点和决策点。

对于项目的高层管理者，掌握项目的里程碑事件的安排对进度管理是十分重要的。他们确定进度目标、审查进度计划、进行进度控制就是以项目的里程碑事件为对象的。

4.2.2 网络计划技术简介

网络计划技术是用网络计划对任务的工作进度进行安排和控制,以保证实现预定目标的科学的计划管理技术。网络计划是利用网络图进行时间参数计算而编制成的进度计划。

网络计划的基本形式是关键线路法(CPM)和计划评审技术(PERT),而后在这两者的基础上延伸出了决策关键线路法(DCPM)、图形评审技术(GERT)和风险评审技术(VERT)。

(1) 关键线路法。可以计算出项目各工作的最早、最迟开始和结束时间,通过最早时间和最迟时间的差额可以分析每一工作相对时间紧迫程度及工作的重要程度,这种最早和最迟时间的差额称为时差,时差最小的工作通常称为关键工作。关键线路法的主要目的就是确定项目中的关键工作和关键线路,以保证项目实施过程中能抓住主要矛盾,确保项目按期完成。该方法在项目管理中最常用。

(2) 计划评审技术。这是一种应用工作或活动不确定时间表示的网络计划图,其基本形式与关键线路法基本相同,只是在工作持续时间的确定方面与关键线路法有一定的区别,即关键线路法仅需要一个确定的工作时间,而该形式需要估计工作的三个时间,即最乐观时间、最可能时间、最悲观时间,然后计算工作的期望时间。

(3) 决策关键线路法。在网络计划中引入了决策点的概念,使得在项目的执行过程中可根据实际情况进行多种计划方案的选择。

(4) 图形评审技术。引入了工作执行完工概率和概率分支的概念,一项工作的完成结果可能有多种情况。

(5) 风险评审技术。可用于对项目的质量、时间、费用三坐标进行综合仿真和决策。

若按网络的结构不同,可以把网络计划分为双代号网络和单代号网络。双代号网络又可以分为双代号时间坐标网络和非时间坐标网络;单代号网络又可分为普通单代号网络和搭接网络。搭接网络主要是为了反映工作之间执行过程的相互重叠关系而引入的一种网络计划表达形式。

网络计划技术既是一种科学的计划方法，又是一种有效的科学管理方法。这种方法不仅能完整地揭示一个项目所包含的全部工作以及它们之间的关系，而且还能根据数学原理，应用最优化技术，揭示整个项目的关键工作并合理地安排计划中的各项工作，对于项目进展过程中可能出现的工期延误等问题能够防患于未然，并进行合理的处置，从而使项目管理人员能依照计划执行的情况，对未来进行科学的预测，使得计划始终处于项目管理人员的监督和控制之中，达到以最佳的工期、最少的资源、最好的流程、最低的费用完成所控制的项目。

4.2.3 双代号网络图

1. 双代号网络图的概念

双代号网络图由箭线、节点、线路三个基本要素所组成，其中每一项工作都用一根箭线和两个节点来表示，"双代号"即由此而来。如图 4-3 所示。

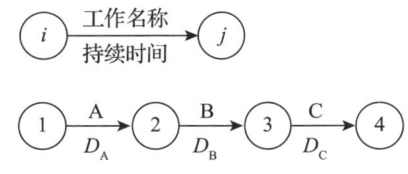

图 4-3 双代号网络图

（1）箭线。在双代号网络中，箭线表示工作，箭尾表示工作的开始，箭头表示工作的完成。工作通常可以分为两种：

1）需要消耗时间和资源的工作。这类工作称为实工作，在网络图中用实箭线表示，一般在箭线的上方标出工作的名称，在箭线的下方标出工作的持续时间，如图 4-4 所示。

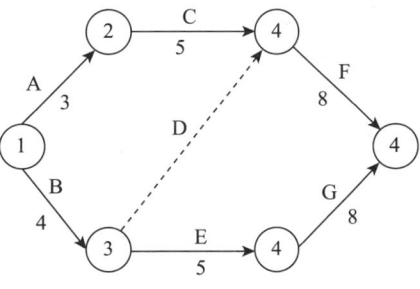

图 4-4 双代号网络线路图

2）既不消耗时间也不消耗资源的工作。这类工作称为虚工作，在网络图中用虚箭线表示。虚工作是虚设的，只表示相邻工作之间的逻辑关系。

（2）节点。网络图中，在箭线的发出和交会处画上圆圈，用以标志该圆圈前面工作的结束和允许后面工作的开始，该圆圈就称为节点。节点的主要作用是连接箭线。

根据节点所在位置，节点可分为三种类型：

1）起点节点。网络图中的第一个节点称为起点节点，它意味着一个项目或任务的开始。起点节点只有一个。

2）终点节点。网络图中的最后一个节点叫作终点节点，它意味着项目或任务的完成。

3）中间节点。网络图中的其他节点称为中间节点。

根据节点所在箭线的位置，节点可分为：

1）箭尾节点。这即位于箭线尾部的节点。

2）箭头节点。这即位于箭线头部的节点。

在网络图中，就一个节点来说，可能有许多箭线通向该节点，这些箭线就称为内向箭线或内向工作；若由同一个节点发出许多箭线，这些箭线称为外向箭线或外向工作。

不同类型的节点具有不同的时间内涵。起点节点标志着整个网络计划和相关工作开始的时刻；终点节点标志着整个网络计划和相关工作完成的时刻；箭尾节点标志着相应工作开始的时刻，箭头节点标志着相应工作结束的时刻；中间节点标志着内向工作的完成和外向工作开始的时刻。

(3) 线路。从起点节点开始，沿着箭线的方向连续通过一系列箭线与节点，最后到达终点节点的通路称为线路，如图 4-4 所示。每一条线路都有自己确定的完成时间，它等于该线路上各项工作持续时间总和，该工作持续时间总和也可称为路长。

根据路长的大小，线路可分为关键线路、次关键线路和非关键线路。

1）关键线路。路长最长的线路称为关键线路或主要矛盾线。位于关键线路上的所有工作称为关键工作。关键工作完成的快慢直接影响整个项目工期的实现。关键线路往往不止一条，可能同时存在若干条关键线路，即这几条线路的路长相同；关键线路并不是一成不变的，在一定条件下，由于干扰因素的影响，关键线路可能会发生变化，这种变化可能体现在两个方面：① 关键线路的数量增加了；② 关键线路和非关键线路可能会互相发生转化。

例如，非关键线路上某些工作的持续时间拖延了，使得相关线路的路长超出了关键线路的路长，则该线路就转化为关键线路，而原来的关键线路就转化为非关键线路。

2）次关键线路。次关键线路的路长仅次于关键线路。该线路最容易转化为关键线路。

3）非关键线路。除了关键线路和次关键线路之外的其他所有线路均称为非关键线路。

2. 双代号网络图的绘制

项目中所含工作之间的先后关系称为逻辑关系。逻辑关系又分为两类：① 客观存在的工艺关系，通常不能改变；② 人为确定的组织关系，可以优化。

网络图要正确反映逻辑关系。针对某具体工作，须解决三个问题：① 该工作必须在哪些工作之前进行；② 该工作必须在哪些工作之后进行；③ 该工作可和哪些工作平行进行。

双代号网络图中有五种基本的逻辑关系的表示方法，见表 4-1。

表 4-1 网络图中常见的逻辑关系及其表示方法

序号	工作之间的逻辑关系	表示方法
1	A 完成后 B 才能开始，B 完成后 C 才能开始	(图示)
2	A 完成后 B 和 C 同时开始	(图示)
3	A 和 B 都完成后 C 才能开始	(图示)
4	A 和 B 都完成后 C 和 D 才能开始	(图示)
5	A 完成后 B 才能开始，A 和 C 都完成后 D 才能开始	(图示)

在双代号网络图中，为正确表达逻辑关系，需应用虚箭线。虚箭线在双代号网络图的逻辑表达中主要起连接、断路和区分作用。

1) 连接作用。如表 4-1 第五种逻辑关系，如果两工作有共同的紧后工作，且只要其中一工作有独立的紧后工作，必须应用虚箭线进行连接。

2) 断路作用。断路作用是用虚箭线断掉多余连接，例如图 4-5a 中，三层楼的装饰装修，分为三个施工段，有立门和抹灰两道工序，自上而下流水施工。图中一层的立门同三层的抹灰之间本没有联系，但图 4-5a 中一层的立门要在三层的抹灰完成后才能开始，因此需要在第二层的立门与第二层的抹灰之间增加一条虚工作将三层的抹灰与一层的立门关系断开，如图 4-5b 所示。

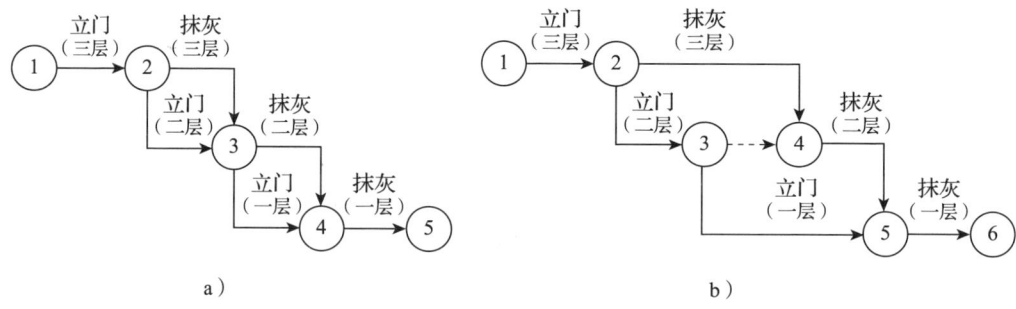

图 4-5 装饰工程双代号计划图

3) 区分作用。区分作用是指双代号网络图中每一项工作都必须用一条箭线和两个代号表示，若两项工作的代号相同，则应用虚工作加以区分。

如图 4-6a 中，A 与 B 工作有完全相同的起点和终点，无法区分，这时需要加虚箭线区分，如图 4-6b 所示。

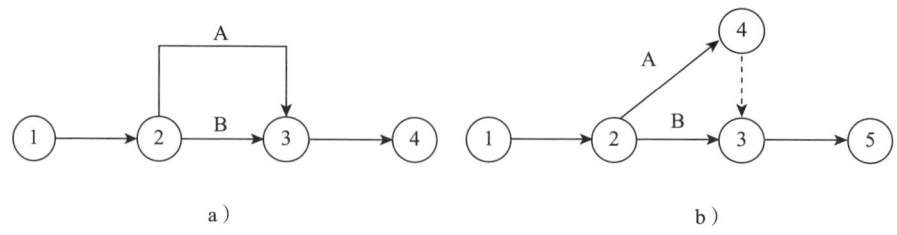

图 4-6 双代号网络图平行工作示意图

双代号网络图绘制需遵守以下规则:

1) 禁止出现循环回路。
2) 不允许出现双向箭头或无箭头的连线。
3) 不允许出现无箭头节点或无箭尾节点的箭线。
4) 在双代号网络图中,只有一个起点节点和一个终点节点。
5) 绘制网络图时,箭线不宜交叉,当交叉不可避免时,可采用过桥法(暗桥法)或指向法,如图4-7所示。

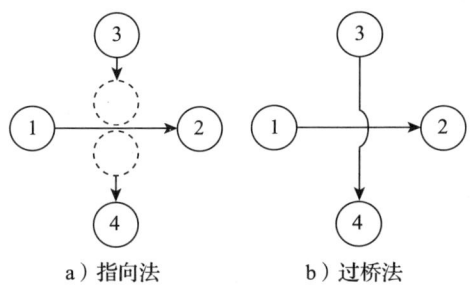

图4-7 双代号网络图交叉工作表示法

6) 网络图中某些工作有多个紧前或紧后工作时,采用母线法绘图,如图4-8所示。
7) 节点编号时,不重号,箭头节点号大于箭尾节点号;不漏编;可采用不连续编号方式,以留出备用节点号,如图4-9所示。

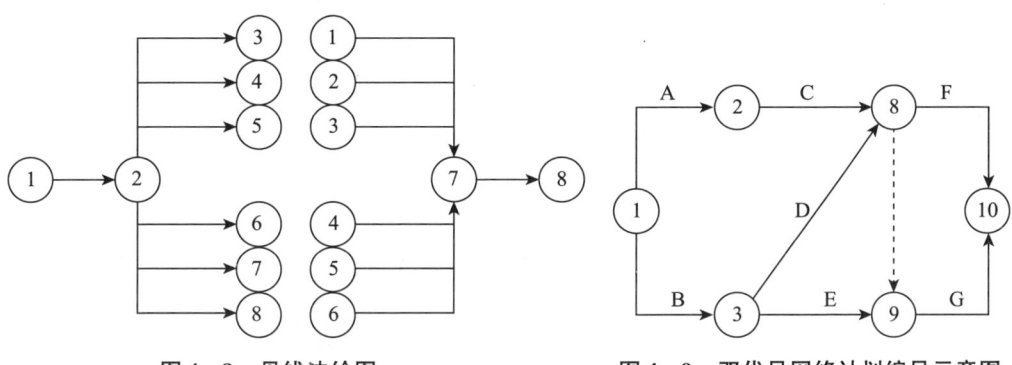

图4-8 母线法绘图　　　　图4-9 双代号网络计划编号示意图

一般利用计算机进行网络分析,人们仅需将工程活动的逻辑关系输入计算机。计算机可以自动绘制网络图,并进行网络分析。但有些小的项目或一些子网络仍需要人工绘制和分析。

在双代号网络图的绘制过程中，有效且灵活地使用虚箭线是十分重要的。双代号网络图的绘制容易出现逻辑关系的错误，防止错误的关键是正确使用虚箭线。一般根据项目工作关系表，当某个工作有两个或两个以上的紧后工作时，可以先利用虚工作进行连接，待所有的活动画完后再进行图形整理，将多余的虚工作去除。去除虚工作的原则有两条：① 除了平行工作外，当虚工作和实工作串联时（指虚工作与实工作的连接节点既没有内向工作，也没有外向工作），该虚工作可去除；② 两个或两个以上的节点若有相同的紧前或紧后工作，则这样的节点可以合并。

【例 4 - 1】某工程项目活动及逻辑关系见表 4 - 2。

表 4 - 2　某工程项目活动及逻辑关系

工程活动号	A	B	C	D	E
紧后活动	C、D	E、F	E、F	G、H	G、H

解：

（1）根据表 4 - 2 利用虚工作的断路作用可绘制出如图 4 - 10 的双代号网络图。

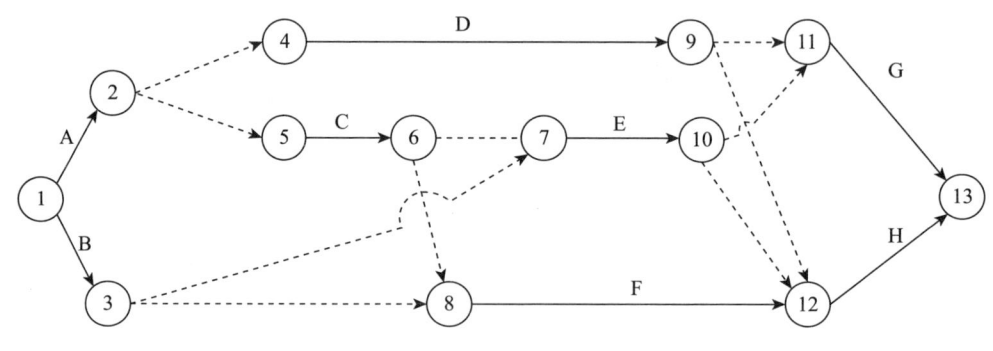

图 4 - 10　初次布置图

（2）利用上文所述的第一条去除虚工作的原则对图 4 - 10 进行简化，图 4 - 10 中 2 - 4 与 2 - 5 两条虚工作可以去除，去除后整理如图 4 - 11 所示。

（3）利用去除虚工作的第二条简化原则，图 4 - 11 中的 3 号节点与 4 号节点可以合并，5 号节点与 8 号节点可以合并，简化后的网络图如图 4 - 12 所示。

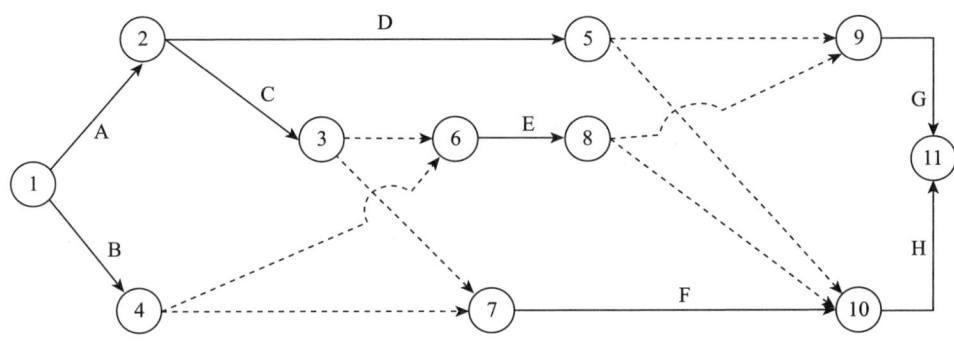

图 4-11 初次调整图

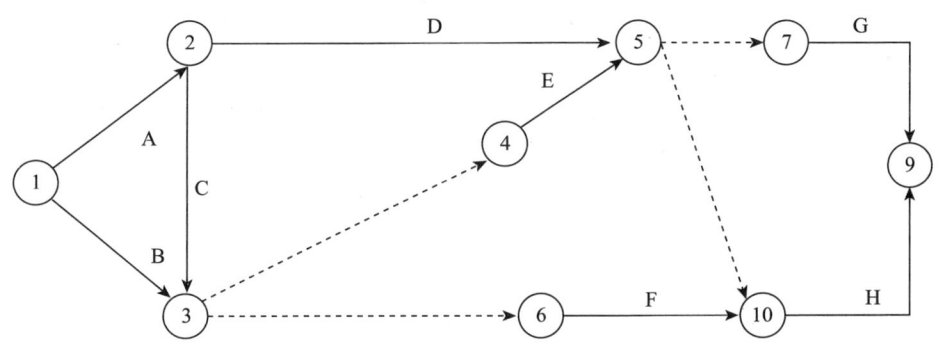

图 4-12 再次调整图

(4) 针对图 4-12 中的虚工作,利用第一条简化原则进行简化,结果如图 4-13 所示。

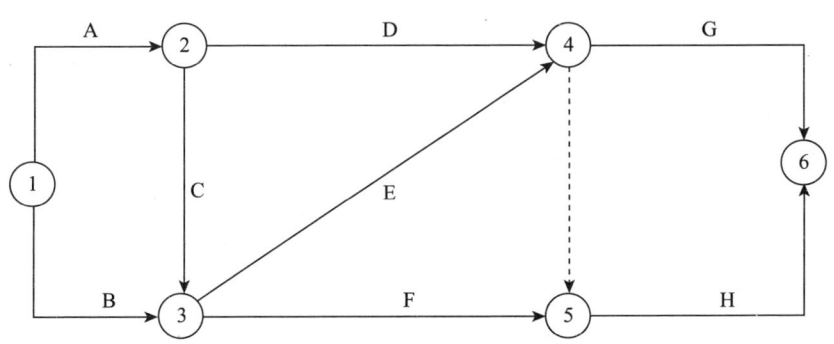

图 4-13 最终调整网络图

4.2.4 单代号网络图

1. 单代号网络图的概念

与双代号网络图一样，单代号网络图也是由节点、箭线、线路组成的，但其含义则与双代号网络不完全相同。

(1) 节点。节点及其编号用于表达一项工作。该节点宜用圆圈或矩形表示，也可以用不规则形状表示，如图4-14所示。

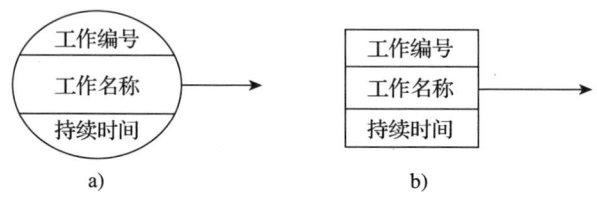

图4-14 单代号网络图中节点的表示方法

(2) 箭线。箭线表示两个相邻工作之间的逻辑关系，即紧前工作和紧后工作之间的关系。

(3) 线路。线路的概念和意义与双代号的相同。

2. 单代号网络图逻辑关系的表达

在单代号网络图中，箭尾节点表示的工作是箭头节点的紧前工作；反之，箭头节点表示的工作是箭尾节点的紧后工作。

例如，A工作是B和C工作的紧前工作；D工作是B和C工作的紧后工作，则其单代号网络图如图4-15所示。

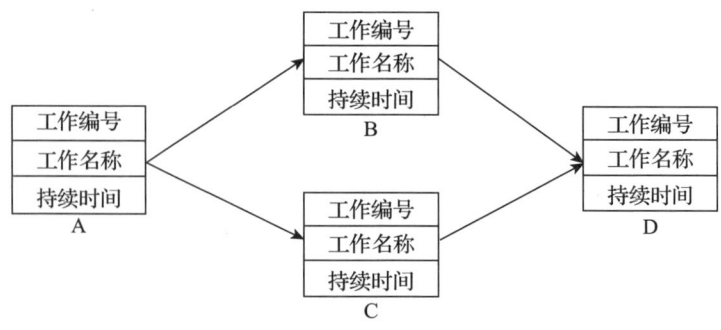

图4-15 单代号网络图

3. 单代号网络图的绘图规则

单代号网络图的绘图规则与双代号网络图的基本相同，主要规则有：

（1）必须正确表达工作的逻辑关系。

（2）严禁出现循环回路。

（3）不能出现双向箭头或无箭头的连线。

（4）不能出现无箭尾节点的箭线或无箭头节点的箭线。

（5）绘制网络图时，箭线不宜交叉；若交叉不可避免时，可采用过桥法或指向法，其画法与双代号网络图的相同。

（6）箭线的形状为直线或折线，箭线的方向为工作前进方向。

（7）只能有一个起点节点和一个终点节点；当网络图中出现多项无内向箭线的工作或多项无外向箭线的工作时，应在网络图的左端或右端分设网络图的起点节点（St）和终点节点（Fin）。

（8）节点必须编号，并满足严禁重复编号、箭尾节点的编号应小于箭头节点的编号等基本要求。一项工作必须有唯一的一个节点和唯一的一个编号。

某项目分析表见表4-3，绘制其单代号网络图。

表4-3 现浇混凝土水池项目分析表

序号	工作名称	工作代号	紧后工作	持续时间/天
1	挖土	A	B	3
2	垫层	B	E 和 F	2
3	材料准备	C	D	4
4	构配件加工	D	F	4
5	仓面准备	E	G	7
6	模板、钢筋安装	F	G	10
7	浇筑混凝土	G	—	3

根据表4-3，按照单代号网络图的绘图规则绘制单代号网络图，如图4-16所示。

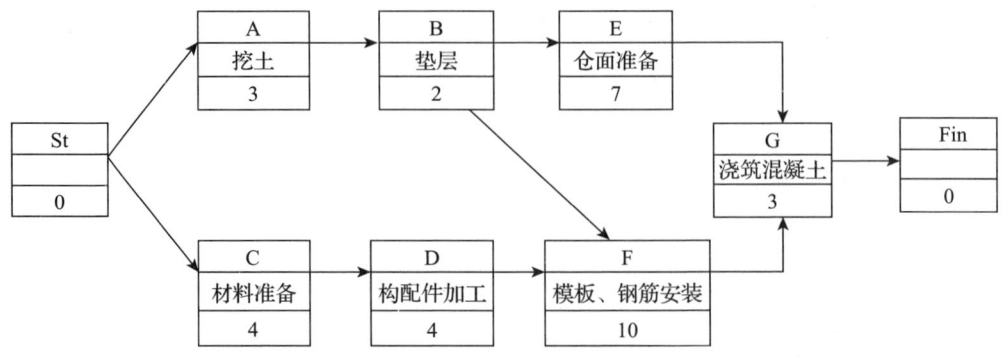

图 4-16 现浇混凝土水池项目单代号网络图

4.2.5 网络计划时间参数计算和关键线路确定

1. 网络计划的时间参数

所谓时间参数，是指网络计划、工作及节点所具有的各种时间值。

(1) 工作持续时间和工期

1) 工作持续时间。工作持续时间是指一项工作从开始到完成的时间。在双代号网络图中，工作 $i-j$ 持续时间用 D_{ij} 表示，在单代号网络图中，工作 i 的持续时间用 D_i 表示。在网络计划中，各项工作的持续时间是计算网络计划时间参数的基础，所以应首先确定各项工作的持续时间。对于一般肯定型网络计划，工作持续时间的确定方法有：参照以往实践经验估算、经过试验估算、通过定额进行计算。

2) 工期。工期泛指完成一项任务所需要的时间。在网络计划中，工期一般有以下三种：

①计算工期：根据网络计划时间参数计算而得到的工期，用 T_c 表示。

②要求工期：任务委托人所提出的指令性工期，用 T_r 表示。

③计划工期：根据要求工期和计算工期所确定的作为实施目标的工期，用 T_p 表示。当已规定了要求工期时，计划工期不应超过要求工期，即

$$T_p \leq T_r$$

当未规定要求工期时，可令计划工期等于计算工期，即

$$T_p = T_c$$

(2) 节点的时间参数

1) 节点最早时间。节点最早时间是指在双代号网络图中,以该节点为开始节点的各项工作的最早开始时间。节点 i 的最早时间用 ET_i 表示。

2) 节点最迟时间。节点最迟时间是指在双代号网络图中,以该节点为完成节点的各项工作的最迟完成时间。节点 i 的最迟时间用 LT_i 表示。

(3) 工作时间参数。除工作持续时间外,网络计划中工作的六个时间参数是:

1) 最早开始时间和最早完成时间。工作的最早开始时间是指在其所有紧前工作全部完成后,本工作有可能开始的最早时刻。工作的最早完成时间是指在其所有紧前工作全部完成后,本工作有可能完成的最早时刻。工作的最早完成时间等于本工作的最早开始时间与其持续时间之和。

在双代号网络图中,工作 $i-j$ 的最早开始时间和最早完成时间分别用 ES_{i-j} 和 EF_{i-j} 表示;在单代号网络图中,工作 i 的最早开始时间和最早完成时间分别用 ES_i 和 EF_i 表示。

2) 最迟完成时间和最迟开始时间。工作的最迟完成时间是指在不影响整个任务按期完成的前提下,本工作必须完成的最迟时刻。工作的最迟开始时间是指在不影响整个任务按期完成的前提下,本工作必须开始的最迟时刻。工作的最迟开始时间等于本工作的最迟完成时间与其持续时间之差。

在双代号网络图中,工作 $i-j$ 的最迟完成时间和最迟开始时间分别用 LF_{i-j} 和 LS_{i-j} 表示;在单代号网络图中,工作 i 的最迟完成时间和最迟开始时间分别用 LF_i 和 LS_i 表示。

3) 总时差和自由时差。工作的总时差是指在不影响总工期的前提下,本工作可以利用的机动时间。工作的自由时差是指在不影响其紧后工作最早开始时间的前提下,本工作可以利用的机动时间。

在双代号网络图中,工作 $i-j$ 的总时差和自由时差分别用 TF_{i-j} 和 FF_{i-j} 表示;在单代号网络图中,工作 i 的总时差和自由时差分别用 TF_i 和 FF_i 表示。

(4) 相邻两项工作之间的时间间隔。相邻两项工作之间的时间间隔是指本工作的最早完成时间与其紧后工作最早开始时间之间可能存在的差值。工作 i 与工作 j 之间的时间间隔用 $LAG_{i,j}$ 表示。

2. 双代号网络计划时间参数的计算和关键线路确定

网络计划时间参数的计算有分析计算法、图上计算法、表上计算法、节点标注法，各种方法计算的原理基本相同。这里主要介绍图上计算法。图上计算法一般采用"六时标注法"，如图 4-17 所示。

【例 4-2】下面以图 4-18 所示双代号网络图为例，说明按图上计算法计算时间参数的过程。其计算结果如图 4-19 所示。

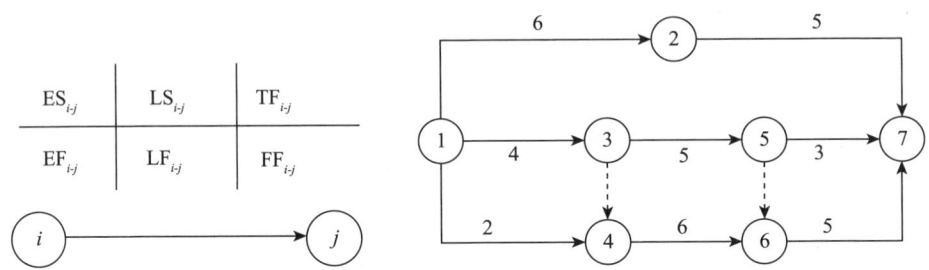

图 4-17 图上计算六时标注法图例　　图 4-18 例 4-2 的双代号网络图

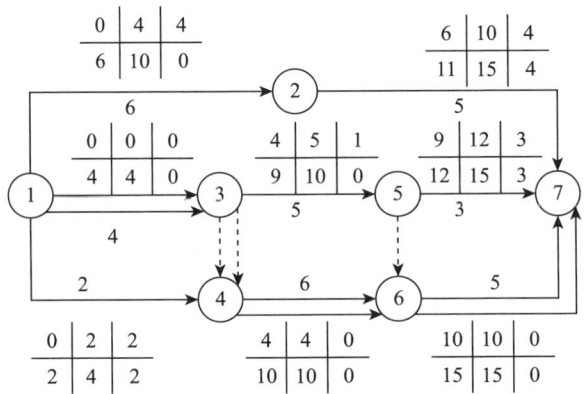

图 4-19 双代号网络图（六时标注法）

解：（1）计算工作的最早开始时间和最早完成时间

工作最早开始时间和最早完成时间的计算应从网络计划的起点节点开始，顺着箭线方向依次进行，其计算步骤如下：

1) 以网络计划起点节点为开始节点的工作，当未规定其最早开始时间时，其最早开始时间为零。例如在本例中，工作 1-2、工作 1-3 和工作 1-4 的最早开始时间都为零，即

$$ES_{1-2} = ES_{1-3} = ES_{1-4} = 0$$

2）工作的最早完成时间可利用下式进行计算：

$$\mathrm{EF}_{i-j} = \mathrm{ES}_{i-j} + D_{i-j} \tag{4-1}$$

式中，EF_{i-j} 为工作 $i-j$ 的最早完成时间；ES_{i-j} 为工作 $i-j$ 的最早开始时间；D_{i-j} 为工作 $i-j$ 的持续时间。

例如在本例中，工作 $1-2$、工作 $1-3$ 和工作 $1-4$ 的最早完成时间分别为

工作 $1-2$：$\mathrm{EF}_{1-2} = \mathrm{ES}_{1-2} + D_{1-2} = 0 + 6 = 6$

工作 $1-3$：$\mathrm{EF}_{1-3} = \mathrm{ES}_{1-3} + D_{1-3} = 0 + 4 = 4$

工作 $1-4$：$\mathrm{EF}_{1-4} = \mathrm{ES}_{1-4} + D_{1-4} = 0 + 2 = 2$

3）其他工作的最早开始时间应等于其紧前工作最早完成时间的最大值，即

$$\mathrm{ES}_{i-j} = \max\{\mathrm{EF}_{h-i}\} = \max\{\mathrm{ES}_{h-i} + D_{h-i}\} \tag{4-2}$$

式中，ES_{i-j} 为工作 $i-j$ 的最早开始时间；EF_{h-i} 为工作 $i-j$ 的紧前工作 $h-i$（非虚工作）的最早完成时间；ES_{h-i} 为工作 $i-j$ 的紧前工作 $h-i$（非虚工作）的最早开始时间；D_{h-i} 为工作 $i-j$ 的紧前工作 $h-i$（非虚工作）的持续时间。

例如在本例中，工作 $3-5$ 和工作 $4-6$ 的最早开始时间分别为

$$\mathrm{ES}_{3-5} = \mathrm{EF}_{1-3} = 4$$

$$\mathrm{ES}_{4-6} = \max\{\mathrm{EF}_{1-3}, \mathrm{EF}_{1-4}\} = \max\{4, 2\} = 4$$

4）网络计划的计算工期应等于以网络计划终点节点为完成节点的工作的最早完成时间的最大值，即

$$T_c = \max\{\mathrm{EF}_{i-n}\} = \max\{\mathrm{ES}_{i-n} + D_{i-n}\} \tag{4-3}$$

式中，T_c 为网络计划的计算工期；EF_{i-n} 为以网络计划终点节点 n 为完成节点的工作的最早完成时间；ES_{i-n} 为以网络计划终点节点 n 为完成节点的工作的最早开始时间；D_{i-n} 为以网络计划终点节点 n 为完成节点的工作的持续时间。

在本例中，网络计划的计算工期为

$$T_c = \max\{\mathrm{EF}_{2-7}, \mathrm{EF}_{5-7}, \mathrm{EF}_{6-7}\} = \max\{11, 12, 15\} = 15$$

（2）确定网络计划的计划工期

在本例中，假设未规定要求工期，则其计划工期等于计算工期，即

$$T_p = T_c = 15$$

（3）计算工作的最迟完成时间和最迟开始时间

工作最迟完成时间和最迟开始时间的计算应从网络计划的终点节点开始，逆

着箭线方向依次进行。其计算步骤如下：

1) 以网络计划终点节点为完成节点的工作，其最迟完成时间等于网络计划的计划工期，即

$$LF_{i-n} = T_p \tag{4-4}$$

式中，LF_{i-n} 为以网络计划终点节点 n 为完成节点的工作的最迟完成时间；T_p 为网络计划的计划工期。

例如在本例中，工作 2-7、工作 5-7 和工作 6-7 的最迟完成时间为

$$LF_{2-7} = LF_{5-7} = LF_{6-7} = T_p = 15$$

2) 工作的最迟开始时间可利用下式进行计算：

$$LS_{i-j} = LF_{i-j} - D_{i-j} \tag{4-5}$$

式中，LS_{i-j} 为工作 $i-j$ 的最迟开始时间；LF_{i-j} 为工作 $i-j$ 的最迟完成时间；D_{i-j} 为工作 $i-j$ 的持续时间。

例如在本例中，工作 2-7、工作 5-7 和工作 6-7 的最迟开始时间分别为

$$LS_{2-7} = LF_{2-7} - D_{2-7} = 15 - 5 = 10$$
$$LS_{5-7} = LF_{5-7} - D_{5-7} = 15 - 3 = 12$$
$$LS_{6-7} = LF_{6-7} - D_{6-7} = 15 - 5 = 10$$

3) 其他工作的最迟完成时间应等于其紧后工作最迟开始时间的最小值，即

$$LF_{i-j} = \min\{LS_{j-k}\} = \min\{LF_{j-k} - D_{j-k}\}$$

式中，LF_{i-j} 为工作 $i-j$ 的最迟完成时间；LS_{j-k} 为工作 $i-j$ 的紧后工作 $j-k$（非虚工作）的最迟开始时间；LF_{j-k} 为工作 $i-j$ 的紧后工作 $j-k$（非虚工作）的最迟完成时间；D_{j-k} 为工作 $i-j$ 的紧后工作 $j-k$（非虚工作）的持续时间。

例如在本例中，工作 3-5 和工作 4-6 的最迟完成时间分别为

$$LF_{3-5} = \min\{LS_{5-7}, LS_{6-7}\} = 10$$
$$LF_{4-6} = LS_{6-7} = 10$$

4) 计算工作的总时差。工作的总时差等于该工作最迟完成时间与最早完成时间之差，或该工作最迟开始时间与最早开始时间之差，即

$$TF_{i-j} = LS_{i-j} - ES_{i-j} = LF_{i-j} EF_{i-j} \tag{4-6}$$

式中，TF_{i-j} 为工作 $i-j$ 的总时差；其他符号同前。

例如在本例中，工作 3-5 的总时差为

$$\mathrm{TF}_{3-5} = \mathrm{LS}_{3-5} - \mathrm{ES}_{3-5} = 10 - 9 = 1$$

或

$$\mathrm{TF}_{3-5} = \mathrm{LF}_{3-5} - \mathrm{EF}_{3-5} = 5 - 4 = 1$$

5）计算工作的自由时差。工作自由时差的计算应按以下两种情况分别考虑：

①对于有紧后工作的工作，其自由时差等于本工作之紧后工作最早开始时间减本工作最早完成时间所得之差的最小值，即

$$\mathrm{FF}_{i-j} = \min\{\mathrm{ES}_{j-k} - \mathrm{EF}_{i-j}\} = \min\{\mathrm{ES}_{j-k} - \mathrm{ES}_{i-j} - D_{i-j}\} \quad (4-7)$$

式中，FF_{i-j} 为工作 $i-j$ 的自由时差；ES_{j-k} 为工作 $i-j$ 的紧后工作 $j-k$（非虚工作）的最早开始时间；ES_{i-j} 为工作 $i-j$ 的最早开始时间；D_{i-j} 为工作 $i-j$ 的持续时间。

例如在本例中，工作 1-4 和工作 3-5 的自由时差分别为

$$\mathrm{FF}_{1-4} = \mathrm{ES}_{4-6} - \mathrm{EF}_{1-4} = 4 - 2 = 2$$

$$\mathrm{FF}_{3-5} = \min\{\mathrm{ES}_{5-7} - \mathrm{EF}_{3-5},\ \mathrm{ES}_{6-7} - \mathrm{EF}_{3-5}\} = \min\{9-9,\ 10-9\} = 0$$

②对于无紧后工作的工作，也就是以网络计划终点节点为完成节点的工作，其自由时差等于计划工期与本工作最早完成时间之差，即

$$\mathrm{FF}_{i-n} = T_\mathrm{p} - \mathrm{EF}_{i-n} = T_\mathrm{p} - \mathrm{ES}_{i-n} - D_{i-n} \quad (4-8)$$

式中，FF_{i-n} 为以网络计划终点节点 n 为完成节点的工作 $i-n$ 的自由时差；T_p 为网络计划的计划工期；EF_{i-n} 为以网络计划终点节点 n 为完成节点的工作 $i-n$ 的最早完成时间；ES_{i-n} 为以网络计划终点节点 n 为完成节点的工作 $i-n$ 的最早开始时间；D_{i-n} 为以网络计划终点节点 n 为完成节点的工作 $i-n$ 的持续时间。

例如本例中，工作 2-7、工作 5-7 和工作 6-7 的自由时差分别为

$$\mathrm{FF}_{2-7} = T_\mathrm{p} - \mathrm{EF}_{2-7} = 15 - 11 = 4$$

$$\mathrm{FF}_{5-7} = T_\mathrm{p} - \mathrm{EF}_{5-7} = 15 - 12 = 3$$

$$\mathrm{FF}_{6-7} = T_\mathrm{p} - \mathrm{EF}_{6-7} = 15 - 15 = 0$$

6）确定关键工作和关键线路。在网络计划中，总时差最小的工作为关键工作。特别是当网络计划的计划工期等于计算工期时，总时差为零的工作就是关键工作。例如在本例中，工作 1-3、工作 4-6 和工作 6-7 的总时差均为零，故它们都是关键工作。

找出关键工作之后，将这些关键工作首尾相连，便至少构成一条从起点节点到终点节点的通路，就是关键线路。在关键线路上可能有虚工作存在。

关键线路一般用粗箭线或双线箭线标出，也可以用彩色箭线标出。例如在本

例中,线路 1-3-4-6-7 即为关键线路,在图 4-19 表示为双线箭线。

3. 单代号网络图时间参数的计算

单代号网络图的各个时间参数的计算方法与双代号网络图方法基本相同。单代号网络图计算示例参见图 4-20。其中,$LAG_{i,j}$ 可根据下式计算:

$$LAG_{i,j} = ES_j - EF_i \qquad (4-9)$$

式中,$LAG_{i,j}$ 为工作 i 与其紧后工作 j 之间的时间间隔;ES_j 为工作 i 的紧后工作 j 的最早开始时间;EF_i 为工作 i 的最早完成时间。

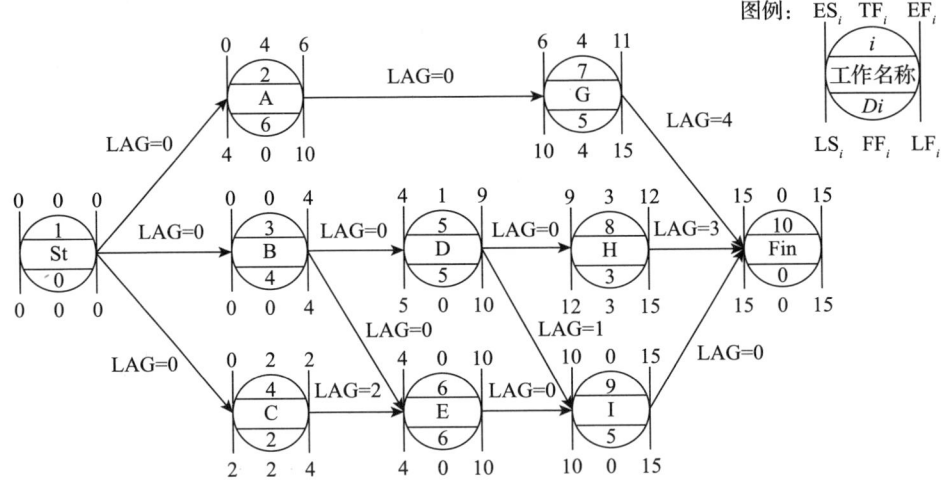

图 4-20　单代号网络计划时间参数图上计算法

4.2.6　双代号时间坐标网络

1. 时间坐标网络计划的概念

时间坐标网络计划简称时标网络计划,是以时间坐标为尺度编制的网络计划,如图 4-21 所示。

时标网络计划绘制在时标计划表上,时标的时间单位可根据需要,在编制时标网络计划之前确定,可以是小时、天、周、旬、月或季等。时间可标注在计划表的顶部,也可标注在底部,必要时可同时标注在顶部和底部。时标的长度单位必须注明,必要时,可在顶部时标之上或底部时标之下加注日历的对应时间。时标计划表中部的刻度线宜为细线,为使图面清晰,刻度线可以少画或不画。时标计划表的表达形式见表 4-4 和表 4-5。

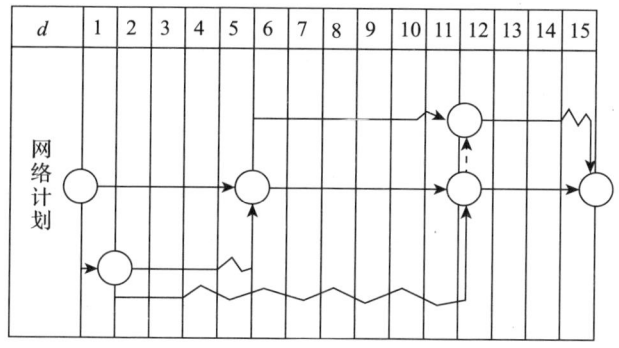

图 4-21 双代号时标网络计划

时标网络计划的工作以实箭线表示，自由时差以波形线表示，虚工作用虚箭线表示。当实箭线之后有波形线且其末端有垂直部分时，其垂直部分用实线绘制；当虚箭线有时差且其末端有垂直部分时，其垂直部分用虚线绘制。

表 4-4 有日历时标计划表

日历															
时间	1	2	3	4	5	6	7	8	9	10	11	12	13	14	15
网络计划															
时间	1	2	3	4	5	6	7	8	9	10	11	12	13	14	15

表 4-5 无日历时标计划表

时间	1	2	3	4	5	6	7	8	9	10
网络计划										
时间	1	2	3	4	5	6	7	8	9	10

时标网络计划的主要特点是：

（1）兼有网络计划与横道图两者的优点，能够清楚地表明计划的时间进程。

（2）能在图上直接显示各项工作的开始与完成时间、自由时差与关键线路。

（3）可以利用时标网络分析、监控进度偏差。

（4）可以利用时标网络编制资源计划，进行资源优化和调整。

时标网络计划主要适用于所含工作数量较少、工艺过程比较简单的项目。

2. 时标网络计划的编制

(1) 时标网络计划编制的基本要求。

1) 时间长度是以箭线在时标计划表上的水平投影长度表示的,与其所代表的时间值相对应。

2) 节点的中心必须对准时标的刻度线。

3) 虚工作必须用垂直虚箭线表示,有时差时用波形线表示。

(2) 时标网络计划的编制方法。

1) 间接绘制,即先计算非时标网络计划的时间参数,再按时间参数在时标计划表上进行绘制。可以按最早开始时间和最早完成时间绘制时标网络,也可以按最迟开始时间和最迟完成时间绘制时标网络;或通过优化后按照合理的开始时间和完成时间绘制时标网络。具体可以根据需要加以确定。国家行业标准《工程网络计划技术规程》(JGJ/T 121—2015) 规定,双代号时标网络计划宜按最早时间编制。

2) 直接绘制,即不计算网络时间参数,直接根据非时标网络图和每项工作所需要的时间在时标计划表上绘制。

(3) 时标网络计划的编制步骤。

1) 间接绘制法的编制步骤。

① 根据项目分析表绘制双代号网络图。

② 计算工作时间参数。

③ 绘制时标计划表。

④ 根据网络参数确定每项工作的开始时间,并将每项工作的箭尾节点定位于时标计划表上。

⑤ 按各工作的时间长度绘制相应工作的实线部分,使其在时间坐标上的水平投影长度等于工作的持续时间,用虚线绘制无时差的虚工作(垂直方向)。

⑥ 用波形线将实线部分与其紧后工作的开始节点连接起来,以表示工作的时差。

⑦ 进行节点编号。

2) 直接绘制法的编制步骤。

① 根据项目分析表绘制双代号无时标网络图。

② 绘制时标计划表。

③ 将网络的起点节点定位在时标计划表的起始刻度线上。

④ 根据工作的持续时间在时标计划表上绘制起点节点的外向箭线。

⑤ 工作的箭头节点定位于所有内向箭线完成时间最大值所在时间点。

⑥ 某些内向箭线长度不足以到达该箭头节点时，用波形线补足，若虚箭线的开始节点和结束节点之间有水平距离，亦以波形线补足，若无水平距离，则绘制垂直虚箭线。

⑦ 按上述方法自左至右依次确定其他节点的位置，直至终点节点定位，绘制完成。

⑧ 进行节点编号，完成编制工作。

3. 时标网络计划时间参数和关键线路的确定

(1) 网络时间参数的确定。

1) 计算工期的确定。网络的起点节点定位在时标计划表的起始刻度线上，终点节点表示网络的所有工作都已完成，其所在位置所对应的时标值表达了项目的完成时间。所以，时标网络计划的计算工期，应是其终点节点与起点节点所在位置的时标值之差。

2) 最早时间的确定。直接绘制法编制而成的时标网络计划中，每条箭线箭尾节点中心所对应的时标值，表达了该工作的最早开始时间；箭线的实线部分右端（有自由时差）或箭头节点中心（无自由时差）所对应的时标值代表了该工作的最早完成时间。

3) 时差的判定与计算。按工作的最早开始时间绘制时标网络或采用直接绘制法所得到的时标网络，工作的自由时差在图中可以直观地反映出来。若用波形线表示自由时差，则波形线在坐标轴上的水平投影长度就表达了其自由时差的大小。

总时差不能从图中识别，需要进行计算。总时差是某线路上各项工作共有的时差，其值大于或等于其中任一项工作的自由时差。因此，某工作的总时差除了本工作独用的自由时差之外，还必然包括其紧后工作的总时差。如果本工作有多项紧后工作，只有取诸紧后工作总时差的最小值才不会影响总工期。所以，工作总时差等于其各项紧后工作的总时差值的最小值与本工作自由时差之和。

以终点节点 ($j=n$) 为箭头节点的工作的总时差应根据网络计划的计算工期

或计划工期确定,即计算自右向左进行:

$$TF_{i-n} = T_c（或 T_p）- EF_{i-n}$$

其他工作的总时差应为

$$TF_{i-j} = FF_{i-j} + minTF_{j-k}$$

式中,TF_{j-k}表示工作$i-j$的紧后工作$j-k$的总时差。

根据工作参数之间的关系亦可以推导出工作的总时差与其自由时差和紧后工作总时差之间的上述关系,推导过程如下:

$$\begin{aligned}TF_{i-j} &= LF_{i-j} - EF_{i-j}\\ &= min\{LS_{j-k}\} - EF_{i-j}\\ &= min\{ES_{j-k} + TF_{j-k}\} - EF_{i-j}\\ &= minES_{j-k} - EF_{i-j} + minTF_{j-k}\\ &= FF_{i-j} + minTF_{j-k}\end{aligned}$$

4)工作最迟时间的计算。工作的最早时间、总时差都已确定,工作的最迟时间即可根据参数之间的关系计算出来,即

$$LS_{i-j} = ES_{i-j} + TF_{i-j}$$
$$LF_{i-j} = EF_{i-j} + TF_{i-j}$$

(2)关键线路的确定。在时标网络中,自终点节点向起点节点观察,凡自始至终不出现自由时差(波形线)的通路,即为关键线路。这说明在这条线路上,各项工作均无自由时差,也就不存在总时差,所以就是关键线路。

【例 4-3】某项目非时标网络图已绘制,如图 4-22 所示,采用直接绘制法绘制时标网络。

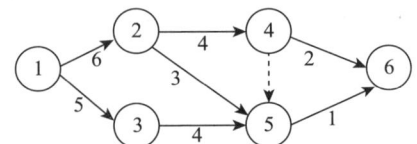

图 4-22 非时标网络图

(1)建立时标计划表。

(2)确定 1 号节点所在位置。该节点是网络的起点节点,所以应定位于 0 点。

(3)确定 2 号节点所在位置。因为该节点是 1-2 工作的箭头节点,且工作时间为 6,所以该节点位置应定位于 6 点。

(4)依次确定 3、4、5 和 6 号节点所在位置。

该时标网络图如图 4-23 所示。

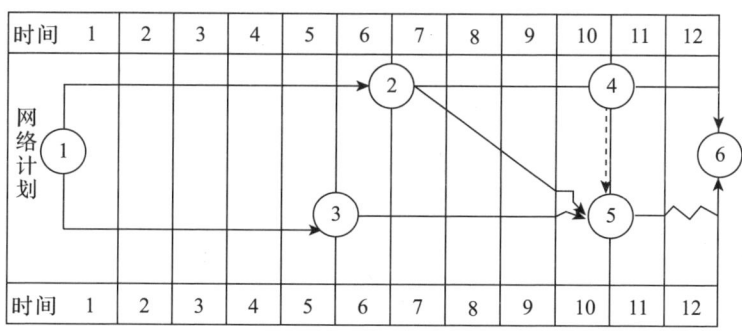

图 4-23 时标网络图

图 4-23 直观地表达出了每项工作的持续时间、最早开始时间和最早完成时间、自由时差、计算工期和关键线路。

根据该时标网络推算出每项工作的总时差。

例如，5-6 工作的总时差：$TF_{5-6} = T_c - EF_{5-6} = 12 - 11 = 1$

3-5 工作的总时差：$TF_{3-5} = FF_{3-5} + TF_{5-6} = 1 + 1 = 2$

4-5 工作的总时差：$TF_{4-5} = FF_{4-5} + TF_{5-6} = 0 + 1 = 1$

4-6 工作的总时差：$TF_{4-6} = T_c - EF_{4-6} = 12 - 12 = 0$

2-4 工作的总时差：$TF_{2-4} = FF_{2-4} + \min\{TF_{4-6}, TF_{4-5}\} = 0 + \min\{0, 1\} = 0$

2-5 工作的总时差：$TF_{2-5} = FF_{2-5} + TF_{5-6} = 1 + 1 = 2$

根据工作的总时差，可推算出每项工作的最迟完成时间和最迟开始时间。

例如，工作 3-5 的最迟完成时间：$LF_{3-5} = EF_{3-5} + TF_{3-5} = 9 + 2 = 11$

工作 2-5 的最迟开始时间：$LS_{2-5} = ES_{2-5} + TF_{2-5} = 6 + 2 = 8$

4.2.7 单代号搭接网络计划

1. 基本概念

在上述双代号、单代号网络图中，工作之间的逻辑关系都是一种衔接关系，即只有当其紧前工作全部完成之后，本工作才能开始。但在工程建设实践中，有许多工作的开始并不以其紧前工作的完成为条件。只要其紧前工作开始一段时间后，即可进行本工作，而不需要等其紧前工作全部完成之后再开始。工作之间的这种关系被称为搭接关系。

如果用上述简单的网络图来表达工作之间的搭接关系，将使网络计划变得更加复杂。为了简单、直接地表达工作之间的搭接关系，使网络计划的编制得到简化，便出现了搭接网络计划。搭接网络计划一般都采用单代号网络图的表示方法，即以节点表示工作，以节点之间的箭线表示工作之间的逻辑顺序和搭接关系。

2. 搭接关系

（1）完成到开始的时距。紧前工作 i 的完成时间到紧后工作 j 的开始时间之间的间隔时间，用 FTS（Finish to Start）或 FST（Finish Start Time）表示。这种搭接关系用横道图表示，如图 4-24 所示。

例如，房屋装修项目中油漆和安玻璃两项工作之间的关系是：先油漆，干燥一段时间后才能安玻璃。这种关系就是 FST 关系。若干燥需要 3 天，则搭接关系为 FS3 或 FTS = 3。

当 FTS = 0 时，就是工作之间的正常先后关系。因此，可以将正常的先后关系看作搭接关系的一种特殊的表现形式。

FST 的搭接关系中，各时间参数之间的关系如下：

$$ES_j = EF_i + FST$$

$$EF_i = ES_j - FST$$

$$LF_i = LS_j - FST$$

$$LS_j = LF_i + FST$$

（2）开始到开始的时距。紧前工作 i 的开始到紧后工作 j 开始的间隔时间，用 STS（Start to Start）或 SST（Start Start Time）表示，如图 4-25 所示。

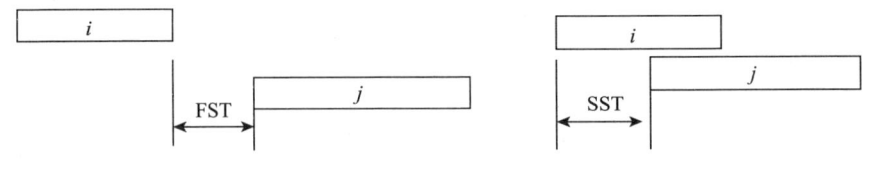

图 4-24　FST 搭接关系示意图　　　　图 4-25　SST 搭接关系示意图

图 4-25 表示工作 i 开始一段后，j 工作就可以开始。例如，道路工程中铺设路基和浇筑路面两项工作之间，路基开始一段时间为浇筑路面创造一定的工作条件之后，即可开始浇筑路面。

开始到开始搭接关系中,各时间参数之间的关系如下:

$$ES_j = ES_i + SST$$
$$LS_j = LS_i + SST$$

(3) 开始到完成的时距。开始到完成的时距是指紧前工作的开始时间到紧后工作的完成时间的间隔时间,用 STF (Start to Finish) 或 SFT (Start Finish Time) 表示,如图 4 - 26 所示。

开始到完成搭接关系中,各时间参数之间的关系如下:

$$EF_j = ES_i + SFT$$
$$LS_i = LF_j - SFT$$

图 4 - 26 中,i 工作开始一段时间间隔后,j 工作必须完成。例如,挖掘含有地下水的基础,地下水位以上部分的基础可以在降低地下水位之前就进行挖掘;地下水位以下部分的基础则必须在降低地下水位以后才能开始。也就是说,降低地下水位的完成与何时挖掘地下水位以下部分的基础有关,而降低地下水位何时开始则与挖土方的开始无直接关系。若设挖地下水位以上的基础土方需 10 天,则挖土方开始与降低水位的完成之间的关系如图 4 - 27 所示。

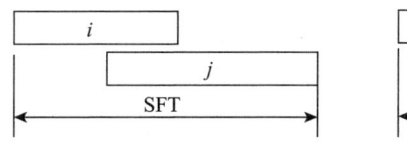

图 4 - 26　SFT 搭接关系示意图　　图 4 - 27　挖土方与降水位工作关系图

(4) 完成到完成的时距。紧前工作 i 的完成时间到紧后工作 j 的完成时间之间的间隔时间,用 FTF (Finish to Finish) 或 FFT (Finish Finish Time) 表示,如图 4 - 28 所示。

完成到完成搭接关系中,各时间参数之间的关系如下:

$$EF_j = EF_i + FFT$$
$$LF_i = LF_j - FFT$$

一般来说,当紧前工作的作业速度小于紧后工作时,则必须考虑为紧后工作留有充分的余地,否则紧后工作将可能因无工作面而无法进行。例如,某工程的主体建筑,分两个施工段组织流水施工,每段每层砌筑为 4 天。则第一个施工段砌筑完成后转移到第二个施工段进行砌筑,第一个施工段进行板的吊装。由于板的吊装所需时间较短,所以不一定要求砌墙后立即吊装板,但必须在砌墙完成后的第 4 天完成板的吊装,以至于不影响砌墙人员进行上一层的砌筑,这就形成了 FFT 搭接关系,如图 4 - 29 所示。

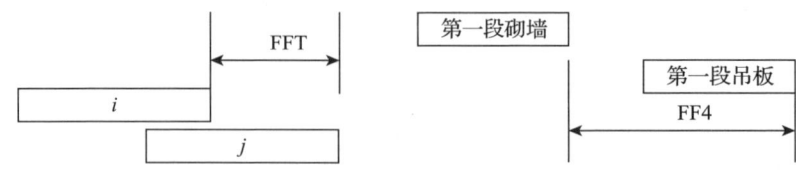

图 4 - 28　FFT 搭接关系示意图　　　　图 4 - 29　砌墙与吊板搭接关系

（5）混合时距。除了上述四种基本搭接关系之外,两个相邻工作之间还有可能同时存在两种以上的搭接关系,这种搭接关系称为混合时距。混合时距状态下,应分别按照各种时距计算出一组参数,然后再取其中使得所有搭接关系都能得以满足的一组参数。

例如,管道工程,挖沟和铺管两工作分段进行,两工作开始到开始的间隔时间为 4 天,即铺管至少需 4 天后才能开始。若 4 天后开始铺管,且连续进行,则由于铺管持续时间短,挖沟的第二阶段尚未完成,而铺管人员已进点,这就出现了矛盾。为了解决这一矛盾,除了应考虑 STS 限制时间外,还应考虑 FTF 的限制时间,如设 FTF = 2 天才能保证项目的顺利进行,如图 4 - 30 所示。

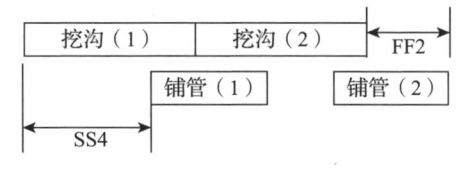

图 4 - 30　挖沟和铺管工作关系

混合搭接关系的时间参数计算公式如下：

$$ES_j = ES_i + SST$$
$$EF_j = ES_j + D_j$$

最早时间计算：

$$EF_j = EF_i + FFT$$
$$ES_j = EF_j - D_j$$

根据计算结果取最大值：

$$LS_i = LS_j - SST$$
$$LF_i = LS_i + D_i$$

最迟时间计算：
$$LF_i = LF_j - FFT$$
$$LS_i = LF_i - D_i$$

同样，根据计算结果取最小值。

3. 单代号搭接网络计划时间参数计算

单代号搭接网络计划与单代号网络计划和双代号网络计划时间参数的内容基本相同，计算原理也基本相同。由于搭接网络具有几种不同形式的搭接关系，所以其参数的计算要复杂一些。

(1) 计算工作参数。

1) 某项目4项工作之间的关系如图4-31所示，相关参数标在图中，计算 E 和 F 工作的最早参数，以及 C 和 D 工作的最迟参数。

分析：

E 工作的最早开始时间：E 工作的紧前工作有一项，且存在搭接关系。所以，应考虑搭接关系，即

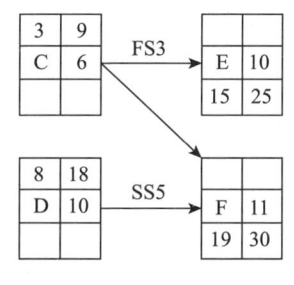

图4-31 单项搭接情况下的参数计算示例

$$ES_E = EF_C + FS3 = 9 + 3 = 12$$

E 工作的最早完成时间：
$$EF_E = ES_E + D_E = 12 + 10 = 22$$

F 工作的最早开始时间：F 工作有两项紧前工作，与 D 工作之间存在着搭接关系。所以

$$ES_F = \max\{EF_C, ES_D + SS5\} = \max\{9, 8+5\} = 13$$

F 工作的最早完成时间：
$$EF_F = ES_F + D_F = 13 + 11 = 24$$

C 工作有两项紧后工作，且与 E 工作之间存在着搭接关系。所以，C 工作的最迟完成时间为

$$LF_C = \min\{LS_F, LS_E - FS3\} = \min\{19, 15-3\} = 12$$

最迟开始时间为

$$LS_C = LF_C - D_C = 12 - 6 = 6$$

D 工作有一项紧后工作，且存在搭接关系。所以

$$LS_D = LS_F - SS5 = 19 - 5 = 14$$

$$LF_D = LS_D + D_D = 14 + 10 = 24$$

两项工作之间如果存在着混合搭接关系，则计算最早开始时间或最早完成时间时，分别计算并取最大值；计算最迟开始时间或最迟完成时间时，分别计算并取最小值。

2) 某项目其中 4 项工作之间的关系如图 4-32 所示，相关参数标在图中，计算 E 和 F 工作的最早参数，以及 C 和 D 工作的最迟参数。

分析：

E 工作的最早参数：E 工作有一项紧前工作，存在两项搭接关系。

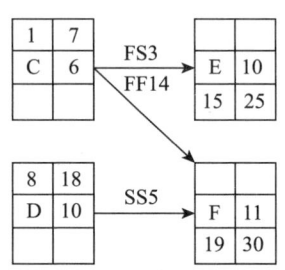

图 4-32 混合搭接情况下的参数计算示例

所以

$$ES_E = \max\{EF_C + FS3,\ EF_C + FF14 - D_E\}$$
$$= \max\{7+3,\ 7+14-10\} = 11$$

$$EF_E = 11 + 10 = 21$$

F 工作的最早参数：

$$ES_F = \max\{EF_C,\ ES_D + SS5\} = \max\{7,\ 8+5\} = 13$$

$$EF_F = ES_F + D_F = 13 + 11 = 24$$

C 工作的最迟参数：

C 工作有两项紧后工作，且与 E 工作之间存在混合搭接关系。所以

$$LF_C = \min\{LS_E - FS3,\ LF_E - FF14,\ LS_F\} = \min\{15-3,\ 25-14,\ 19\} = 11$$

$$LS_C = LF_C - D_C = 11 - 6 = 5$$

D 工作的最迟参数：

$$LS_D = LS_F - SS5 = 19 - 5 = 14$$

$$LF_D = LS_D + D_D = 14 + 10 = 24$$

两项工作之间如果存在着搭接关系，则应根据搭接的类型计算两项工作之间的间隔时间，不同的搭接，计算公式也不相同。而某项工作的自由时差则等于该

项工作与所有紧后工作之间时间间隔的最小值。

3) i 和 j 两项工作之间存在 FST 的搭接关系,且 j 工作还有其他紧前工作,则 j 工作与 i 工作之间的关系如图 4-33 所示。

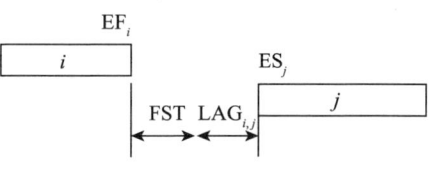

图 4-33 时间间隔计算

根据图 4-33 可得出 i 和 j 工作之间的时间间隔计算式:

$$LAG_{i,j} = ES_j - EF_i - FST$$

同理,可得其他三种搭接关系情况下的时间间隔计算式:

$$LAG_{i,j} = EF_j - EF_i - FFT$$

$$LAG_{i,j} = ES_j - ES_i - SST$$

$$LAG_{i,j} = EF_j - ES_i - SFT$$

如果两项工作之间存在混合搭接,则应分别计算并取最小值。

某项目中的 4 项工作之间的关系如图 4-34 所示,每项工作的持续时间、最早参数、最迟参数和工作之间的搭接关系标在图中,分别计算 C 工作与 E 工作之间、C 工作与 F 工作之间、D 工作与 F 工作之间的间隔时间,以及 C 和 D 两项工作的自由时差。

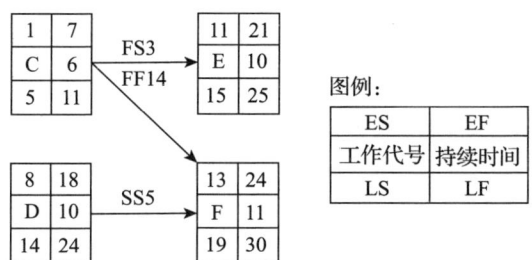

图 4-34 混合搭接情况下的时间间隔和自由时差计算示例

分析:

C 工作与 E 工作之间的间隔时间:C 工作与 E 工作之间存在着两种搭接关系,所以应分别计算,取最小值,即

$$LAG_{C,E} = \min\{ES_E - EF_C - FS3, EF_E - EF_C - FF14\}$$
$$= \min\{11 - 7 - 3, 21 - 7 - 14\} = 0$$

C 工作与 F 工作之间的间隔时间:C 工作与 F 工作之间不存在搭接关系,

所以
$$LAG_{C,F} = ES_F - EF_C = 13 - 7 = 6$$

D 工作与 F 工作之间的间隔时间：D 工作与 F 工作之间存在单项搭接关系，所以
$$LAG_{D,F} = ES_F - ES_D - SS5 = 13 - 8 - 5 = 0$$

C 工作的自由时差：C 工作有两项紧后工作，所以
$$FF_C = \min\{LAG_{C,E}, LAG_{C,F}\} = \min\{0, 6\} = 0$$

D 工作的自由时差：D 工作仅有一项紧后工作，所以
$$FF_D = LAG_{D,F} = 0$$

(2) 计算工期的确定。对于一般网络计划来说，计算工期就等于网络计划最后工作最早完成时间的最大值。但对于搭接网络计划，由于存在着比较复杂的搭接关系，这就使得其最后的终点节点的最早完成时间有可能小于前面某些节点的最早完成时间。所以，单代号搭接网络计划的计算工期 T_c 应取所有工作最早完成时间的最大值，即
$$T_c = \max EF_i$$

(3) 搭接网络参数计算的特殊性。在计算工作的最迟参数时，应紧紧围绕最迟参数的概念。当根据搭接关系计算的某工作的最迟完成时间超出工期时，则该工作的最迟完成时间应等于工期。

【例 4-4】某单代号搭接网络图如图 4-35 所示。计算网络参数，确定计算工期和关键线路。

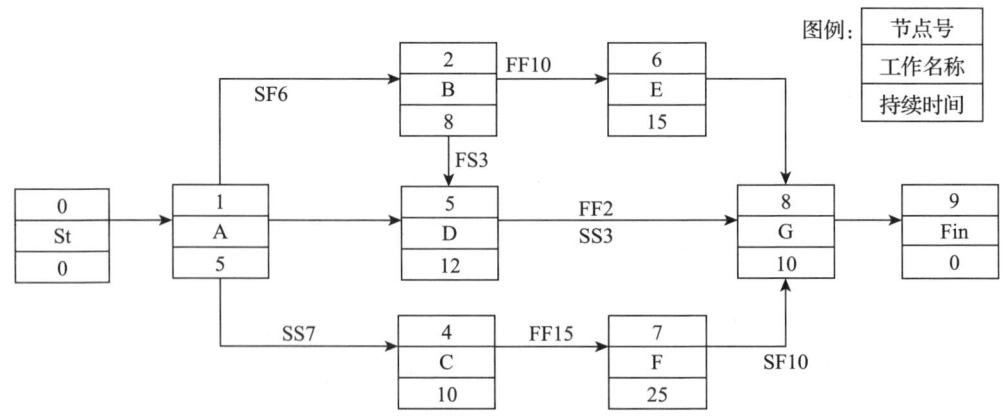

图 4-35 单代号搭接网络图

单代号搭接网络参数的计算应在确定了各项工作的持续时间和各项工作搭接关系之后进行。搭接关系是根据组织或工艺要求确定的。

（1）工作最早时间的计算。工作最早时间的计算应从起点节点开始依次进行。只有紧前工作计算完毕，才能计算本工作。计算最早时间按以下要求进行：

1）凡与起点节点（虚设）相连的工作，其最早开始时间都为0。

2）其他工作的最早时间根据时距计算。

3）计算工作最早时间可能会出现负值，这是不符合逻辑的，故应将该工作与起点节点用虚箭线相连，并确定其时距为 STS=0。

本例中，各工作的最早时间分别为

$$ES_0 = 0$$
$$EF_0 = 0$$

A 工作：

$$ES_1 = ES_0 = 0$$
$$EF_1 = ES_1 + D_1 = 0 + 5 = 5$$

B 工作：其紧前工作为 A，搭接关系为 SF6，所以

$$EF_2 = ES_1 + SF6 = 0 + 6 = 6$$
$$ES_2 = EF_2 - D_2 = 6 - 8 = -2$$

B 工作的最早开始时间为负数，这是不符合逻辑的。B 工作的最早开始时间只能大于或等于0，在此设 $ES_2 = 0$，且在起点节点与 B 节点之间增加一条虚箭线，如图 4-36 所示。

重新计算 B 工作的最早完成时间：$EF_2 = ES_2 + D_2 = 0 + 8 = 8$。

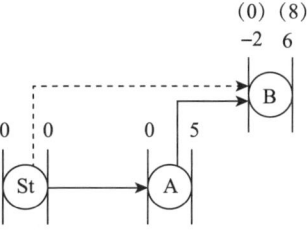

图 4-36 用虚箭线将起点节点与 B 工作相连

C 工作：紧前工作为 A，搭接关系 SS7，所以

$$ES_4 = ES_1 + SS7 = 0 + 7 = 7$$
$$EF_4 = ES_4 + D_4 = 7 + 10 = 17$$

D 工作：紧前工作为 A 和 B，与 B 工作搭接关系为 FS3，其最早时间计算公式为

$$ES_5 = \max\{EF_1, EF_2 + FS3\} = \max\{5, 8+3\} = 11$$

$$EF_5 = ES_5 + D_5 = 11 + 12 = 23$$

E 工作：紧前工作为 B，搭接关系为 FF10，其最早时间为

$$EF_6 = EF_2 + FF10 = 8 + 10 = 18$$

$$ES_6 = EF_6 - D_6 = 18 - 15 = 3$$

F 工作：紧前工作为 C，搭接关系为 FF15，其最早时间为

$$EF_7 = EF_4 + FF15 = 17 + 15 = 32$$

$$ES_7 = EF_7 - D_7 = 32 - 25 = 7$$

G 工作：紧前工作为 D、E 和 F，与 D 为混合搭接，与 F 为 SF10 搭接，其最早时间应根据这几种搭接关系分别计算，并取最大值作为最终结果。

$$ES_8 = \max\{EF_6,\ EF_5 + FF2 - D_8,\ ES_5 + SS3,\ ES_7 + SF10 - D_8\}$$
$$= \max\{18,\ 23 + 2 - 10,\ 11 + 3,\ 7 + 10 - 10\} = 18$$

$$EF_8 = ES_8 + D_8 = 18 + 10 = 28$$

终点节点：其紧前工作是 G，所以

$$ES_9 = EF_8 = 28$$

$$EF_9 = ES_9 + D_9 = 28 + 0 = 28$$

（2）计算工期的确定。F 工作的最早完成时间为 32 天，而终点节点的最早完成时间是 28 天。所以，该网络计划的计算工期应为 32 天，并应在终点节点和 7 号节点之间增加一条虚箭线，如图 4-37 所示。

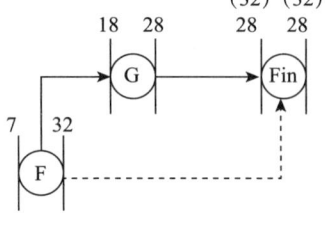

图 4-37 用虚箭线将 F 工作与终点节点相连

终点节点的最早时间应重新计算：

$$ES_9 = EF_7 = 32$$

$$EF_9 = ES_9 + D_9 = 32 + 0 = 32$$

（3）工作最迟时间的计算。

终点节点：终点节点的最迟时间应以不影响工期为原则进行计算，即

$$LF_9 = T_c = 32$$

$$LS_9 = LF_9 - D_9 = 32 - 0 = 32$$

G 工作：G 工作与终点节点相连，所以

$$LF_8 = LS_9 = 32$$

$$LS_8 = LF_8 - D_8 = 32 - 10 = 22$$

F 工作：F 工作与终点节点相连，所以其最迟时间应为

$$LF_7 = LS_9 = 32$$
$$LS_7 = LF_7 - D_7 = 32 - 25 = 7$$

E 工作：只有一个紧后工作 G，且无搭接关系，因此
$$LF_6 = LS_8 = 22$$
$$LS_6 = LF_6 - D_6 = 22 - 15 = 7$$

D 工作：有一个紧后工作 G，且为混合搭接关系，则
$$LF_5 = \min\{LF_8 - FF2, \ LS_8 - SS3 + D_5\} = \min\{32 - 2, \ 22 - 3 + 12\} = 30$$
$$LS_5 = LF_5 - D_5 = 30 - 12 = 18$$

C 工作：紧后工作是 F，且为 FF15 搭接关系，其最迟时间为
$$LF_4 = LF_7 - FF15 = 32 - 15 = 17$$
$$LS_4 = LF_4 - D_4 = 17 - 10 = 7$$

B 工作：紧后工作是 D 和 E，其搭接关系分别为 FF10 和 FS3，其最迟时间为
$$LF_2 = \min\{LF_6 - FF10, \ LS_5 - FS3\} = \min\{22 - 10, \ 18 - 3\} = 12$$
$$LS_2 = LF_2 - D_2 = 12 - 8 = 4$$

A 工作：A 工作的紧后工作是 B、C 和 D，其最迟时间应为
$$LF_1 = \min\{LF_2 - SF6 + D_1, \ LS_4 - SS7 + D_1, \ LS_5\}$$
$$= \min\{12 - 6 + 5, \ 7 - 7 + 5, \ 18\} = 5$$
$$LS_1 = LF_1 - D_1 = 5 - 5 = 0$$

起点节点：其紧后工作是 A 和 B，且为一般搭接关系，则
$$LF_0 = \min\{LS_2, \ LS_1\} = \min\{4, \ 0\} = 0$$
$$LS_0 = LF_0 - D_0 = 0$$

(4) 相邻工作间隔时间（$LAG_{i,j}$）的计算。
$$LAG_{0,1} = ES_1 - EF_0 = 0 - 0 = 0$$
$$LAG_{0,2} = 0 - 0 = 0$$
$$LAG_{1,2} = EF_2 - ES_1 - SF6 = 8 - 0 - 6 = 2$$
$$LAG_{1,4} = ES_4 - ES_1 - SS7 = 7 - 0 - 7 = 0$$
$$LAG_{1,5} = ES_5 - EF_1 = 11 - 5 = 6$$
$$LAG_{2,5} = ES_5 - EF_2 - FS3 = 11 - 8 - 3 = 0$$
$$LAG_{2,6} = EF_6 - EF_2 - FF10 = 18 - 8 - 10 = 0$$
$$LAG_{4,7} = EF_7 - EF_4 - FF15 = 32 - 17 - 15 = 0$$

$$LAG_{5,8} = \min\{ES_8 - ES_5 - SS3, EF_8 - EF_5 - FF2\}$$
$$= \min\{18 - 11 - 3, 28 - 23 - 2\} = 3$$
$$LAG_{6,8} = ES_8 - EF_6 = 18 - 18 = 0$$
$$LAG_{7,8} = EF_8 - ES_7 - SF10 = 28 - 7 - 10 = 11$$
$$LAG_{7,9} = ES_9 - EF_7 = 32 - 32 = 0$$
$$LAG_{8,9} = ES_9 - EF_8 = 32 - 28 = 4$$

（5）时差计算。搭接网络计划与其他网络计划一样，由多条线路组成，且每条线路的长度不尽相同，其中最长的线路称为关键线路，关键线路的长度决定了项目计算工期。由于搭接网络中，工作之间的关系不是衔接关系，因此，线路的路长并不等于该线路上所有工作持续时间之和，而应该根据搭接关系加以确定。

对于线路 0－1－4－7－9，由于 0 号节点和 9 号节点是虚设的起点节点和终点节点，其持续时间为 0，所以，本线路的路长主要取决于 A、C 和 F 三项工作的持续时间以及工作之间的搭接关系。图 4－38 表示了这三项工作的上述内容。

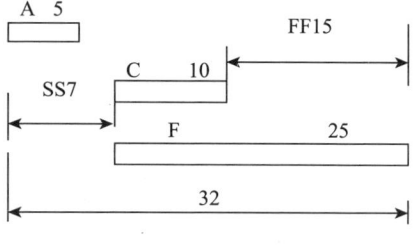

图 4－38　确定线路长度示意图

该线路的长度应为

$$SS7 + 10 + FF15 = 7 + 10 + 15 = 32$$

同理可计算出其他各条线路的长度。

搭接网络计划的工作总时差计算与一般网络计划的相同，即

$$TF_i = LS_i - ES_i = LF_i - EF_i$$

本例中，各工作的总时差分别为

$$TF_0 = LS_0 - ES_0 = 0$$
$$TF_1 = LS_1 - ES_1 = 0 - 0 = 0$$
$$TF_2 = LS_2 - ES_2 = 4 - 0 = 4$$
$$TF_4 = LS_4 - ES_4 = 7 - 7 = 0$$
$$TF_5 = LS_5 - ES_5 = 18 - 11 = 7$$
$$TF_6 = LS_6 - ES_6 = 7 - 3 = 4$$
$$TF_7 = LS_7 - ES_7 = 7 - 7 = 0$$

$$TF_8 = LS_8 - ES_8 = 22 - 18 = 4$$

$$TF_9 = LS_9 - ES_9 = 32 - 32 = 0$$

搭接网络中，工作自由时差的概念与一般网络计划的相同，但由于存在着不同的搭接关系，所以，自由时差的计算与搭接关系有关。

当工作 i 只有一项紧后工作 j 时，FF_i 的计算方法与计算 $LAG_{i,j}$ 的方法相同，即

$$FF_i = LAG_{i,j}$$

当 i 工作有两项以上的紧后工作时，则取各 $LAG_{i,j}$ 中的最小值。

本例中，各工作的自由时差分别为

$$FF_0 = \min\{LAG_{0,1}, \ LAG_{0,2}\} = 0$$

$$FF_1 = \min\{LAG_{1,2}, \ LAG_{1,4}, \ LAG_{1,5}\} = 0$$

$$FF_2 = \min\{LAG_{2,5}, \ LAG_{2,6}\} = 0$$

$$FF_4 = LAG_{4,7} = 0$$

$$FF_5 = LAG_{5,8} = 3$$

$$FF_6 = LAG_{6,8} = 0$$

$$FF_7 = \min\{LAG_{7,8}, \ LAG_{7,9}\} = \min\{11, \ 0\} = 0$$

$$FF_8 = LAG_{8,9} = 4$$

终点节点自由时差为 0，即

$$FF_9 = 0$$

需要注意的是，起点节点和 F 工作自由时差的计算必须按照调整后的工作关系计算。

（6）关键工作和关键线路的确定。单代号搭接网络计划的关键工作是总时差最小的工作。若从起点节点开始顺着箭线的方向到终点节点，所有工作的总时差均最小，则该线路是关键线路。可见，本例的关键工作是 A、C 和 F，关键线路是 0 — 1 — 4 — 7 — 9。

仅根据 LAG 也可确定关键线路：从起点节点顺着箭线的方向到终点节点，若所有工作之间的间隔时间均为 0，则该线路是关键线路。只有 LAG = 0 从起点到终点贯通的线路才是关键线路。

4.2.8 网络计划优化

依据网络计划技术原理所编制的时间计划是初始方案，这种方案可能存在许多问题。如在时间方面，可能超出了要求工期；在资源方面，可能出现供不应求的情况，也可能出现不平衡状况；或在时间或资源方面的潜力尚未得到最佳的发挥。因此，要使工程项目进度计划得以实现，并使项目工期短、质量优、资源消耗少、成本低，就必须用最优化原理调整和改进初始进度计划，这就是工程项目网络计划优化的问题。网络计划优化，就是在满足既定的约束条件下，按某一目标，通过不断调整，寻找最优进度计划的过程。网络计划优化包括工期优化、资源优化及工期-费用优化。

1. 工期优化

（1）工期优化的概念。工期优化也可称为时间优化，是当网络计划计算工期不能满足要求工期时，通过不断压缩关键线路上的关键工作的持续时间等措施，达到缩短工期、满足要求工期的目的。

缩短工期的主要途径包括：

1）压缩工作时间，即采取措施使网络计划中的某些关键工作的持续时间尽可能缩短。

2）调整工作关系，即将某些串行的工作关系调整为平行作业或搭接关系。

（2）工期优化的步骤。工期优化的主要步骤包括：

1）计算并确定初始网络计划的计算工期、关键线路和关键工作。

2）确定应缩短的时间。

3）确定各关键工作能缩短的持续时间。

4）选择优化对象。选择调整对象（关键工作）考虑的主要因素包括：有调整余地；对质量和安全影响较小；有充足备用资源；所需增加的资源量最少；所需增加的费用最少。

5）压缩所选关键工作的持续时间，并重新计算网络计划的计算工期。当所压缩的关键工作变为非关键工作时，则应延长其持续时间，使之仍为关键工作。

6) 重复以上步骤，直到满足工期要求为止。

工期优化通常是分步实施的，每步优化都需要确定关键线路的变化状态，每步优化都必须在关键线路上进行，否则优化就是无效的。

【例 4-5】某工期优化网络图如图 4-39 所示，若要求工期为 30 天，项目的间接费费率为 100 元/天，试进行工期优化，以最少的费用满足工期要求。

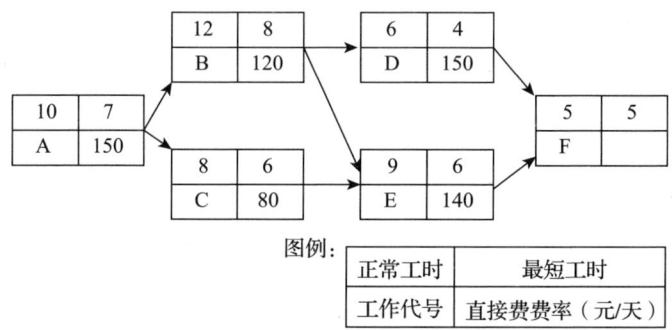

图 4-39 工期优化网络图

解：

1) 计算并确定网络计划的计算工期和关键线路。根据路长确定该网络计划的计算工期：

$$T_c = 36 \text{（天）}$$

关键线路：A-B-E-F

2) 确定调整量。为了满足工期要求，工期需缩短。

3) 优化。第一次优化：考虑是否有调整余地和增加费用最少等因素，选择 B 工作为第一次优化对象，调整的时间为 4（12-8）天。调整后的结果如图 4-40 所示。

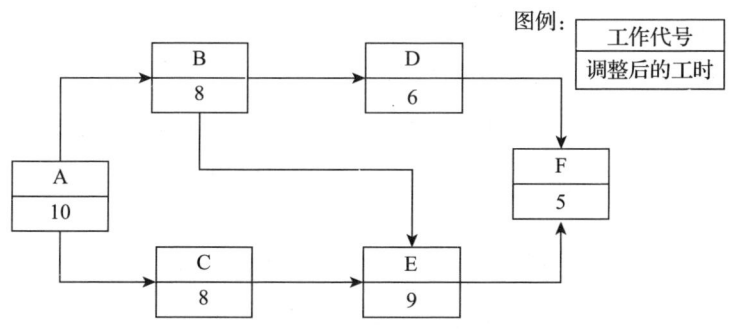

图 4-40 第一次调整后的网络图

调整后，计算工期为 32 天，较初始计划缩短了 4 天。

本次调整需要增加直接费：4×120=480（元）

减少间接费：4×100=400（元）

增加总费用：480−400=80（元）

调整后的关键线路：A−B−E−F；A−C−E−F。

第二次优化：E 工作是两条关键线路共有的工作，所以本次调整对象为 E 工作。E 工作有 3 天的调整余地，但要满足工期要求只需要调整 2 天，所以本次调整 2 天。调整后的结果如图 4−41 所示。

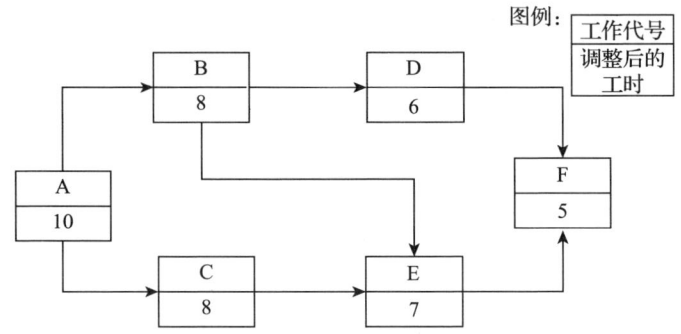

图 4−41　第二次调整后的网络图

调整后计算工期为 30 天，已满足工期要求。

本次调整需要增加直接费：2×140=280（元）

减少间接费：2×100=200（元）

增加总费用：280−200=80（元）

累计增加费用：80+80=160（元）

调整后的关键线路：A−B−E−F；A−C−E−F。

2. 资源优化

项目的资源需求通常存在两类问题：①由于某些客观因素的影响，能够提供的各种资源的数量往往是有限的，而不能满足项目的需求，即存在供需矛盾；②在计划工期内的某些时段出现资源需求的"高峰"，而在另一时段内则可能出现资源需求的"低谷"，且"高峰"和"低谷"相差很大，即资源需求的不均衡。网络计划的资源优化，就是力求解决这种资源的供需矛盾或实现资源的均衡利用。

（1）"资源有限，工期最短"的优化。"资源有限，工期最短"的优化，是指通过优化，使单位时间内资源的最大需求量小于资源供应量，且对工期的影响最小。

解决资源供需矛盾的途径是：提高供应量和降低需求量。

以下主要介绍降低需求量所采用的方法。

通过推迟某些工作的开始、完成时间或延长其持续时间可降低在某时间段内的资源需求量。

选择调整对象的方法有两种。

1）计算法。就网络计划的类型不同，计算公式亦不相同。

双代号网络计划：

$$\Delta T_{m-n,i-j} = \text{EF}_{m-n} - \text{LS}_{i-j}$$
$$\Delta T_{m'-n',i'-j'} = \min\{\Delta T_{m-n,i-j}\}$$

式中，$\Delta T_{m-n,i-j}$ 表示在超过资源限量的时段中，工作 $i-j$ 安排在工作 $m-n$ 之后进行，工期所延长的时间；$\Delta T_{m'-n',i'-j'}$ 表示在各种顺序安排中，最佳顺序安排所对应的工期延长时间的最小值。

单代号网络计划：

$$\Delta T_{m,i} = \text{EF}_m - \text{LS}_i$$
$$\Delta T_{m',i'} = \min\{\Delta T_{m,i}\}$$

式中，$\Delta T_{m,i}$ 表示在超过资源限量的时段中，工作 i 安排在工作 m 之后进行，工期所延长的时间；$\Delta T_{m',i'}$ 表示在各种顺序安排中，最佳顺序安排所对应的工期延长时间的最小值。

计算法优化的一般步骤如下：

①计算网络计划各时段的资源需用量。

②从计划开始之日起，逐个检查各个时段资源需用量是否超出资源限量，若在计划工期内各个时段资源需用量均能满足资源限量要求，网络计划"资源有限，工期最短"的优化即完成，否则必须进行计划调整。

③超过资源限量的时段，计算 $\Delta T_{m'-n',i'-j'}$ 或 $\Delta T_{m',i'}$ 值，并依据此确定新的安排顺序。

④若最早完成时间 $\text{EF}_{m'-n'}$ 或 $\text{EF}_{m'}$ 最小值和最迟开始时间 $\text{LS}_{i'-j'}$ 或 $\text{LS}_{i'}$ 最大值同属一个工作，应找出最早完成时间为次小、最迟开始时间为次大的工作，分别

组成两个顺序方案，再从中选取较小者进行调整。

⑤绘制调整后的网络计划，重复上述步骤，直到满足要求为止。

2）图解法。直接利用时间坐标网络图或横道图进行选择。如果以不影响工期为前提，则选择调整对象时所考虑的因素包括：选择非关键工作；需要这种资源；在总时差范围内进行调整能使资源需要量降低。

（2）"工期固定，资源均衡"的优化。这一优化问题实际上是在不改变工期的前提下进行资源均衡。其方法是通过调整部分非关键工作时间参数，使资源的需求量趋于平稳。常用的资源均衡方法是一种启发式方法，即削峰填谷法。

1）削峰填谷的基本步骤。

①计算网络计划各时间段资源需要量。

②找出需求高峰。

③确定高峰时段。

④选择优化对象，所选择的调整对象应是在总时差范围内能使资源需求量降低的非关键工作。

⑤若峰值不能再减少，即求得均衡优化方案；否则，重复以上过程。

2）优化示例。

【例4-6】图4-42是某工程项目的人力资源数量负荷图，该项目的横道图如图4-43所示。在不影响总工期的前提下，对项目的进度安排进行调整，提出一个使人力资源高峰得以削减的进度计划调整方案。

分析：这是一个工期资源均衡的资源优化问题，采用"削峰填谷"的方法进行。由图4-42可知，本项目人力资源需求的最高峰是300人，在第10周到第13周之间。对照项目横道图，在这一区间有4项工作，即E、F、H和K。H工作是关键工作，不能调整；K工作有3周的总时差，如果将该工作推迟3周开始，仍未离开该区间，所以K工作也不能调整；E和F工作均为非关键工作，且有4周的总时差，若将这两项工作推迟4周开始，则可完全离开该区间，所以最终确定调整E和F工作的开始时间，将其分别推迟至第14周和第17周开始。上述调整，既可以使人力资源需求高峰得以削减，又不会影响总工期。

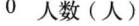

图 4-42 人力资源数量负荷图

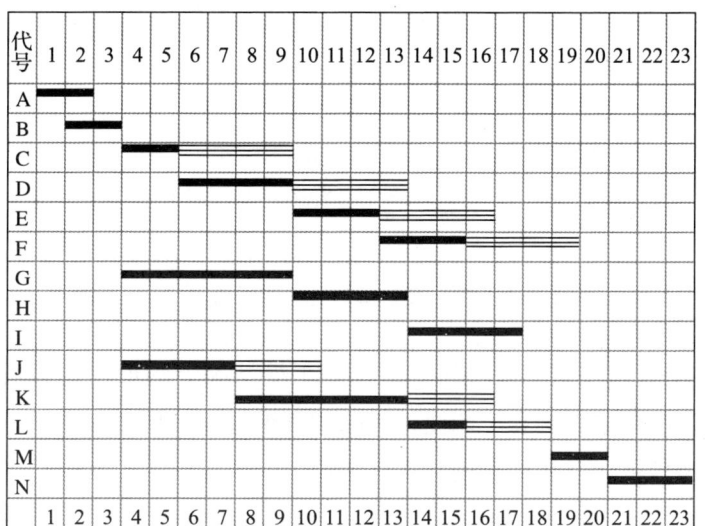

图 4-43 某项目横道图

3. 工期—费用优化

在一定范围内，项目费用随着工期的改变而改变，因此，在工期与费用之间存在一个最佳解的平衡点。网络计划的工期-费用优化，就是应用网络计划方法，在一定的约束条件下，综合考虑费用与工期之间的相互关系，以求费用与工期的最佳组合，达到费用低、工期短的优化目的。

（1）项目工期与费用间的关系。一般来说，项目费用包括直接费用和间接费用两部分。在一定的范围内，直接费用随着工期的缩短而增加，即成反比关系。例如，为了加快项目进度，必须突击作业，增加投入而导致直接费用增加；而间接费用则随着工期的延长而增加，即成正比关系，通常用直线表示，其斜率表示间接费用在单位时间内的增加值。间接费用与项目管理水平和项目条件等因素相关。费用与工期的关系如图4-44所示。

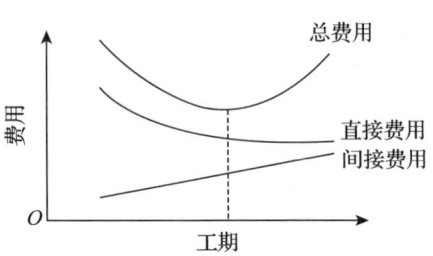

图4-44 费用与工期的关系

可见，项目总费用曲线是由直接费用曲线和间接费用曲线叠加而成的。曲线的最低点就是项目费用与时间的最佳组合点，即费用最少，工期最佳。

（2）优化方法。就费用的观点而言，工期-费用优化的目的就是使项目的总费用最低。具体优化问题有以下几个方面：

1）在规定工期的条件下，确定项目的最低费用。
2）若需要缩短工期，则考虑如何使增加的费用最小。
3）若要求以最低费用完成整个项目计划，则如何确定其最佳工期。
4）若增加一定数量的费用，则可使工期缩短多少。

进行工期-费用优化，应首先求出不同工期情况下的最低直接费用，然后考虑相应的间接费用的影响和工期变化带来的其他损益，包括效益增量和资金的时间价值等，最后再通过叠加求出项目总费用。

（3）工期-费用优化步骤。

1）按工作正常持续时间确定关键工作和关键线路。
2）计算网络计划中各项工作的费用率。
3）按费用率最低的原则选择优化对象。
4）考虑不改变关键工作性质并在其能够缩短的范围之内等原则，确定优化对象能够缩短的时间并按该时间进行优化。

5）计算相应的费用增加值。

6）考虑工期变化带来的间接费用和其他损失，在此基础上计算项目总费用。

7）重复上述3）~6）步，直到总费用最低为止。

4.3 工程项目进度控制

工程项目进度控制就是要时刻对每项工作进度进行监督，然后，对那些出现"偏差"的工作采取必要措施，以保证项目按照原定进度执行，使预定目标按时实现。

在项目进行过程中，很多因素会影响项目工期目标的实现，这些因素称为干扰因素。影响项目工期目标实现的干扰因素，可以归纳为：人的因素，材料、设备的因素，方法、工艺的因素，资金因素，环境因素等。

4.3.1 进度控制原理

有效进行项目进度控制的关键是监控实际进度，及时、定期地将实际进度与进度计划进行比较，并及时采取纠正措施。项目进度控制的目的就是确保项目按既定工期目标实现或是在保证项目质量和不增加项目实际成本的条件下适当缩短项目工期。

项目进度控制主要依据以下原理：

1. 动态控制原理

项目进度控制是随着项目的进行而不断进行的，是一个动态过程，也是一个循环进行的过程。从项目开始，实际进度就进入了运行的轨迹，也就是计划进入了执行的轨迹。实际进度按计划进行时，计划的实现就有保证；实际进度与进度计划不一致时，就产生了偏差，若不采取措施加以处理，工期目标就难以实现。所以，当产生偏差时，就应分析偏差的原因，采取措施，调整计划，使实际进度与计划进度在新的起点上重合，并尽量使项目按调整后的计划继续进行。但在新的因素干扰下，又有可能产生新的偏差，又需继续按上述方法进行控制。进度控制就是采用这种动态循环的控制方法。

2. 系统原理

进行项目的进度控制，首先应编制项目的各种计划，包括进度计划、资源计划、费用计划等，计划的对象由大到小，计划的内容从粗到细，形成了项目的计划系统；项目涉及各个相关主体、各类不同人员，这就需要建立组织体系，形成一个完整的项目实施组织系统；为了保证项目进度，自上而下，都应设有专门的职能部门或人员负责项目的检查、统计、分析、调整等工作，不同的人员负有不同的进度控制责任，分工协作，形成一个纵横相连的项目进度控制系统。所以，无论是控制对象，还是控制主体，无论是进度计划，还是控制活动都是一个完整的系统。进度控制实际上就是用系统的理论和方法解决系统问题。

3. 封闭循环原理

项目进度控制的全过程是一种循环性的例行活动，其活动包括编制计划、实施计划、检查、比较与分析、确定调整措施、修改计划，形成了一个封闭的循环系统，即 PDCA 循环。进度控制过程就是这种封闭循环不断运行的过程。

4. 信息原理

信息是项目进度控制的依据。项目进度计划的信息从上到下传递到项目实施相关人员，以使计划得以贯彻落实；而项目实际进度信息则自下而上反馈到各有关部门和人员，以供分析、决策和调整，使进度计划仍能符合预定工期目标。这就需要建立信息系统，以便不断地进行信息的传递和反馈。所以，项目进度控制的过程也是一个信息传递和反馈的过程。

5. 弹性原理

项目一般工期长且影响因素多。这就要求计划编制人员能根据统计经验估计各种因素的影响程度和出现的可能性，并在确定进度目标时进行目标的风险分析，使进度计划留有余地，即使得计划具有一定的弹性。在进行项目进度控制时，可以利用这些弹性，缩短工作的持续时间或改变工作之间的搭接关系，以便最终能实现项目的工期目标。

6. 网络计划技术原理

网络计划技术不仅可以用于编制进度计划，而且可以用于计划的优化、管理和控制。网络计划技术是一种科学、有效的进度管理方法，是项目进度控制特别是复杂项目进度控制的完整计划管理和分析计算理论基础。

4.3.2 项目进展报告

项目进度观测、检查的结果通过项目进展报告的形式向有关部门和人员报告。项目进展报告是记录观测检查的结果、项目进度现状和发展趋势等有关内容的最简单的书面形式报告。

1. 按性质分类

项目进展报告的形式可分为日常报告、例外报告和特别分析报告。

（1）日常报告。根据日常监测和定期监测的结果所编制的进展报告即为日常报告。这是项目进展报告的常用形式。

（2）例外报告。这是为项目管理决策所提供的信息报告。

（3）特别分析报告。这是就某个特殊问题所形成的分析报告。

2. 按内容分类

项目进展报告常见形式有以下几种：

（1）项目关键点检查报告。项目关键点是指对项目工期影响较大的时间点，如里程碑事件点就是项目关键点。对项目关键点的监测、检查是项目进度动态监测的重点之一，将关键点的检查结果加以分析、归纳所形成的报告就是项目关键点检查报告，见表 4-6。

表 4-6 关键点检查报告

关键点名称：	检查组名称：
检查组负责人：	报告人：
报告日期：	报告份数：
对关键点的目标描述：	
关键点结束时间与计划时间相比：	
提交物是否能满足性能要求：	
估计项目以后发展态势	
检查组负责人的审核意见：	签名：　　　日期：

（2）项目执行状态报告。项目执行状态报告反映了一个项目或一项工作的现行状态，见表 4-7。

表 4-7 项目执行状态报告

任务名		任务编码	
报告日		状态报告份数	
实际进度与计划进度相比			
投入工作时间加未完成工作计划时间和计划总时间相比			
提交物是否能满足性能要求			
任务能否按时完成			
现在人员配备状况			
现在技术状况			
任务完成估测			
潜在的风险分析及建议			
任务负责人审核意见: 签名: 日期:			

(3) 任务完成报告。任务完成报告反映了一项已完成任务或工作的基本情况,见表 4-8。

表 4-8 任务完成报告

任务名称及编码:		结束日期:	
交付物的性能特点:			
实际工作时间和计划时间相比:			
实际成本和估计费用相比:			
实施过程中遇到的重大技术问题及解决办法:			
评审意见:			
紧后工作名称及编码:			
紧后工作计划及措施:			
项目负责人审核意见:		签名:	日期:

(4) 重大突发事件报告。重大突发事件报告是就某一重大突发事件的基本情况及其对项目的影响等有关问题所形成的特别分析报告,见表 4-9。

表 4-9　重大突发事件报告

事件发生的时间：			
事件发生的部位：			
突发性事件的描述：			
对项目正常实施影响的程度：			
事件发生的初步原因分析：			
建议采取的补救措施：			
项目负责人审核意见：	签名：		日期：

（5）项目变更报告。项目变更报告反映了某一项目变更的状况及其对项目产生的影响，也属特别分析报告，见表 4-10。

表 4-10　项目变更报告

项目名称：		项目负责人：	
项目变更的原因：			
项目变更替代方案描述：			
估计项目变更后对总项目进度的影响：			
变更时所涉及的相关单位：			
项目负责人的审查意见：			
上级项目主管部门的审查意见：	签名：		日期：

（6）项目进度报告。项目进度报告反映了报告期项目进度的总体概况，见表 4-11。

表 4-11　项目进度报告

姓名：	项目名称：	本周结束日期：	
关键问题		是	否
任务范围有变化吗？			
超过目标日期了吗？			
估算有问题吗？			
有技术问题吗？			
有评审问题吗？			
对跟踪项目的解释：			
下一周任务计划：			
问题和办法：			
完成人：	日期：	评审人/日期：	

4.3.3 进度偏差分析

1. 实际进度前锋线分析方法

实际进度前锋线分析方法是进行进度偏差分析的一种有效方法，该方法是利用时间坐标网络计划或横道图进行分析，如图4-45所示。

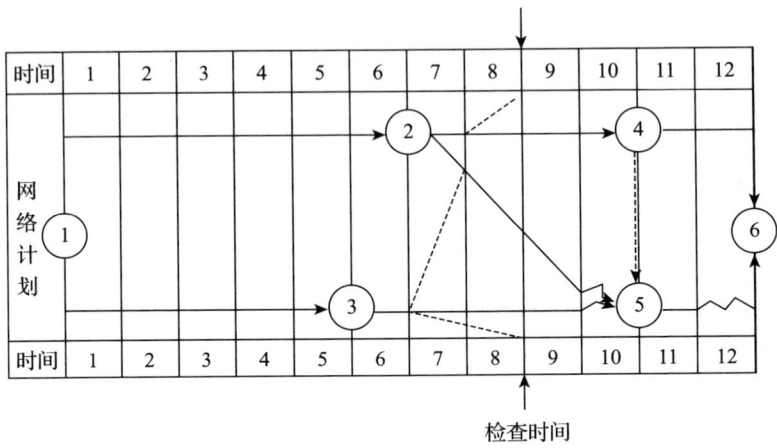

图 4-45 实际进度前锋线

项目进行到第8天进行检查，如果按计划进行，则2-4工作和2-5工作应完成2天的工作量；3-5工作应完成3天的工作量。但实际上到第8天，2-4、2-5和3-5工作仅完成了1天的工作量。

偏差分析：2-4工作延误了1天，因为该工作是关键工作，所以将会影响工期1天；2-5工作延误了1天，但因为该工作是非关键工作，且总时差是2天，所以不会影响工期；3-5工作延误了2天，但因为该工作是非关键工作，且有2天的总时差，所以也不会影响工期。

2. S形曲线分析方法

当进度计划和费用计划编制完成后，可得到进度计划曲线和费用计划曲线，如图4-46和图4-47所示。图4-46表示：当项目进行到t_1时进行检查，发现已完成工作量Q_1，如果按计划进行，则完成Q_1的工作量应在t_0时间，这说明该项目目前延误了，延误的时间为$\Delta t = t_1 - t_0$；如果按计划进行，则在t_1时间，应该完成的工作量是Q_2，说明少完成了，少完成的工作量为$\Delta Q = Q_2 - Q_1$。

图 4-47 表示：项目已完成的工作量是 Q_1，所消耗的费用是 C_1，如果按计划进行，则完成 Q_1 的工作量，应该消耗的费用是 C_2，说明当前费用节约了 $\Delta C = C_2 - C_1$；如果按计划进行，消耗费用为 C_1 时应该完成的工作量为 Q_0，说明消耗费用 C_1 多完成工作量 $\Delta Q = Q_1 - Q_0$。

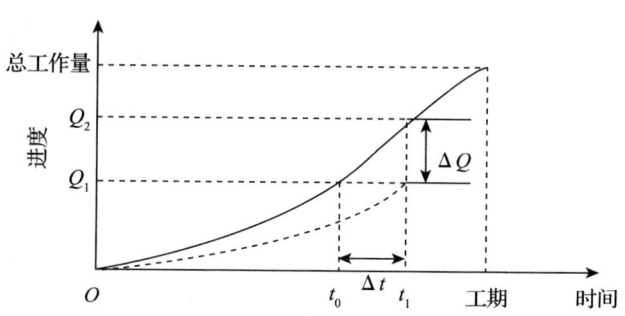

图 4-46 进度计划曲线

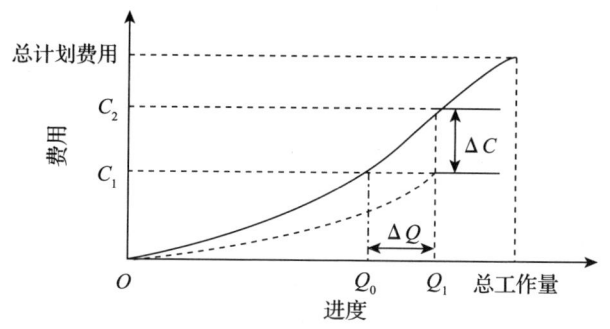

图 4-47 费用计划曲线

3. 切割线分析方法

切割线分析方法是利用非时标网络计划进行进度偏差分析的一种方法，如图 4-48 所示。

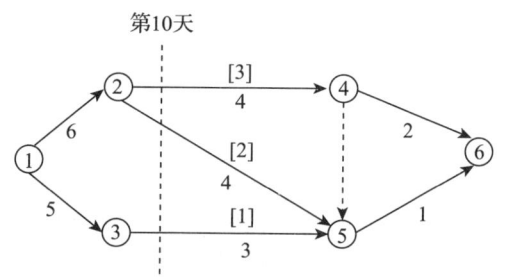

图 4-48 切割线分析方法

图 4 - 48 表示：项目进行到第 10 天进行检查，2 - 4 工作尚需要 3 天才能完成；2 - 5 工作需要 2 天才能完成；3 - 5 工作需要 1 天才能完成。

偏差分析：根据网络参数计算结果可得出：$LF_{2-4} = 10$ 天；$LF_{2-5} = 11$ 天；$LF_{3-5} = 11$ 天。

判断方法：如果 $n + t \leqslant LF_{i-j}$，则不会影响工期；如果 $n + t > LF_{i-j}$，则会影响工期，且造成工期延误：

$$\Delta T = (n + t) - LF_{i-j}$$

式中，n 表示检查时间；t 表示检查时某工作到完成尚需要的时间。

4.3.4 进度控制措施

工程项目进度控制措施主要包括组织措施、管理措施、经济措施和技术措施。

1. 项目进度控制的组织措施

进度控制的主要工作环节包括对进度目标进行分析和论证、编制进度计划、定期跟踪进度计划的执行情况、采取纠偏措施以及调整进度计划。

应编制进度控制的工作流程，如：

1) 定义项目进度计划系统的组成。
2) 制定各类进度计划的编制程序、审批程序和计划调整程序等。

进度控制工作包含了大量的组织和协调工作，而会议是组织和协调的重要手段，应进行有关进度控制会议的组织设计，以明确：

1) 会议的类型。
2) 各类会议的主持人及参加单位和人员。
3) 各类会议的召开时间。
4) 各类会议文件的整理、分发和确认等。

2. 项目进度控制的管理措施

建设工程项目进度控制的管理措施涉及管理的思想、管理的方法、管理的手段、承发包模式、合同管理和风险管理等。在理顺组织的前提下，科学和严谨的管理显得十分重要。在此，对以下几点做重点提示：

(1) 用工程网络计划的方法编制进度计划必须很严谨地分析和考虑工作之

间的逻辑关系，通过工程网络的计算可发现关键工作和关键线路，也可知道非关键工作可使用的时差，工程网络计划的方法有利于实现进度控制的科学化。

（2）承发包模式的选择直接关系到工程实施的组织和协调。为了实现进度目标，应选择合理的合同结构，以避免过多的合同交界面而影响工程的进展。工程物资的采购模式对进度也有直接影响，对此应做比较分析。

（3）为实现进度目标，不但应进行进度控制，还应注意分析影响工程进度的风险，并在分析的基础上采取风险管理措施，以减少进度失控的风险量。常见的影响工程进度的风险，如：

1）组织风险。
2）管理风险。
3）合同风险。
4）资源（人力、物力和财力）风险。
5）技术风险。

（4）重视信息技术在进度控制中的应用。虽然信息技术对进度控制而言只是一种管理手段，但它的应用有利于提高进度信息处理的效率、有利于提高进度信息的透明度、有利于促进进度信息的交流和项目各参与方的协同工作。

3. 项目进度控制的经济措施

建设工程项目进度控制的经济措施涉及资金需求计划、资金供应的条件和经济激励措施等。为确保进度目标的实现，应编制与进度计划相适应的资源需求计划，包括资金需求计划和其他资源需求计划，以反映工程实施的各时段所需要的资源。通过资源需求的分析，可发现所编制的进度计划实现的可能性，若资源条件不具备，则应调整进度计划。资金需求计划也是工程融资的重要依据。

资金供应条件包括可能的资金总供应量、资金来源以及资金供应的时间。在工程预算中应考虑加快工程进度所需要的资金，其中包括为实现进度目标将要采取的经济激励措施所需要的费用。

4. 项目进度控制的技术措施

建设工程项目进度控制的技术措施涉及对实现进度目标有利的设计技术和施工技术的选用。不同的设计理念、设计技术路线、设计方案会对工程进度产生不同的影响。在设计工作的前期，特别是在设计方案评审和选用时，应对设计技术与工程进度的关系做分析比较。在工程进度受阻时，应分析是否存在设计技术的影响因素，为实现进度目标有无设计变更的可能性。

施工方案对工程进度有直接的影响，在决策是否选用时，不仅应分析技术的先进性和经济合理性，还应考虑其对进度的影响。在工程进度受阻时，应分析是否存在施工技术的影响因素，为实现进度目标有无改变施工技术、施工方法和施工机械的可能性。

复习思考题

1. 按照不同深度划分，工程项目进度计划系统包括哪些内容？
2. 横道图有哪些优点和不足？
3. 何谓里程碑事件？试列举项目中常见的三个里程碑事件。
4. 什么是关键线路？有何作用？
5. 根据表4-12，绘制双代号网络图。

表4-12　某工程项目工作关系表

工作	A	B	C	D	E	G	H	I	J
紧前工作	—	—	—	A	B	B、C	D、G、E	G	H

6. 何谓时标网络？从时标网络图上可以直接获得哪些参数？

7. 某工程项目网络计划如图4-49所示，括号内的数据是工作的最短持续时间，要求工期为100天。试进行工期优化，以最少的费用满足工期要求。

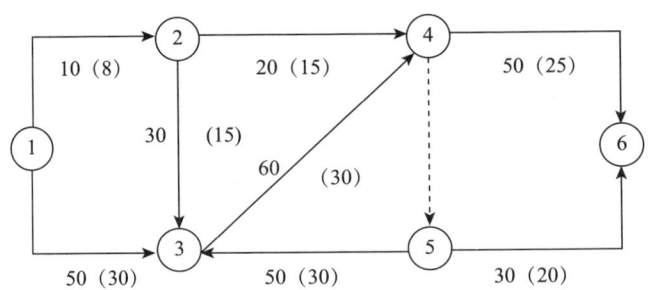

图4-49　某工程项目网络计划

8. 单代号搭接网络计划包括哪些搭接关系？
9. 简述实际进度前锋线分析方法。
10. 进度控制措施主要包括哪些？

第 5 章
工程项目资源与费用管理

本章目标 通过本章的学习,应理解工程费用管理方法;熟悉工程项目费用管理的任务和环节;掌握工程项目资源计划尤其是资金使用计划的编制;掌握工程项目因素分析法和挣得值等费用控制的方法。

本章介绍 建设工程项目费用管理应从工程投标报价开始,直至项目保证金返还为止,贯穿于项目实施的全过程,是项目管理的一个关键性目标。本章主要介绍工程项目资源计划的编制、工程项目费用管理方法等,并对每一部分的相关概念、内容和方法技术与流程进行了详细阐述。

5.1 概述

施工费用是指在建设工程项目的施工过程中所发生的全部生产费用的总和,包括:所消耗的原材料、辅助材料、构配件等费用;周转材料的摊销费或租赁费;施工机械的使用费或租赁费;支付给生产工人的工资、奖金、工资性质的津贴;进行施工组织与管理所发生的全部费用支出等。

建设工程项目施工费用管理应从工程投标报价开始,直至项目保证金返还为止,贯穿于项目实施的全过程。费用作为项目管理的一个关键性目标,包括责任费用目标和计划费用目标,它们的性质和作用不同。前者反映公司对施工费用目标的要求,后者是前者的具体化,两者把施工费用管理在公司层和项目经理部的运行有机地连接起来。

工程项目费用管理就是要在保证工期和质量满足要求的情况下,采取相应管理措施,包括组织措施、经济措施、技术措施、合同措施,把费用控制在计划范围内,并进一步寻求最大程度的费用节约。工程项目费用管理的任务和环节主要包括:

（1）施工费用预测。

（2）施工费用计划。

（3）施工费用控制。

（4）施工费用核算。

（5）施工费用分析。

（6）施工费用考核。

施工费用计划是施工项目费用管理的一个重要环节，是实现降低施工费用任务的指导性文件。本章着重分析工程项目资源计划，项目资源包括项目实施中需要的人力、材料、设备、能源及资金等，项目资源计划涉及分析和识别项目的资源需求，从而确定项目所需投入的资源（人力、设备、材料）的种类、资源数量和投入时间。如果针对施工项目所编制的费用计划达不到费用目标要求，就必须组织项目经理部的有关人员重新研究，寻找降低费用的途径，重新进行编制。同时，编制费用计划的过程也是动员全体项目管理人员的过程，是挖掘降低费用潜力的过程，是检验施工技术质量管理、工期管理、物资消耗和劳动力消耗管理等是否有效落实的过程。

施工费用控制是在施工过程中对影响施工费用的各种因素加强管理，并采取各种有效措施，将施工中实际发生的各种消耗和支出严格控制在费用计划范围内；通过动态监控并及时反馈，严格审查各项费用是否符合标准，计算实际费用和计划费用之间的差异并进行分析，进而采取多种措施，减少或消除施工中的损失浪费。建设工程项目施工费用控制应贯穿项目从投标阶段开始直至保证金返还的全过程，它是企业全面费用管理的重要环节。施工费用控制可分为事先控制、事中控制（过程控制）和事后控制。合同文件和费用计划规定了费用控制的目标，进度报告、工程变更与索赔资料是费用控制过程中的动态资料。在项目的施工过程中，需按动态控制原理对实际施工费用进行有效控制。费用控制报告可单独编制，也可以根据需要与进度、质量、安全等其他进展报告结合，提出综合进展报告。

根据费用运行规律，费用管理责任体系应包括公司层的费用管理和项目经理部的费用管理。公司层的费用管理除生产费用以外，还包括经营管理费用；项目经理部应对生产费用进行管理。公司层贯穿于项目投标、实施和结算过程，体现效益中心的管理职能；项目经理部则着眼于执行公司确定的施工费用管理目标，发挥现场生产费用控制中心的管理职能。

5.2 工程项目资源计划

5.2.1 项目资源计划的主要依据

项目资源计划编制的依据涉及项目的范围、项目时间、项目质量等各个方面的计划与要求文件，以及相关各种支持细节文件与资料等。这主要包括：

（1）工作分解结构。利用工作分解结构系统进行项目资源计划时，工作划分得越细、越具体，所需资源种类和数量越容易估计，工作分解自上而下逐级展开，各类资源需要量可以自下而上逐级累加，便得到了整个项目各类资源的需要量。

（2）项目工作进度计划。项目工作进度计划是项目计划中最主要的，是其他各项目计划（如质量计划、图样供应计划、资金使用计划、资源供应计划）的基础，资源计划必须服务于工作进度计划，何时需要何种资源是围绕工作进度计划的需要而确定的。

（3）历史资料。历史资料记录了先前类似工作使用资源的需求情况，这些资料如能获得的话，无疑会对现在工作资源需求确定有很大的辅助作用。

（4）项目范围陈述。范围陈述包括了划定哪些方面是属于项目应该做的，而哪些工作是不包括在项目之内以及对项目目标的描述，这些应该在项目资源计划的编制过程中特别加以考虑。

（5）资源安排和供给情况的描述。什么资源（人、设备、材料）是可能获得的，是项目资源计划所必须掌握的？特别的数量描述和资源水平对于资源安排描述是特别重要的；资源供给情况的信息是针对一个项目的资源需求而给出的。

（6）组织策略。在资源计划的过程中还必须考虑人事组织，以及所提供设备的租赁和购买策略。例如，工程项目中设备是租赁还是购买等都对资源计划产生影响。

5.2.2 项目资源计划编制的方法和工具

1. 方法

（1）专家判断法。这是指由项目费用管理专家根据经验和判断去确定和编制项目资源计划的方法。它包括专家小组法和德尔菲法等方法。

（2）项目管理软件法。这是使用现成的项目管理软件编制项目资源计划的方法。

（3）资料统计法。这是使用历史项目的统计数据资料，计算和确定项目资源计划的方法。

（4）标准计算法。这是使用统一的标准定额和工程量计算规则去制定项目资源计划的方法。

2. 工具

项目资源计划的工具包括资源矩阵、资源数据表、资源甘特图、资源负荷图或资源需求曲线和资源累计需求曲线。

5.2.3 项目资源计划的输出结果

资源计划的结果主要是资源的需求计划，以及对各种资源的需求及需求计划的描述。资源的需求安排一般应分解到具体的工作，其主要表现形式为：

（1）资源计划需求数据表。此类数据表通过各种表格描述各种资源的需求量。

（2）资源负荷图。这是直观描述在项目执行期间各种资源需求量的直方图。

5.2.4 资金使用计划的编制

资金使用计划的编制是在工程项目结构分解的基础上，将工程造价的总目标值逐层分解到各个工作单元，形成各分目标值及各详细目标值，从而可以定期地将工程项目中各个子目标实际支出额与目标值进行比较，以便于及时发现偏差，找出偏差原因并及时采取纠正措施，将工程造价偏差控制在一定范围内。

依据项目结构分解方法不同，资金使用计划的编制方法也有所不同，常见的有按工程造价构成编制资金使用计划、按工程项目组成编制资金使用计划和按工程进度编制资金使用计划。这三种不同的编制方法可以有效地结合起来，组成一个详细完备的资金使用计划体系。

1. 按工程造价构成编制资金使用计划

工程造价主要分为建筑安装工程费、设备工器具费和工程建设其他费三部分，按工程造价构成编制的资金使用计划也分为建筑安装工程费使用计划、设备工器具费使用计划和工程建设其他费使用计划。每部分费用比例根据以往经验或已建立的数据库确定，也可根据具体情况做出适当调整，每一部分还可以做进一步的划分。这种编制方法比较适合于有大量经验数据的工程项目。

2. 按工程项目组成编制资金使用计划

大中型工程项目一般由多个单项工程组成，每个单项工程又可细分为不同的单位工程，进而分解为各个分部分项工程。设计概算、预算都是按单项工程和单位工程编制的，因此，这种编制方法比较简单，易于操作。

（1）按工程项目构成恰当分解资金使用计划总额。为了按不同子项划分资金的使用，首先必须对工程项目进行合理划分，划分的粗细程度根据实际需要而定。一般来说，将工程造价目标分解到各单项工程、单位工程比较容易，结果也比较合理可靠。按这种方式分解时，不仅要分解建筑安装工程费，而且要分解设备工器具费以及工程建设其他费、预备费、建设期贷款利息等。

建筑安装工程费中的人工费、材料费、施工机具使用费等直接费，可直接分解到各工程分项。而企业管理费、利润、规费、税金则不宜直接进行分解。措施项目费应分析具体情况，将其中与各工程分项有关的费用（如二次搬运费、检验试验费等）分离出来，按一定比例分解到相应的工程分项，其他与单位工程、分部工程有关的费用（如临时设施费、保险费等），则不能分解到各工程分项。

（2）编制各工程分项的资金支出计划。在完成工程项目造价目标的分解之后，应确定各工程分项的资金支出预算。工程分项的资金支出预算一般可按下式计算：

$$分项支出预算 = 核实的工程量 \times 单价$$

在上式中，核实的工程量可反映并消除实际与计划（如投标书）的差异，单价则在上述建筑安装工程费分解的基础上确定。

（3）编制详细的资金使用计划表。各工程分项的详细资金使用计划表应包括：工程分项编号、工程内容、计量单位、工程数量、单价、工程分项总价等内容（表5-1）。

表5-1 资金使用计划表

序号	工程分项编号	工程内容	计量单位	工程数量	单价	工程分项总价	备注

在编制资金使用计划时，应在主要的工程分项中考虑适当的不可预见费。此外，对于实际工程量与计划工程量（如工程量清单）的差异较大者，还应特殊标明，以便在实施中主动采取必要的造价控制措施。

3. 按工程进度编制资金使用计划

投入到工程项目的资金是分阶段、分期支出的，资金使用是否合理与施工进度安排密切相关。为了编制资金使用计划，并据此筹集资金，尽可能减少资金占用和利息支付，有必要将工程项目的资金使用计划按施工进度进行分解，以确定各施工阶段具体的目标值。

（1）编制工程施工进度计划。应用工程网络计划技术，编制工程网络进度计划，计算相应的时间参数，并确定关键线路。

（2）计算单位时间的资金支出目标。根据单位时间（月、旬或周）拟完成的实物工程量、投入的资源数量，计算相应的资金支出额，并将其绘制在时标网络计划图中。

（3）计算规定时间内的累计资金支出额

$$Q_t = \sum_{n=1}^{t} Q_n$$

式中，Q_t 为某时间 t 内计划累计资金支出数额；Q_n 为单位时间 n 的计划资金支出数额；t 为某规定的计算时间。

（4）绘制资金使用时间与施工进度的 S 曲线。按规定的时间绘制资金使用与施工进度的 S 曲线。每一条 S 曲线都对应某一特定的工程进度计划。由于在工程网络进度计划的非关键线路中存在许多有时差的工作，因此，S 曲线（投资计划值曲线）必然包括在由全部工作均按最早开始时间（ES）开始和全部工作均按最迟开始时间（LS）开始的曲线所组成的"香蕉图"内，如图 5-1 所示。

建设单位可以根据编制的投资支出预算来安排资金，同时，也可以根据筹措的建设资金来调整 S 曲线，即通过调整非关键线路上工作的开始时间，力争将实际投资支出控制在计划范围内。

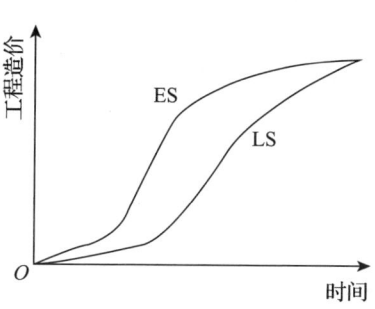

图 5-1 工程造价"香蕉图"

一般而言，所有工作都按最迟开始时间开始，对节约建设单位的建设资金贷款利息是有利的，但同时也降低了工程按期竣工的保证率。因此，必须合理地确定投资支出计划，达到既节约投资支出、又保证工程按期完成的目的。

【例 5-1】已知某施工项目的数据资料见表 5-2，绘制该项目的时间 - 费用累计曲线。

解：

1. 确定施工项目进度计划，编制进度计划横道图，如图 5-2 所示。
2. 基于横道图，按时间编制费用计划，如图 5-3 所示。
3. 计算规定时间计划累计支出的费用额。

表 5-2 数据资料

编码	项目名称	最早开始时间（月份）	工期/月	费用强度（万元/月）
11	场地平整	1	1	20
12	基础施工	2	3	15
13	主体工程施工	4	5	30
14	砌筑工程施工	8	3	20
15	屋面工程施工	10	2	30
16	楼地面施工	11	2	20
17	室内设施安装	11	1	30
18	室内装饰	12	1	20
19	室外装饰	12	1	10

编码	项目名称	工期/月	费用强度（万元/月）	工程进度（月）											
				1	2	3	4	5	6	7	8	9	10	11	12
11	场地平整	1	20	─											
12	基础施工	3	15		─	─	─								
13	主体工程施工	5	30				─	─	─	─	─				
14	砌筑工程施工	3	20								─	─	─		
15	屋面工程施工	2	30								─	─			
16	楼地面施工	2	20										─	─	
17	室内设施安装	1	30										─		
18	室内装饰	1	20											─	
19	室外装饰	1	10												─

图 5-2 进度计划横道图

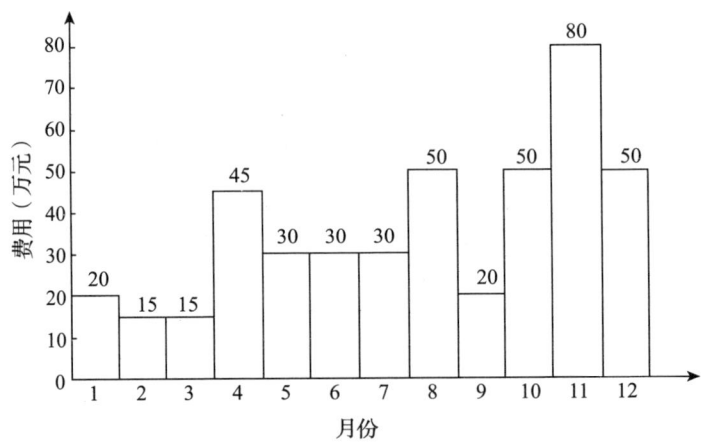

图 5-3 按时间编制的费用计划

根据公式 $Q_t = \sum_{n=1}^{t} Q_n$，可得如下结果：

$Q_1 = 20$ 万元，$Q_2 = 35$ 万元，$Q_3 = 50$ 万元，…，$Q_{10} = 305$ 万元，$Q_{11} = 385$ 万元，$Q_{12} = 435$ 万元。

4. 绘制 S 形曲线，如图 5-4 所示。

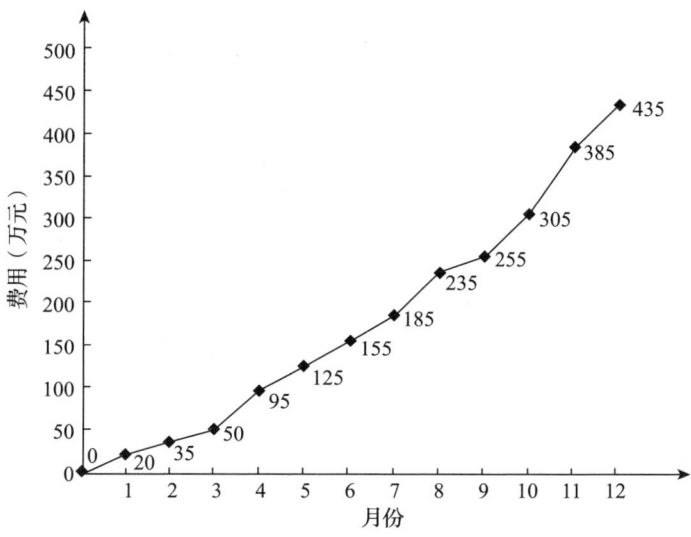

图 5-4 时间-费用累计曲线（S 形曲线）

5.3 工程项目费用管理

5.3.1 费用管理的流程

施工费用管理是一个有机联系与相互制约的系统过程：费用预测是费用计划的编制基础；费用计划是开展费用控制和核算的基础；费用控制能对费用计划的实施进行监督，保证费用计划的实现；费用核算又是费用计划是否实现的最后检查，费用核算所提供的费用信息又是费用预测、费用计划、费用控制和费用考核等的依据；费用分析为费用考核提供依据，也为未来的费用预测与费用计划指明方向；费用考核是实现费用目标责任制的保证和手段。

5.3.2 费用管理方法

1. 施工费用预测

施工费用预测是指施工承包单位及其项目经理部有关人员凭借历史数据和工程经验，运用一定的方法对工程项目未来的费用水平及其可能的发展趋势做出科学估计。工程项目费用预测是工程项目费用计划的依据。预测时，通常是对工程项目计划工期内影响费用的因素进行分析，比照近期已完工程项目或将完工项目的费用（单位费用），预测这些因素对施工费用的影响程度，估算出工程项目的单位费用或总费用。

施工费用预测的方法可分为定性预测和定量预测两大类。

(1) 定性预测。定性预测是指造价管理人员根据专业知识和实践经验，通过调查研究，利用已有资料，对费用的发展趋势及可能达到的水平所进行的分析和推断。由于定性预测主要依靠管理人员的素质和判断能力，因而这种方法必须建立在对工程项目费用的历史资料、现状及影响因素深刻了解的基础之上。这种方法简便易行，在资料不多、难以进行定量预测时最为适用。最常用的定性预测方法是调查研究判断法，具体方式有座谈会法和函询调查法。

(2) 定量预测。定量预测是利用历史费用统计资料以及费用与影响因素之间的数量关系，通过建立数学模型来推测、计算未来费用的可能结果。在费用预测中，常用的定量预测方法有加权平均法、回归分析法等。

2. 施工费用计划

费用计划是在费用预测的基础上，施工承包单位及其项目经理部对计划期内工程项目费用水平所做的筹划。施工项目费用计划是以货币形式表达的项目在计划期内的生产费用、费用水平及为降低费用采取的主要措施和规划的具体方案。费用计划是目标费用的一种表达形式，是建立项目费用管理责任制、开展费用控制和核算的基础，是进行费用控制的主要依据。

(1) 施工费用计划编制原则。为了编制出能够发挥积极作用的施工费用计划，在编制施工费用计划时应遵循以下原则：

1) 从实际情况出发。编制费用计划必须根据国家的方针政策，从企业的实际情况出发，充分挖掘企业内部潜力，使降低费用指标既积极可靠，又切实可行。施工项目管理部门降低费用的潜力在于正确选择施工方案，合理组织施工；提高劳动生产率；改善材料供应；降低材料消耗；提高机械利用率；节约施工管理费等。但必须注意避免以下情况发生：为了降低费用而偷工减料，忽视质量；不顾机械的维护修理而过度、不合理使用机械；片面增加劳动强度，加班加点；忽视安全工作，未给职工办理相应的保险等。

2) 与其他计划相结合。施工费用计划必须与施工项目的其他计划，如施工方案、生产进度计划、财务计划、材料供应及消耗计划等密切结合，保持平衡。

一方面，费用计划要根据施工项目的生产、技术组织措施、劳动工资、材料供应和消耗等计划来编制；另一方面，其他各项计划指标又影响着费用计划。因此其他各项计划在编制时应考虑降低费用的要求，与费用计划密切配合，而不能单纯考虑单一计划本身的要求。

3）采用先进技术经济定额。施工费用计划必须以各种先进的技术经济定额为依据，并结合工程的具体特点，采取切实可行的技术组织措施作为保证。只有这样，才能编制出既有科学依据又切实可行的费用计划，从而发挥施工费用计划的积极作用。

4）统一领导、分级管理。编制施工费用计划时应采用统一领导、分级管理的原则，同时应树立全员进行施工费用控制的理念，总结降低费用的经验，找出降低费用的正确途径，使费用计划的制订与执行更符合项目的实际情况。

5）适度弹性。施工费用计划应留有一定的余地，保持计划的弹性。在计划期内，项目经理部的内部或外部环境都有可能发生变化，尤其是材料供应、市场价格等具有很大的不确定性，这给拟订计划带来困难。因此在编制计划时应充分考虑到这些情况，使计划具有一定的适应环境变化的能力。

（2）施工费用计划的内容。施工费用计划一般由直接费用计划和间接费用计划组成。

1）直接费用计划。直接费用计划主要反映工程项目直接费用的预算费用、计划降低额及计划降低率，主要包括工程项目的费用目标及核算原则、降低费用计划表或总控制方案、对费用计划估算过程的说明及对降低费用途径的分析等。

2）间接费用计划。间接费用计划主要反映工程项目间接费用的计划数及降低额，在编制计划时，费用项目应与会计核算中间接费用项目的内容一致。

此外，施工费用计划还应包括项目经理对可控责任目标费用进行分解后形成的各个实施性计划费用，即各责任中心的责任费用计划。责任费用计划又包括年度、季度和月度责任费用计划。

（3）施工费用计划编制方法。施工费用计划编制方法包括目标利润法、技术进步法、按实计算法、定率估算法等。

1）目标利润法。目标利润法是指根据工程项目的合同价格扣除目标利润后得到目标费用的方法。在采用正确的投标策略和方法以最理想的合同价中标后，从标价中扣除预期利润、税金、应上缴的管理费等之后的余额即为工程项目实施中所能支出的最大限额。

2) 技术进步法。技术进步法是以工程项目计划采取的技术组织措施和节约措施所能取得的经济效果为项目费用降低额，求得项目目标费用的方法，即

项目目标费用＝项目费用估算值－技术节约措施计划节约额（或降低费用额）

3) 按实计算法。按实计算法是以工程项目的实际资源消耗测算为基础，根据所需资源的实际价格，详细计算各项活动或各项费用组成的目标费用，即

$$人工费 = \sum 各类人员计划用工量 \times 实际工资标准$$

$$材料费 = \sum 各类材料的计划用量 \times 实际材料基价$$

$$施工机具使用费 = \sum 各类机具的计划台班量 \times 实际台班单价$$

在此基础上，由项目经理部生产和财务管理人员结合施工技术和管理方案等测算措施费、项目经理部的管理费等，最后构成项目的目标费用。

4) 定率估算法（历史资料法）。这是当工程项目非常庞大和复杂而需要分为几个部分时采用的方法。首先将工程项目分为若干子项目，参照同类工程项目的历史数据，采用算术平均法计算子项目目标费用降低率和降低额，然后再汇总整个工程项目的目标费用降低率、降低额。在确定子项目费用降低率时，可采用加权平均法或三点估算法。

3. 施工费用控制

费用控制是指在工程项目实施过程中，对影响工程项目费用的各项要素，即施工生产所耗费的人力、物力和各项费用开支，采取一定措施进行监督、调节和控制，及时预防、发现和纠正偏差，保证工程项目费用目标的实现。费用控制是工程项目费用管理的核心内容，也是工程项目费用管理中不确定因素最多、最复杂、最基础的管理内容。

(1) 费用控制的内容和过程。施工费用控制包括计划预控、过程控制和纠偏控制三个重要环节。

1) 计划预控。计划预控是指运用计划管理的手段事先做好各项施工活动的费用安排，使工程项目预期费用目标的实现建立在有充分技术和管理措施保障的

基础上，为工程项目的技术与资源的合理配置和消耗控制提供依据。控制的重点是优化工程项目实施方案、合理配置资源和控制生产要素的采购价格。

2）过程控制。过程控制是指控制实际费用的发生，包括实际采购费用发生过程的控制、劳动力和生产资料使用过程的消耗控制、质量费用及管理费用的支出控制。施工承包单位应充分发挥工程项目费用责任体系的约束和激励机制，提高施工过程的费用控制能力。

3）纠偏控制。纠偏控制是指在工程项目实施过程中，对各项费用进行动态跟踪核算，发现实际费用与目标费用产生偏差时，分析原因，采取有效措施予以纠偏。

（2）费用控制的方法。费用控制的方法包括费用分析表法、工期费用同步分析法、挣值分析法、价值工程方法等。

1）费用分析表法。费用分析表法是指利用各种表格进行费用分析和控制的方法。应用费用分析表法可以清晰地进行费用比较研究。常见的费用分析表有月费用分析表、费用日报或周报表、月费用计算及最终预测报告表。

2）工期费用同步分析法。费用控制与进度控制之间有着必然的同步关系。因为费用是伴随着工程进展而发生的。如果费用与进度不对应，则说明工程项目进展中出现虚盈或虚亏的不正常现象。

施工费用的实际开支与计划不相符，往往是由两个因素引起的：①在某道工序上的费用开支超出计划；②某道工序的施工进度与计划不符。因此，要想找出费用变化的真正原因，实施良好有效的费用控制措施，必须与进度计划的适时更新相结合。

3）挣值分析法。挣值分析法简称挣值法，是对工程项目费用/进度进行综合控制的一种分析方法。通过比较已完成工作预算费用（Budget Cost of the Work Performed，BCWP）与已完成工作实际费用（Actual Cost of the Work Performed，ACWP）之间的差值，可以分析由于实际价格的变化而引起的累计费用偏差，通过比较BCWP与计划工作预算费用（Budget Cost of the Work Scheduled.，BCWS）之间的差值，可以分析由于进度偏差而引起的累计费用偏差，并通过计算后续未完工程的计划费用余额，预测其尚需的费用数额，从而为后续工程施工的费用、进度控制及寻求降低费用挖潜途径指明方向。

4）价值工程方法。价值工程方法是对工程项目进行事前费用控制的重要方法，在工程项目设计阶段，研究工程设计的技术合理性，探索有无改进的可能性，在提高功能的条件下，降低费用。在工程项目施工阶段，也可以通过价值工程活动，进行施工方案的技术经济分析，确定最佳施工方案，降低施工费用。

4. 施工费用核算

费用核算是施工承包单位利用会计核算体系，对工程项目施工过程中所发生的各项费用进行归集，统计其实际发生额，并计算工程项目总费用和单位工程费用的管理工作。工程项目费用核算是施工承包单位费用管理最基础的工作，费用核算所提供的各种信息，是费用预测、费用计划、费用控制和费用考核等的依据。

（1）费用核算对象和范围。施工项目经理部应建立和健全以单位工程为对象的费用核算账务体系，严格区分企业经营费用和项目生产费用，在工程项目实施阶段对企业经营费用进行分摊，以正确反映工程项目可控费用的收、支、结、转状况和费用管理业绩。

施工费用核算应以项目经理责任费用目标为基本核算范围，以项目经理授权范围相对应的可控责任费用为核算对象，进行全过程分月跟踪核算。根据工程当月形象进度，对已完工程实际费用按照分部分项工程进行归集，并将其与相应范围的计划费用进行比较，分析各分部分项工程费用偏差的原因，并在后续过程中采取有效控制措施并进一步寻找降本挖潜的途径。项目经理部应在每月费用核算的基础上编制当月费用报告，作为工程项目施工月报的组成内容，提交企业生产管理和财务部门审核备案。

（2）费用核算方法。费用核算包括表格核算法、会计核算法等。

1）表格核算法。表格核算法建立在内部各项费用核算的基础上，由各要素部门和核算单位定期采集信息，按有关规定填制一系列的表格，完成数据比较、考核和简单的核算，形成工程项目施工费用核算体系，作为支撑工程项目施工费用核算的平台。表格核算法需要依靠众多部门和单位支持，专业性要求不高。其优点是比较简捷明了，直观易懂，易于操作，适时性较好。缺点是覆盖范围较窄，核算债权债务等比较困难，且较难实现科学严密的审核制度，有可能造成数据失实，精度较差。

2）会计核算法。会计核算法是指建立在会计核算基础上，利用会计核算所独有的借贷记账法和收支全面核算的综合特点，按工程项目施工费用内容和收支范围，组织工程项目施工费用的核算。不仅核算工程项目施工的直接费用，而且还要核算工程项目在施工生产过程中出现的债权债务、为施工生产而自购的工器具摊销、向建设单位的报量和收款、分包完成量和分包付款等。其优点是核算严密、逻辑性强、人为调节的可能因素较小、核算范围较大，但对核算人员的专业水平要求较高。

由于表格核算法具有便于操作和表格格式自由等特点，可以根据企业管理方式和要求设置各种表格，因而对工程项目内各岗位费用的责任核算比较实用。施工承包单位除对整个企业的生产经营进行会计核算外，还应在工程项目上设费用会计，进行工程项目费用核算，减少数据的传递，提高数据的及时性，便于与表格核算的数据接口，这将成为工程项目施工费用核算的发展趋势。

总的来说，用表格核算法进行工程项目施工各岗位费用的责任核算和控制，用会计核算法进行工程项目施工费用核算，两者互补，相得益彰，确保工程项目施工费用核算工作的开展。

（3）费用归集与分配。进行费用核算时，能够直接计入有关费用核算对象的，直接计入，不能直接计入的，采用一定的分配方法分配计入各费用核算对象费用，然后计算出工程项目的实际费用。

1）人工费。人工费计入费用的方法，一般应根据企业实行的具体工资制度而定。

在实行计件工资制度时，所支付的工资一般能分清受益对象，应根据"工程任务单"和"工资计算汇总表"将归集的工资直接计入费用核算对象的人工费费用项目中。实行计时工资制度时，在只存在一个费用核算对象或者所发生的工资能分清是服务于哪个费用核算对象时，方可将之直接计入，否则，就需将所发生的工资在各个费用核算对象之间进行分配，再分别计入。一般采用实用工时比例或定额工时比例进行分配。计算公式为

$$工资分配率 = \frac{建筑安装工人工资总额}{各项目实用工时（或定额工时）总和}$$

某项工程应分配的人工费 = 该项工程实用工时 × 工资分配率

2）材料费。工程项目耗用的材料，应根据限额领料单、退料单、报损报耗

单、大堆材料耗用计算单等计算工程项目费用。凡领料时能点清数量、分清费用核算对象的，应在有关领料凭证（如限额领料单）上注明费用核算对象名称，据以计入费用核算对象。领料时虽能点清数量、但需集中配料或统一下料的，则由材料管理人员或领用部门，结合材料消耗定额将材料费分配计入各费用核算对象。领料时不能点清数量和分清费用核算对象的，由材料管理人员或施工现场保管员保管，月末实地盘点结存数量，结合月初结存数量和本月购进数量，倒推出本月实际消耗量，再结合材料耗用定额，编制大堆材料耗用计算单，据以计入各费用核算对象的费用。工程竣工后的剩余材料，应填写退料单据以办理材料退库手续，同时冲减相关费用核算对象的材料费。施工中的残次材料和包装物，应尽量回收再用，冲减工程费用的材料费。

3）施工机具使用费。按自有机具和租赁机具分别加以核算。从外单位或本企业内部独立核算的机械站租入施工机具支付的租赁费，直接计入费用核算对象的机具使用费。如租入的机具是为两个或两个以上的工程服务的，则应以租入机具所服务的各个工程受益对象提供的作业台班数量为基数进行分配，计算公式为：

$$平均台班租赁费 = \frac{支付的租赁费总额}{租入机具作业总台班数}$$

自有机具费用应按各个费用核算对象实际使用的机具台班数计算所分摊的机具使用费，分别计入不同的费用核算对象费用中。

在施工机具使用费中，占比重最大的往往是施工机具折旧费。按现行财务制度规定，施工承包单位计提折旧一般采用平均年限法和工作量法。技术进步较快或使用寿命受工作环境影响较大的施工机具和运输设备，经国家财政主管部门批准，可采用双倍余额递减法或年数总和法计提折旧。

固定资产折旧从固定资产投入使用月份的次月起，按月计提。停止使用的固定资产，从停用月份的次月起，停止计提折旧。

企业按财务制度的有关规定，有权选择具体折旧方法和折旧年限，在开始实行年度前报主管财政机关备案。折旧年限和折旧方法一经确定，不得随意变更，需要变更的，由企业提出申请，并在变更年度前报主管财政机关批准。

4）措施费。凡能分清受益对象的，应直接计入受益费用核算对象中。如与若干个费用核算对象有关，则可先归集到措施费总账中，月末再按适当的方法分配计入有关费用核算对象的措施费中。

5）间接费用。凡能分清受益对象的间接费用，应直接计入受益费用核算对象中。否则先在项目"间接费用"总账中进行归集，月末再按一定的分配标准计入受益费用核算对象。分配的方法如下：土建工程是以实际费用中直接费用为分配依据，安装工程则以人工费为分配依据。计算公式为

$$土建（安装）工程间接费用分配率 = \frac{土建（安装）工程分配的间接费用总额}{全部土建工程直接费用（安装工程人工费）总额}$$

$$某土建（安装）分配的间接费用 = 该土建工程直接费用（安装工程人工费）× 土建（安装）工程间接费用分配率$$

5. 施工费用分析

费用分析是揭示工程项目费用变化情况及其变化原因的过程。费用分析为费用考核提供依据，也为未来的费用预测与费用计划编制指明方向。

（1）费用的分析方法。费用分析的基本方法包括比较法、因素分析法、差额计算法、比率法等。

1）比较法。比较法又称指标对比分析法，是通过技术经济指标的对比，检查目标的完成情况，分析产生差异的原因，进而挖掘内部潜力的方法。其特点是通俗易懂、简单易行、便于掌握，因而得到广泛应用。比较法的应用通常有下列形式：

①将本期实际指标与目标指标对比。以此检查目标完成情况，分析影响目标完成的积极因素和消极因素，以便及时采取措施，保证费用目标的实现。

②本期实际指标与上期实际指标对比。通过这种对比，可以看出各项技术经济指标的变动情况，反映项目管理水平的提高程度。

③本期实际指标与本行业平均水平、先进水平对比。通过这种对比，可以反映本项目的技术管理和经济管理水平与行业的平均和先进水平的差距，进而采取措施赶超先进水平。

在采用比较法时，可采取绝对数对比、增减差额对比或相对数对比等多种形式。

2）因素分析法。因素分析法又称连环置换法。这种方法可用来分析各种因素对费用的影响程度。在进行分析时，首先要假定众多因素中的一个因素发生了

变化，而其他因素则不变，在前一个因素变动的基础上分析第二个因素的变动，然后逐个替换，分别比较其计算结果，以确定各个因素的变化对费用的影响程度，并据此对企业的费用计划执行情况进行评价，并提出进一步的改进措施。因素分析法的计算步骤如下：

①以各个因素的计划数为基础，计算出一个总数。
②逐项以各个因素的实际数替换计划数。
③每次替换后，实际数就保留下来，直到所有计划数都被替换成实际数为止。
④每次替换后，都应求出新的计算结果。
⑤最后将每次替换所得结果，与其相邻的前一个计算结果比较，其差额即为替换的那个因素对总差异的影响程度。

【例 5-2】某单位承包一工程，计划砌砖工程量 $1200m^3$，按预算定额规定，每立方米耗用空心砖 510 块，每块空心砖计划价格为 0.12 元；而实际砌砖工程量却达 $1500m^3$，每立方米实耗空心砖 500 块，每块空心砖实际购入价为 0.18 元。试用因素分析法进行费用分析。

解：砌砖工程的空心砖费用计算公式为

空心砖费用 = 砌砖工程量 × 每立方米空心砖消耗量 × 空心砖价格

采用因素分析法对上述三个因素分别对空心砖费用的影响进行分析。计算过程和结果见表 5-3。

表 5-3 砌砖工程空心砖费用分析

计算顺序	砌砖工程量/m³	每立方米空心砖消耗量（块）	空心砖价格（元/块）	空心砖成本（元）	差异数（元）	差异原因
计划数	1200	510	0.12	73440		
第一次代替	1500	510	0.12	91800	18360	由于工程量增加
第二次代替	1500	500	0.12	90000	-1800	由于空心砖节约
第三次代替	1500	500	0.18	135000	45000	由于价格提高
合计					61560	

以上分析结果表明，实际空心砖费用比计划超出 61560 元，主要原因是工程量增加和空心砖价格提高；另外，由于节约空心砖消耗，使空心砖费用节约了

1800元,这是好现象,应该总结经验,继续发扬。

3)差额计算法。差额计算法是因素分析法的一种简化形式,它利用各个因素的目标值与实际值的差额来计算其对费用的影响程度。

4)比率法。比率法是指用两个以上的指标的比例进行分析的方法,其基本特点是:先把对比分析的数值变成相对数,再观察其相互之间的关系。常用的比率法有以下几种:

①相关比率法。通过将两个性质不同而相关的指标加以对比,求出比率,并以此来考查经营成果的好坏。例如:将费用指标与反映生产、销售等经营成果的产值、销售收入、利润指标相比较,就可以反映项目经济效益的好坏。

②构成比率法。构成比率法又称比重分析法或结构对比分析法,是通过计算某技术经济指标中各组成部分占总体比重进行数量分析的方法。通过构成比率,可以考查项目费用的构成情况,将不同时期的费用构成比率相比较,可以观察费用构成的变动情况,同时也可看出量、本、利的比例关系(即目标费用、实际费用和降低费用的比例关系),从而为寻求降低费用的途径指明方向。

③动态比率法。动态比率法是将同类指标不同时期的数值进行对比,求出比率,以分析该项指标的发展方向和发展速度的方法。动态比率的计算通常采用定基指数和环比指数两种方法。

(2)综合费用的分析方法。所谓综合费用,是指涉及多种生产要素,并受多种因素影响的费用,如分部分项工程费用、月(季)度费用和年度费用等。由于这些费用都是随着工程项目施工的进展而逐步形成的,与生产经营有着密切的关系,因此,做好上述费用的分析工作,无疑将促进工程项目的生产经营管理,提高工程项目的经济效益。

1)分部分项工程费用分析。分部分项工程费用分析是施工项目费用分析的基础。分部分项工程费用分析的对象为主要的已完分部分项工程,分析的方法是:进行预算费用、目标费用和实际费用的"三算"对比,分别计算实际费用与预算费用、实际费用与目标费用的偏差,分析偏差产生的原因,为今后的分部分项工程费用寻求节约途径。

分部分项工程费用分析的资料来源是:预算成本是以施工图和定额为依据编

制的施工图预算成本，目标成本为分解到该分部分项工程上的计划成本，实际成本来自施工任务单的实际工程量、实耗人工和限额领料单的实耗材料。

对分部分项工程进行费用分析，要做到从开工到竣工进行系统的费用分析。因为通过主要分部分项工程费用的系统分析，可以基本了解工程项目费用形成的全过程，为竣工费用分析和今后的工程项目费用管理提供宝贵的参考资料。

2）月（季）度费用分析。月（季）度费用分析是项目定期的、经常性的中间费用分析。通过月（季）度费用分析，可以及时发现问题，以便按照费用目标指定的方向进行监督和控制，保证工程项目费用目标的实现。

月（季）度费用分析的依据是当月（季）的费用报表。分析的方法通常包括：

①通过实际费用与预算费用的对比，分析当月（季）的费用降低水平；通过累计实际费用与累计预算费用的对比，分析累计的费用降低水平，预测实现工程项目费用目标的前景。

②通过实际费用与目标费用的对比，分析目标费用的落实情况，以及目标管理中的问题和不足，进而采取措施，加强费用管理，保证工程费用目标的落实。

③通过对各费用项目的费用分析，可以了解费用总量的构成比例和费用管理的薄弱环节。对超支幅度大的费用项目，应深入分析超支原因，并采取对应的增收节支措施，防止今后再超支。

④通过主要技术经济指标的实际与目标对比，分析产量、工期、质量、"三材"节约率、机械利用率等对费用的影响。

⑤通过对技术组织措施执行效果的分析，寻求更加有效的节约途径。

⑥分析其他有利条件和不利条件对费用的影响。

3）年度费用分析。由于工程项目的施工周期一般较长。除进行月（季）度费用核算和分析外，还要进行年度费用的核算和分析。因为通过年度费用的综合分析，可以总结一年来费用管理的成绩和不足，为今后的费用管理提供经验和教训。

4）竣工费用的综合分析。凡是有几个单位工程而且是单独进行费用核算的项目，其竣工费用分析应以各单位工程竣工费用分析资料为基础，再加上项目经理部的经营效益（如资金调度、对外分包等所产生的效益）进行综合分析。如果施工项目只有一个费用核算对象（单位工程），就以该费用核算对象的竣工费用资料作为费用分析的依据。单位工程竣工费用分析应包括：竣工费用分析；主要资源节超对比分析；主要技术节约措施及经济效果分析。

通过以上分析，可以全面了解单位工程的费用构成和降低费用的来源，对今后同类工程的费用管理很有参考价值。

6. 施工费用考核

费用考核是在工程项目建设过程中或项目完成后，定期对项目形成过程中的各级单位费用管理的成绩或失误进行总结与评价。通过费用考核，给予责任者相应的奖励或惩罚。施工承包单位应建立和健全工程项目费用考核制度，作为工程项目费用管理责任体系的组成部分。考核制度应对考核的目的、时间、范围、对象、方式、依据、指标、组织领导以及结论与奖惩原则做出明确规定。

（1）费用考核的内容。施工费用的考核，包括企业对项目费用的考核和企业对项目经理部可控责任费用的考核。企业对项目费用的考核包括对施工费用目标（降低额）完成情况的考核和费用管理工作业绩的考核。企业对项目经理部可控责任费用的考核包括：

1）项目费用目标和阶段费用目标完成情况。
2）建立以项目经理为核心的费用管理责任制的落实情况。
3）费用计划的编制和落实情况。
4）对各部门、各施工队和班组责任费用的检查和考核情况。
5）在费用管理中贯彻责权利相结合原则的执行情况。

除此之外，为层层落实项目费用管理工作，项目经理对所属各部门、各施工队和班组也要进行费用考核，主要考核其责任费用的完成情况。

（2）费用考核指标。

1）企业的项目费用考核指标：

项目施工费用降低额 = 项目施工合同费用 − 项目实际施工费用

$$项目施工费用降低率 = \frac{项目施工费用降低额}{项目施工合同费用} \times 100\%$$

2）项目经理部可控责任费用考核指标：

①项目经理责任目标总费用降低额和降低率：

目标总费用降低额 = 项目经理责任目标总费用 − 项目竣工结算总费用

$$目标总费用降低率 = \frac{目标总费用降低额}{项目经理责任目标总费用} \times 100\%$$

②施工责任目标费用实际降低额和降低率：

$$施工责任目标费用实际降低额 = 施工责任目标总费用 - 工程竣工结算总费用$$

$$施工责任目标费用实际降低率 = \frac{施工责任目标费用实际降低额}{施工责任目标总费用} \times 100\%$$

③施工计划费用实际降低额和降低率：

$$施工计划费用实际降低额 = 施工计划总费用 - 工程竣工结算总费用$$

$$施工计划费用实际降低率 = \frac{施工计划费用实际降低额}{施工计划总费用} \times 100\%$$

施工承包单位应充分利用工程项目费用核算资料和报表，由企业财务审计部门对项目经理部的费用和效益进行全面审核，在此基础上做好工程项目费用效益的考核与评价，并按照项目经理部的绩效，落实费用管理责任制的激励措施。

5.4 工程项目费用控制

工程项目费用控制是在项目费用的形成过程中，对生产经营所消耗的人力资源、物资资源和费用开支进行指导、监督、检查和调整，及时纠正将要发生和已经发生的偏差，把各项生产费用控制在计划费用的范围之内，以保证费用目标的实现。

5.4.1 项目费用控制的依据

1. 工程承包合同

项目费用控制要以工程承包合同为依据，围绕降低工程费用这个目标，从预算收入和实际费用两方面，研究节约费用、增加收益的有效途径，以求获得最大的经济效益。

2. 施工费用计划

施工费用计划是根据施工项目的具体情况制订的施工费用控制方案，既包括预定的具体费用控制目标，又包括实现控制目标的措施和规划，是施工费用控制的指导文件。

3. 进度报告

进度报告提供了对应时间节点的工程实际完成量、工程施工费用实际支付情况等重要信息。施工费用控制工作正是通过实际情况与施工费用计划相比较，找出二者之间的差别，分析偏差产生的原因，从而采取措施改进以后的工作。此外，进度报告还有助于管理者及时发现工程实施中存在的隐患，并在可能造成重大损失之前采取有效措施，尽量避免损失。

4. 工程变更

在项目的实施过程中，由于各方面的原因，工程变更是很难避免的。工程变更一般包括设计变更、进度计划变更、施工条件变更、技术规范与标准变更、施工次序变更、工程量变更等。一旦出现变更，工程量、工期、费用都有可能发生变化，从而使得施工费用控制工作变得更加复杂和困难。因此，施工费用管理人员应当通过对变更要求中各类数据的计算、分析，及时掌握变更情况，包括已发生工程量、将要发生工程量、工期是否拖延、支付情况等重要信息，判断变更以及变更可能带来的索赔额度等。

除了上述几种施工费用控制工作的主要依据以外，施工组织设计、分包合同等有关文件资料也都是施工费用控制的依据。

5.4.2 费用控制的步骤

在确定了项目施工费用计划之后，必须定期进行施工费用计划值与实际值的比较，当实际值偏离计划值时，分析产生偏差的原因，采取适当的纠偏措施，以确保施工费用控制目标的实现。其步骤如下：

1. 比较

按照某种确定的方式将施工费用计划值与实际值逐项进行比较，以发现施工费用是否已超支。

2. 分析

在比较的基础上，对比较的结果进行分析，以确定偏差的严重性及偏差产生的原因。这一步是施工费用控制工作的核心,其主要目的在于找出产生偏差的原因,从而采取有针对性的措施,减少或避免相同原因的再次发生或减少由此造成的损失。

3. 预测

根据项目实施情况估算整个项目完成时的施工费用。预测的目的在于为决策提供支持。

4. 纠偏

当工程项目的实际施工费用出现了偏差,应当根据工程的具体情况、偏差分析和预测的结果,采取适当的措施,以期达到使施工费用偏差尽可能小的目的。纠偏是施工费用控制中最具实质性的一步。只有通过纠偏,才能最终达到有效控制施工费用的目的。

5. 检查

对工程的进展进行跟踪和检查,及时了解工程进展状况以及纠偏措施的执行情况和效果,为今后工作积累经验。

5.4.3 费用控制的方法

1. 施工费用的过程控制方法

施工阶段是费用发生的主要阶段,这个阶段的费用控制主要是通过确定费用目标并按计划费用组织施工,合理配置资源,对施工现场发生的各项费用进行有效控制,具体的控制方法如下:

(1) 人工费的控制。人工费的控制实行"量价分离"的方法,将作业用工及零星用工按定额工日的一定比例综合确定用工数量与单价,通过劳务合同进行控制。

加强劳动定额管理,提高劳动生产率,降低工程耗用人工工日,是控制人工费支出的主要手段。

1) 制定先进合理的企业内部劳动定额,严格执行劳动定额,并将安全生产、文明施工及零星用工下达到班组进行控制。

2）提高生产工人的技术水平和作业队的组织管理水平，根据施工进度、技术要求，合理搭配各工种工人的数量，减少和避免无效劳动。不断地改善劳动组织，创造良好的工作环境，改善工人的劳动条件，提高劳动效率。合理调节各工序人数安排情况，安排劳动力时，尽量做到技术工不做普通工的工作，高级工不做低级工的工作，避免技术上的浪费，既要加快工程进度，又要节约人工费用。

3）加强职工的技术培训和多种施工作业技能的培训，不断提高职工的业务技术水平和熟练操作程度，培养一专多能的技术工人，提高作业工效。提倡技术革新和推广新技术，提高技术装备水平和工厂化生产水平，提高企业的劳动生产率。

4）实行弹性需求的劳务管理制度。对施工生产各环节上的业务骨干和基本的施工力量，要保持相对稳定。对短期需要的施工力量，要做好预测、计划管理，通过企业内部的劳务市场及外部协作队伍进行调剂。严格做到项目部的定员随工程进度要求及时进行调整，进行弹性管理。

（2）材料费的控制。材料费控制同样按照"量价分离"原则，控制材料用量和材料价格。

1）材料用量的控制。在保证符合设计要求和质量标准的前提下，合理使用材料，通过定额控制、指标控制、计量控制、包干控制等手段有效控制物资材料的消耗，具体方法如下：

①定额控制。对于有消耗定额的材料，以消耗定额为依据，实行限额领料制度。

A. 限额领料的形式：

a. 按分项工程实行限额领料。按分项工程实行限额领料，就是按照分项工程进行限额，如钢筋绑扎、混凝土浇筑、砌筑、抹灰等，它是以施工班组为对象进行的限额领料。

b. 按工程部位实行限额领料。按工程部位实行限额领料，就是按工程施工工序分为基础工程、结构工程和装饰工程，它是以施工专业队为对象进行的限额领料。

c. 按单位工程实行限额领料。按单位工程实行限额领料，就是对一个单位工程从开工到竣工全过程的建设工程项目的用料实行的限额领料，它是以项目经理部或分包单位为对象开展的限额领料。

B. 限额领料的依据：

a. 准确的工程量。它是按工程施工图计算的正常施工条件下的数量，是计算限额领料量的基础。

b. 现行的施工预算定额或企业内部消耗定额，它是制定限额用量的标准。

c. 施工组织设计。它是计算和调整非实体性消耗材料的基础。

d. 施工过程中发包人认可的变更洽商单。它是调整限额量的依据。

C. 限额领料的实施：

a. 确定限额领料的形式。根据工程的分包形式，施工前与使用单位确定限额领料的形式。

b. 签发限额领料单。根据双方确定的限额领料形式，根据有关部门编制的施工预算和施工组织设计，将所需材料数量汇总后编制材料限额数量，经双方确认后下发。

c. 限额领料单的应用。限额领料单一式三份：一份交保管员作为控制发料的依据；一份交使用单位，作为领料的依据；一份由签发单位留存，作为考核的依据。

d. 限额量的调整。在限额领料的执行过程中，会有许多因素影响材料的使用，如工程量的变更、设计更改、环境因素等。限额领料的主管部门在限额领料的执行过程中要深入施工现场，了解用料情况，根据实际情况及时调整限额数量，以保证施工生产的顺利进行和限额领料制度的连续性、完整性。

e. 限额领料的核算。根据限额领料形式，工程完工后，双方应及时办理结算手续，检查限额领料的执行情况，对用料情况进行分析，按双方约定的合同，对用料节超进行奖罚兑现。

②指标控制。对于没有消耗定额的材料，则实行计划管理和按指标控制的办法。根据以往项目的实际耗用情况，结合具体施工项目的内容和要求，制定领用材料指标，以控制发料。超过指标的材料，必须经过一定的审批手续方可领用。

③计量控制。准确做好材料物资的收发计量检查和投料计量检查。

④包干控制。在材料使用过程中,对部分小型及零星材料(如钢钉、钢丝等)根据工程量计算出所需材料量,将其折算成费用,由作业者包干使用。

2) 材料价格的控制。材料价格主要由材料采购部门控制。由于材料价格是由买价、运杂费、运输中的合理损耗等所组成的,因此控制材料价格,主要是通过掌握市场信息,应用招标和询价等方式控制材料、设备的采购价格。

施工项目的材料物资,包括构成工程实体的主要材料和结构件,以及有助于工程实体形成的周转使用材料和低值易耗品。从价值角度看,材料物资的价值约占建筑安装工程造价的60%甚至70%以上,因此,对材料价格的控制非常重要。由于材料物资的供应渠道和管理方式各不相同,所以控制的内容和所采取的控制方法也将有所不同。

(3) 施工机械使用费的控制。合理使用施工机械设备对费用控制具有十分重要的意义,尤其是高层建筑施工。据某些工程实例统计,高层建筑地面以上部分的总费用中,垂直运输机械费用占6%~10%。由于不同的起重运输机械各有不同的特点,因此在选择起重运输机械时,首先应根据工程特点和施工条件确定采取的起重运输机械的组合方式。在确定采用何种组合方式时,首先应满足施工需要,其次要考虑到费用的高低和综合经济效益。

施工机械使用费主要由台班数量和台班单价两方面决定,为有效控制施工机械使用费支出,应主要从这两个方面进行控制。

1) 台班数量:

①根据施工方案和现场实际情况,选择适合项目施工特点的施工机械,制订设备需求计划,充分利用现有机械设备,加强内部调配,提高机械设备的利用率。

②保证施工机械设备的作业时间,安排好生产工序的衔接,尽量避免停工、窝工,尽量减少施工中所消耗的机械台班数量。

③核定设备台班定额产量,实行超产奖励办法,加快施工生产进度,提高机械设备单位时间的生产效率和利用率。

④加强设备租赁计划管理,减少不必要的设备闲置和浪费,充分利用社会闲置机械资源。

2)台班单价:

①加强现场设备的维修、保养工作。降低大修、经常性修理等各项费用的开支,提高机械设备的完好率,最大限度地提高机械设备的利用率,避免因使用不当造成机械设备的停置。

②加强机械操作人员的培训工作。不断提高操作技能,提高施工机械台班的生产效率。

③加强配件的管理。建立健全配件领发料制度,严格按油料消耗定额控制油料消耗,做到修理有记录、消耗有定额、统计有报表、损耗有分析。通过经常分析总结,提高修理质量,降低配件消耗,减少修理费用的支出。

④降低材料费用。做好施工机械配件和工程材料采购计划,降低材料费用。

⑤成立设备管理领导小组,负责设备调度、检查、维修、评估等具体事宜。对主要部件及其保养情况建立档案,分清责任,便于尽早发现问题,找到解决问题的办法。

(4)施工分包费用的控制。分包工程价格的高低,必然对项目经理部的施工项目费用产生一定的影响。因此,施工项目费用控制的重要工作之一是对分包价格的控制。项目经理部应在确定施工方案的初期确定需要分包的工程范围,决定分包范围的因素主要是施工项目的专业性和项目规模。对分包费用的控制,主要是要做好分包工程的询价、订立平等互利的分包合同、建立稳定的分包关系网络、加强施工验收和分包结算等工作。

2. 挣值法

挣值法的基本概念在第5.3节已经做过介绍。通过"三个费用""两个偏差"和"两个绩效"的比较对费用实施控制。

(1)三个费用。

1)已完成工作预算费用。已完成工作预算费用为 BCWP,是指在某一时间已经完成的工作(或部分工作)以批准认可的预算为标准所需要的资金总额,由于业主正是根据这个值为承包商完成的工作量支付相应的费用,也就是承包商获得(挣得)的金额,故称挣得值或挣值。

$$BCWP = 已完成工程量 \times 预算单价$$

2) 计划工作预算费用。计划工作预算费用简称 BCWS，即根据进度计划，在某一时刻应当完成的工作（或部分工作）以预算为标准所需要的资金总额。一般来说，除非合同有变更，BCWS 在工作实施过程中应保持不变，即

$$BCWS = 计划工程量 \times 预算单价$$

3) 已完成工作实际费用。已完成工作实际费用简称 ACWP，即到某一时刻为止，已完成的工作（或部分工作）所实际花费的总金额。

(2) 两个偏差。

1) 费用偏差 CV 按下式计算：

$$CV = BCWP - ACWP$$

当 CV 为负值时，即表示项目运行超出预算费用；当 CV 为正值时，表示项目运行节支，实际费用没有超出预算费用。

2) 进度偏差 SV 按下式计算：

$$SV = BCWP - BCWS$$

当 SV 为负值时，表示进度延误，即实际进度落后计划进度；当 SV 为正值时，表示进度提前，即实际进度快于计划进度。

挣值法的三个基本费用参数和两个偏差的关系，可以直观地表示成图 5-5。

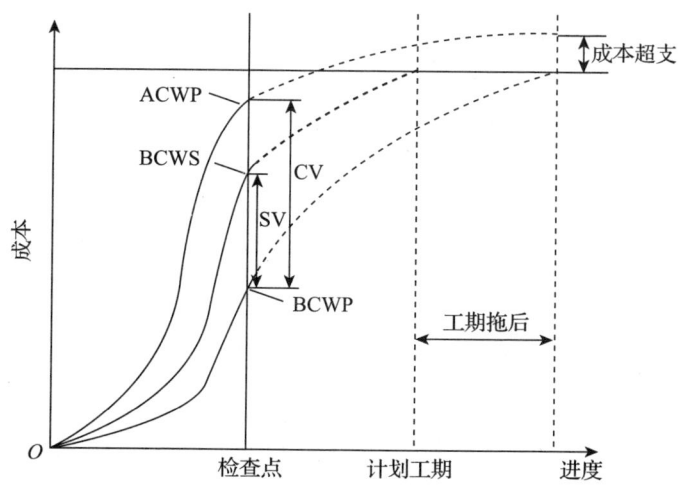

图 5-5 挣值法基本费用参数和偏差的关系

（3）两个绩效。

1）费用绩效指数 CPI：

$$CPI = \frac{BCWP}{ACWP}$$

当 CPI<1 时，表示超支，即实际费用高于预算费用；当 CPI>1 时，表示节支，即实际费用低于预算费用。

2）进度绩效指数 SPI：

$$SPI = \frac{BCWP}{BCWS}$$

当 SPI<1 时，表示进度延误，即实际进度比计划进度拖后；当 SPI>1 时，表示进度提前，即实际进度比计划进度快。

【例 5-3】某工程计划进度与实际进度见表 5-4。表中粗实线表示计划进度（进度线上方的数据为每周计划投资），粗虚线表示实际进度（进度线上方的数据为每周实际投资），假定各分项工程每周计划进度与实际进度均为匀速进度，而且各分项工程实际完成总工程量与计划完成总工程量相等。

表 5-4 某工程计划进度与实际进度

（资金单位：万元）

分项工程	进度计划（周）											
	1	2	3	4	5	6	7	8	9	10	11	12
A	5 5	5 5	5 5									
B		4 	4 4	4 4	4 4	4 3	 3					
C						9 	9 	9 9	9 8	 7	 7	
D							5 	5 4	5 4	5 4	 5	 5
E								3 	3 	3 3	 3	 3

问题：

1. 计算每周投资数据，并将结果填入表 5-5。

表 5-5 投资数据表

（资金单位：万元）

项目	投资数据											
	1	2	3	4	5	6	7	8	9	10	11	12
每周拟完工程计划投资												
拟完工程计划投资累计												
每周已完工程实际投资												
已完工程实际投资累计												
每周已完工程计划投资												
已完工程计划投资累计												

2. 试在图 5-6 绘制该工程的三种投资曲线：①拟完工程计划投资曲线；②已完工程实际投资曲线；③已完工程计划投资曲线。

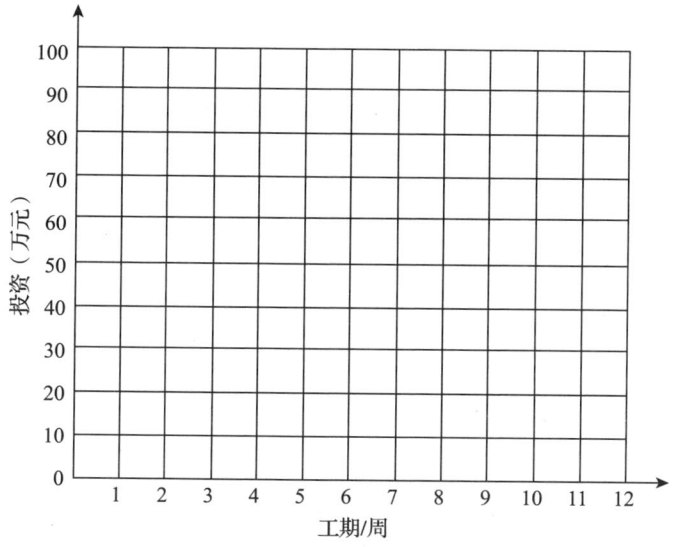

图 5-6 投资曲线图（一）

3. 分析第 6 周末和第 10 周末的投资偏差和进度偏差。

解：

问题1：计算数据见表5-6。

表5-6 投资数据表

（资金单位：万元）

项目	投资数据											
	1	2	3	4	5	6	7	8	9	10	11	12
每周拟完工程计划投资	5	9	9	13	13	18	14	8	8	3		
拟完工程计划投资累计	5	14	23	36	49	67	81	89	97	100		
每周已完工程实际投资	5	5	9	4	4	12	15	11	11	8	8	3
已完工程实际投资累计	5	10	19	23	27	39	54	65	76	84	92	95
每周已完工程计划投资	5	5	9	4	4	13	17	13	13	7	7	3
已完工程计划投资累计	5	10	19	23	27	40	57	70	83	90	97	100

问题2：

根据表中数据绘出投资曲线图，如图5-7所示，图中：①拟完工程计划投资曲线；②已完工程实际投资曲线；③已完工程计划投资曲线。

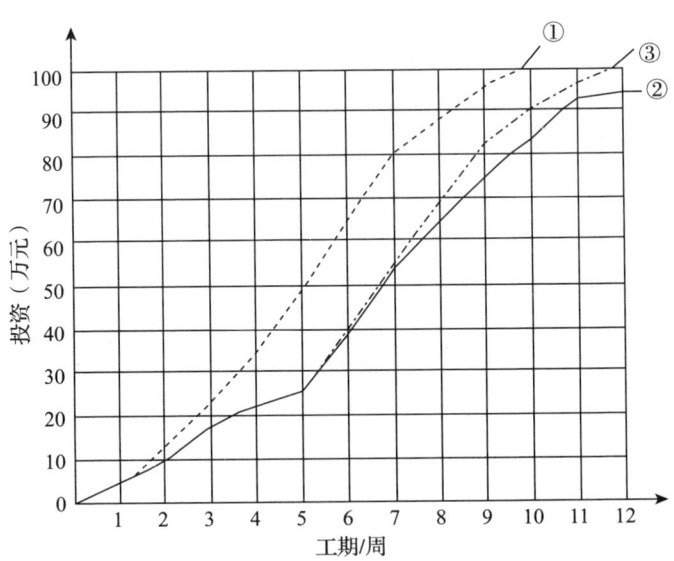

图5-7 投资曲线图（二）

问题3：

（1）第6周末投资偏差与进度偏差：

投资偏差 = 已完工程计划投资 – 已完工程实际投资

$$=40-39=1（万元），即投资节约1万元。$$

进度偏差 = 已完工程计划时间 – 已完工程实际时间

$$=\left(4+\frac{40-36}{49-36}\right)-6=-1.69（周），即进度拖后1.69周。$$

或：进度偏差 = 已完工程计划投资 – 拟完工程计划投资

$$=40-67=-27（万元），即进度拖后27万元。$$

（2）第10周末投资偏差与进度偏差：

投资偏差 = 90 – 84 = 6（万元），即投资节约6万元。

进度偏差 = $\left(8+\dfrac{90-89}{97-89}\right)-10=-1.88$（周），即进度拖后1.88周。

或：进度偏差 = 90 – 100 = –10（万元），即进度拖后10万元。

复习思考题

1. 在"香蕉图"中，最右侧的曲线表示的是所有活动按（　　）。

    A. 最迟开始时间开始的曲线　　B. 最早开始时间开始的曲线

    C. 最迟完成时间结束的曲线　　D. 最早完成时间结束的曲线

2. 关于时间 – 费用累计曲线（S形曲线）说法正确的是（　　）。

    A. 通过对项目费用目标按构成分解，可获得项目进度计划的网络图

    B. 每一条S形曲线都对应某一特定的工程进度计划

    C. S形曲线必然包括在由全部工作都按最早开始时间和全部工作都按最迟开始时间开始的曲线组成的"香蕉图"内

    D. 建设单位可以通过调整关键线路上的工序项目的最早或最迟开始时间，力争将实际费用支出控制在计划的范围内

    E. 所有工作都按最早开始时间开始，对节约业主的建设资金贷款利息是有利的

3. 某土方工程月计划工程量2800m^2，预算单价25元/m^2；到月末时已完工程量3000m^2，实际单价26元/m^2。对该项工作采用挣值法进行偏差分析的说法，正确的是（　　）。

    A. 计划工作实际费用为72800元

B. 已完成工作实际费用为 75000 元

C. 费用绩效指数 <1，表明项目运行超出预算费用

D. 进度绩效指数 <1，表明实际进度比计划进度拖后

E. 费用偏差为 -3000 元，表明项目运行超出预算费用

4. 简述按工程进度编制资金使用计划的步骤。

5. 简述费用控制的步骤。

6. 商品混凝土目标成本为 443040 元，实际成本为 473697 元，比目标成本增加 30657 元，资料见表 5-7，分析成本增加的原因。

表 5-7 相关资料

项目	单位	目标	实际	差额
产量	m³	600	630	+30
单价	元	710	730	+20
损耗率	%	4	3	-1
成本	元	443040	473697	+30657

7. 某装饰工程公司承接一项酒店装修改造工程，前 5 个月的情况见表 5-8，合同总价为 1500 万元，总工期为 6 个月。

表 5-8 前 5 个月的情况

月份	BCWS（万元）	已经完成工作量（%）	ACWP（万元）	挣值（万元）
1	180	95	185	
2	220	100	205	
3	240	110	250	
4	300	105	310	
5	280	100	275	

问题：(1) 计算各月的 BCWP 及 5 个月的 BCWP。

(2) 计算 5 个月累计的 BCWS、ACWP。

(3) 计算 5 个月的 CV、SV，并分析成本和进度状况。

(4) 计算 5 个月的 CPI、SPI，并分析成本和进度状况。

第6章 工程项目质量管理

本章目标 通过本章的学习,使学生了解工程项目质量管理的相关概念;熟悉工程项目质量管理体系的构成、工程项目质量形成过程中的质量管理;掌握工程项目质量控制的相关内容。

本章介绍 本章主要介绍以下内容:工程项目质量管理的基本概念,包括质量、质量管理、工程项目质量管理的基本概念和质量管理的基本原理;工程项目质量管理体系的构成;工程项目质量控制的基本概念、主要过程以及质量控制的主要方法和技术;工程项目验收的含义、工程项目竣工验收的含义和主要形式。

6.1 概述

6.1.1 质量

质量(Quality)指的是产品、体系或过程的一组固有特性满足顾客和其他相关方要求的能力。它可以使用形容词如差、好或优秀来修饰。

其中,过程(Process)是指使用资源将输入转化为输出的活动的系统;产品(Product)则是过程的结果;体系(System)又称系统,是指相互关联或相互作用的一组要素。

顾客(Customer)是指接受产品的组织或个人;相关方(Interested Party)是指与组织的业绩或成就有利益关系的个人或团体,例如顾客、所有者、员工、供方、银行、行业协会、合作伙伴和社会等。

要求(Requirement)是指明示的、习惯上隐含的或必须履行的需求或期望。

6.1.2 质量管理的基本概念与原理

《质量管理体系 基础和术语》（ISO 9000：2015）关于质量管理的定义为：质量管理可包括制定质量方针和质量目标，以及通过质量策划、质量保证、质量控制和质量改进实现质量目标的过程。质量策划致力于制定质量目标并规定必要的运行过程和相关资源以实现质量目标；质量保证致力于提供质量要求会得到满足的信任；质量控制致力于满足质量要求；质量改进致力于增强满足质量要求的能力。该定义表明，质量管理是一个组织围绕着使产品质量能满足不断更新的质量要求，而开展的策划、组织、计划、实施检查和监督、审核等所有管理活动的总和。质量管理是一个组织各级职能部门领导的职责，而由组织的最高领导负全责，应调动与质量有关的所有人员的积极性，共同做好本职工作，才能完成质量管理的任务。一个组织应以质量求生存，在激烈的市场竞争中求发展。要达到这一基本目的，组织就必须制定正确的质量方针和适宜的质量目标。围绕一定时期质量目标的实现，组织就应在产品开发、技术引进与改造、工艺水平的提高、人员素质的提高、全过程的质量控制和质量保证活动的组织等方面开展管理活动。

质量管理的基本原理主要包括 PDCA 循环原理、三阶段控制原理和三全控制原理。

1. PDCA 循环原理

PDCA 是目标控制的基本方法。

（1）计划 P（Plan）。这可以理解为质量计划阶段，明确目标并制订实现目标的行动方案。

（2）实施 D（Do）。实施包含两个环节，即计划行动方案的交底和按计划规定的方法与要求展开工程作业技术活动。

（3）检查 C（Check）。这是指对计划实施过程进行各种检查，包括作业者的自检、互检和专职管理者专检。各类检查都包含两大方面：① 检查是否严格执行了计划的行动方案，实际条件是否发生了变化，不执行计划的原因。② 检查计划执行的结果，即产出的质量是否达到标准的要求，对此进行确认和评价。

（4）处置 A（Action）。对于质量检查所发现的质量问题或质量不合格，及时进行原因分析，采取必要的措施，予以纠正，保持质量形成的受控状态。

2. 三阶段控制原理

三阶段控制原理就是通常所说的事前控制、事中控制和事后控制。三阶段控制构成了质量控制的系统过程。

（1）事前控制。事前控制，其内涵包括两层意思：① 强调质量目标的计划预控；② 按质量计划进行质量活动前的准备工作状态的控制。事前控制要求预先进行周密的质量计划。

（2）事中控制。首先是对质量活动的行为约束，即在对质量产生过程中各项技术作业活动操作者在相关制度管理下的自我行为约束的同时，充分发挥其技术能力，使其去完成预定质量目标的作业任务。其次是对质量活动过程和结果，进行来自他人的监督控制，这里包括来自企业内部管理者的检查、检验和来自企业外部的工程监理和政府质量监督部门等的监控。

（3）事后控制。这包括对质量活动结果的评价认定和对质量偏差的纠正。

以上三阶段不是孤立和截然分开的，它们之间构成有机的系统过程，实质上也就是 PDCA 循环具体化，并在每一次滚动循环中不断提高，达到质量管理或质量控制的持续改进。

3. 三全控制原理

三全控制是来自于全面质量控制（TQC）的思想，同时包容在质量体系标准（GB/T 19000—2016/ISO 9000：2015）中，它是指生产企业的质量管理应该是全面、全过程和全员参与的。

（1）全面质量控制。这是指对工程（产品）质量和工作质量的全面控制。工作质量是产品质量的保证，工作质量直接影响产品质量的形成。

（2）全过程质量控制。这是指根据工程质量的形成规律，从源头抓起，全过程推进。GB/T 19000 强调质量管理的"过程方法"管理原则。

（3）全员参与控制。从全面质量管理的观点看，无论组织内部的管理者还是作业者，每个岗位都承担着相应的质量职能，一旦确定了质量方针目标，就应组织和动员全体员工参与到实施质量方针的系统活动中，发挥自己的角色作用。

6.1.3 工程项目质量管理的基本概念

1. 工程项目质量的特点

（1）影响因素多。工程项目质量不仅受项目决策、设计、材料、机械、施工工艺、施工方案、操作方法、技术措施、管理制度、施工人员素质等人为因素的直接以及间接影响，还受到气候、地理、地区资源等环境因素的影响。

（2）质量波动大。工程项目无法根据固定的生产流水线进行批量生产，而且一般在露天环境下生产，无稳定的生产环境，所以质量波动大。

（3）质量变异大。工程项目的生产强调协调性、连续性以及总体性，任何一个环节、一个因素出现问题，均会使整个工程项目系统受到影响，产生质量变异，使工程项目的质量受到损害，甚至出现质量事故。

（4）终检局限性大。工程项目生产的协调性同样造成生产过程中上一工序的生产结果为下一工序所掩盖，产生隐蔽工程，导致工程项目竣工后的终检验收带有一定的局限性。应该及时检查发现质量问题并加强工序的质量管理，不能在事后仅凭经验、直觉判断。

（5）意义重大。工程项目质量的优劣不仅有经济意义，还会对人民生命财产安全产生重大影响，具有很强的社会意义。

2. 工程项目质量的影响因素

影响工程项目质量的因素主要有五大方面：人、材料、方法、机械和环境。

（1）人（Man）。人是指直接参与工程建设的决策者、组织者和操作者，其素质的高低，理论、技术水平的高低，以及是否有责任感，是否积极主动，都会影响到工程项目的质量水平。项目管理者进行质量管理时，应从实施者的素质、理论及技术水平、生理状况、心理行为、错误行为和违纪违章等方面对人的因素加以考虑和控制。

（2）材料（Material）。材料包括原材料、成品、半成品、构配件等，是工程项目施工的物质条件。材料质量是工程质量的基础。项目管理者对材料质量的控制应着重于以下要点：掌握信息，择优选择供应商；合理组织材料供应，确保工程正常进行；正确使用定额，减少材料的损失和浪费；加强质量检查验收；使用质量有认证的材料，以确保材料质量。

(3）方法（Method）。方法包含了工程项目实施过程中所采用的设计方案、技术方案、工艺流程、组织措施、检测手段、施工组织设计等的控制，会直接影响工程项目三大目标（进度、质量、费用）的实现。项目管理者应结合工程实际，从技术、组织、管理、工艺、操作、经济等方面进行全面分析和考虑，力求方法技术可行、经济合理、工艺先进，以提高工程质量、加快工程进度、降低成本。

（4）机械（Machine）。机械是工程实施机械化的重要物质基础，对工程质量和进度都有影响。在项目施工阶段，项目管理者应综合考虑施工现场、建筑结构形式、机械设备性能、施工工艺和方法、施工组织与管理等各因素，制定机械化施工方案，使之合理装备、配套使用、有机联系，充分发挥建筑机械的效能，获得较好的综合经济效益。

（5）环境（Environment）。环境包括工程技术环境、工程管理环境、劳动环境等诸多因素，而且复杂多变。项目管理者在选择设计、施工方案时，应根据工程项目特点和具体条件，对影响质量的环境因素加以考虑。

3．工程项目质量的概念

现代社会，人们赋予"质量"以综合的含义。工程项目中质量的概念主要包括两方面。

（1）项目产品质量，即项目的最终可交付成果（工程）的质量。工程质量是指工程的使用价值及其属性，是一个综合性的指标，体现符合项目任务书或合同中明确提出的，以及隐含的需要与要求的功能，包括以下几个方面：

1）工程投产运行后，所生产的产品（或服务）的质量，即该工程的可用性、使用效果和产出效益，运行的安全性和稳定性。

2）工程结构设计和施工的安全性与可靠性。

3）所使用的材料、设备、工艺和结构的质量，以及它们的耐久性和整个工程的寿命。

4）工程的其他方面，如造型美观、与环境的协调、项目运行费用的高低、可维护性和可检查性等。

（2）项目工作质量。这是指参与项目的实施者和管理者，为了保证项目质量所从事工作的水平和完善程度。它反映了项目的实施过程对产品质量的保证程度。项目工作质量体现在两方面：

1）项目范围内所有阶段、子项目、项目工作单元的实施质量。

2）项目过程中的管理工作和决策工作的质量。

这两方面的质量都必须满足项目目标，任何一个达不到要求，都可能对项目产品、项目的相关方和项目组织产生重大影响，损害项目总目标。

4．工程项目质量管理的概念

工程项目质量管理是指为了完成工程项目的质量目标，运用一整套质量管理体系、方法和手段所进行的管理活动。其目的是为项目的用户（顾客）和其他项目相关方提供高质量的工程与服务，实现项目目标，使用户满意。使工程项目达到质量目标，保证项目满足其质量要求是项目管理的职责。项目组织的各层次对相应的过程和产品负责，必须对质量做出承诺。项目的质量管理是综合性的工作。项目质量管理过程和目标围绕项目目标与范围，适用于所有项目管理的职能和过程，包括项目决策的质量、项目计划的质量、项目控制的质量，以及战略策划、综合性管理、范围管理、进度管理、成本管理、资源管理、组织管理、沟通管理、风险管理和采购管理等过程。在现代工程中，项目质量管理十分困难，尽管人们已经做了很大的努力，但作用不大，问题依然很多。其原因有：

（1）由于工程项目是一次性的，在初期对工程质量（功能、技术要求等）的定义不够清晰，质量目标和工期、成本目标的平衡很难做到。

（2）工程项目的建设过程是不可逆的，如果出现质量问题，不能重新回到原状态，最终可能导致工期的延长，成本的增加，甚至工程的报废。

（3）工程项目质量管理与通常的企业生产质量管理有很大的区别。对一般的工业产品，用户在市场上直接购置一个最终产品，不介入该产品的生产过程。而工程的建设过程是十分复杂的，它的用户（业主、投资者）必须直接介入其整个生产过程，参与全过程的、各个环节的、对各种要素的质量管理。工程项目质量管理过程是各个方面共同投入的过程，而且是一个不断反馈的过程。

（4）在项目管理目标系统中，当工期拖延、成本超支时，质量目标最容易被放弃。

工程项目质量管理的基本程序为：①编制质量计划；②实施质量控制；③开展质量检查和处置；④落实质量改进。

6.2 工程项目质量管理体系构建

在工程建设的不断摸索和实践当中，我国逐步建立了比较系统的工程项目质量管理的三个体系，分别是：设计施工单位的全面质量管理保证体系、建设（监理单位）的质量监控体系和政府部门的工程质量监督体系。

6.2.1 设计施工单位的全面质量管理保证体系

1. 质量保证的概念

《质量管理体系 基础和术语》（ISO 9000:2015）给出了质量保证的定义，质量保证是质量管理的一部分，致力于提供质量要求会得到满足的信任。

质量保证的内涵已不是单纯地为了保证质量，保证质量是质量控制的任务，而"质量保证"则是以保证质量为基础，进一步引申到提供"信任"这一基本目的。要使用户能"信任"，项目实施者应加强质量管理，完善质量体系，对项目有一套完善的质量控制方案、办法，并认真贯彻执行，对实施过程及成果进行分阶段验证，以确保其有效性。在此基础上，项目实施者应有计划、有步骤地采取各种活动和措施，使用户能了解其实力、业绩、管理水平、技术水平以及对项目在设计、实施各阶段主要质量控制活动和内部质量保证活动的有效性，使对方建立信心，相信完成的项目能达到所规定的质量要求。所以，质量保证的主要工作是促使完善质量控制，以便准备好客观证据，并根据对方的要求有计划、有步骤地开展提供证据的活动。

质量保证的作用是从外部向质量控制系统施加压力，促使其更有效地运行，并向对方提供信息，以便及时采取改进措施，将问题在早期加以解决，以避免更大的经济损失。除了外部质量保证外，项目相关方还需要提供内部质量保证。内部质量保证是为使企业领导"确信"本企业所完成的项目能满足质量要求所开展的一系列活动。

项目质量保证包括确定质量标准，建立质量控制流程，以及质量系统的评估。它是在质量系统内实施的有计划的系统性活动，是质量管理的一个更高层次，是对质量规划、质量控制过程的质量控制。质量问题在很大程度上可视为技术工作或作为技术管理的一项重要内容，质量控制程序和质量保证体系的建立，都必须围绕技术工作进行。

2. 质量保证的作用

质量保证的作用表现在对建筑施工企业内部和工程建设两个方面。

(1) 对建筑施工企业内部，通过质量保证活动，可有效地保证工程质量，或及时发现工程质量事故风险预期，防止质量事故的发生，降低因质量问题产生的损失，提高企业的经济效益。

(2) 对工程建设，通过质量保证体系的正常运行，在确保工程建设质量和使用后服务质量的同时，为该工程设计、施工的全过程提供建设阶段有关专业系统的质量职能正常履行及质量效果评价的全部证据，并向建设单位表明，工程是在合同框架内遵循质量保证计划完成的，质量符合合同的相关要求。

3. 质量保证的内容

项目质量保证工作的基本内容包括：

(1) 制定质量标准。要制定各种定性、定量的指标、规则、方案等质量标准，力求在质量管理过程中达到或超过质量标准。

(2) 制定质量控制流程。对不同行业和不同种类的项目，或同一项目的不同组成部分或不同实施阶段，其质量保证和控制流程亦不相同。

(3) 建立质量保证体系并使之有效运行。以某工程项目质量保证体系为例来说明，它由项目经理牵头，项目总工负责，生产技术科、设备材料科、质量安全科三个部门具体实施。生产技术科负责项目施工作业区的运行管理，由施工员对接各专业施工队伍负责技术管理；设备材料科负责对设备材料供应商实行监控，对购入材料、设备进行接收检验和储存监督；质量安全科接受项目总工和公司终检工程师的直接领导，由项目专职质检员负责项目现场技术、材料、设备的总体检验和验收，并与现场试验员配合，确保被检验物符合质量要求，有较大的监督权。该工程项目质量保证体系如图6-1所示。

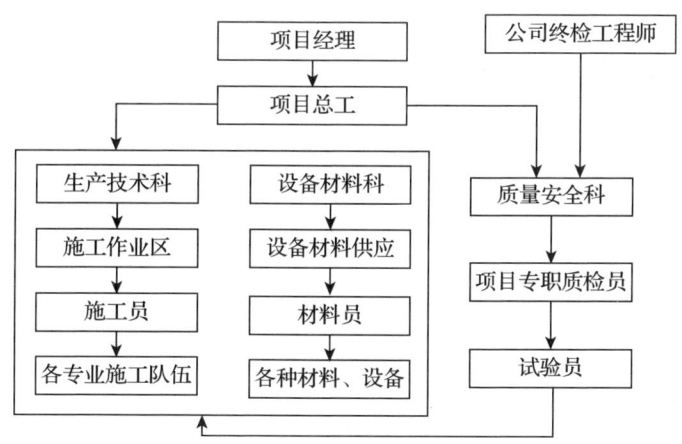

图 6-1 某工程项目质量保证体系

4. 质量保证的途径

质量保证的途径包括：在工程建设中的以检查为手段的质量保证，以工序管理为手段的质量保证和以"四新"（新材料、新工艺、新结构、新技术）为手段的质量保证。

（1）以检查为手段的质量保证。这是指对照国家有关工程施工验收规范，对工程的质量是否合格做出最终评价，也就是事后把关。实质上并不能通过它对质量加以控制。因此，它不能从根本上保证工程质量，而只不过是质量保证的一般措施和工作内容之一。

（2）以工序管理为手段的质量保证。这是指通过对工序的研究，进行设计管理，规范施工工序，使每个环节均处于严格的控制之中，以此保证最终的质量效果。但它也仅是对设计、施工中的工序进行了控制，并没有对规划和使用阶段实行有关的质量控制。

（3）以"四新"为手段的质量保证。"四新"是对工程从规划、设计、施工和使用的全过程实行的全面质量保证。这种质量保证克服了以上两种质量保证手段的不足，可以从根本上确保工程质量，这也是目前最高级别的质量保证手段。

5. 全面质量保证体系

全面质量保证体系是以保证和提高工程质量为目标，运用系统的概念和方法，把企业各部门、各环节的质量管理职能和活动合理地组织起来，形成一个有明确任务、职责权限分明，但又互相协调、互相促进的管理网络和有机整体，使质量管理制度化、标准化，从而生产出高质量的产品。

工程实践证明，只有建立全面质量保证体系，并使其正常实施和运行，才能使建设单位、设计单位和施工单位在风险、成本和利润三个方面达到最佳状态，我国的工程质量保证体系一般由思想保证、组织保证和工作保证三个子体系组成。

6.2.2 建设（监理）单位的质量监控体系

建设监理制度，作为一种科学管理制度在我国建设领域管理体制改革中推行并发挥着重要作用。建设监理单位受业主的委托，在双方签订的监理合同授权范围内，依据国家相关法律、规范、标准和工程建设合同文件，对工程建设进行监督和管理，以保障业主相关权益落实到位。

在工程项目建设的实施阶段，监理单位指派的监理工程师既要参加施工招投标，又要对工程建设进行监督和检查，但主要是在工程施工阶段进行监理工作。在施工阶段，监理人员不仅要进行合同管理、信息管理、进度控制和投资控制，而且对施工全过程中各道工序进行严格的质量控制。按照国家有关规定，凡进入施工现场的原材料和机械设备，必须经过监理工程师检验合格后方可使用；每道施工工序都必须按批准的流程和工艺进行施工，必须经施工企业的"三检"（自检、交接检、专检），并由监理人员检查合格后，方可进入下道工序；对于工程的其他部位或关键工序，施工企业必须在监理人员到场的情况下才能施工；所有的单位工程、分部工程、分项工程、检验批，必须由监理人员参加验收。

在现行监理体制下，可以有效地将工程建设全过程的各工作环节的质量都严格地置于监理人员的控制之下。经过多年的监理实践，监理人员对工程质量的检查确认，已有一套完整的组织机构、工作制度、工作程序和工作方法，构成了工程项目建设的质量监控体系，对保证工程质量起到了关键性的作用。

6.2.3 政府部门的工程质量监督体系

我国《建设工程质量管理条例》规定：国务院建设行政主管部门对全国的建设工程质量实施统一监督管理；国务院铁路、交通、水利等有关部门按照国务院规定的职责分工，负责对全国的有关专业建设工程质量的监督管理；县级以上地方人民政府建设行政主管部门对本行政区域内的建设工程质量实施监督管理；县级以上地方人民政府交通、水利等有关部门在各自的职责范围内，负责对本行政区域内的专业建设工程质量的监督管理。

各级工程质量监督体系，主要由各级工程质量监督站代表政府行使职能，对工程建设实施垂直的强制性监督，其工作具有强制性。其基本工作内容有：对施工队伍资质审查；在施工中控制基础、结构的质量；对工程参与各主体的质量行为与管理程序进行监督检查；竣工验收合格5日内出具备案初审报告；参与工程事故处理、协助政府进行优质工程初步审查等。这对保证工程质量起到了保证作用。

通过上述内容可以将工程质量保证体系概括为：科学设计是灵魂，规范施工是基础，严格监理是关键，执法监督是保证。

6.3 工程项目质量控制

6.3.1 工程项目质量控制概述

1. 质量控制定义

质量控制是质量管理的一部分，致力于满足质量要求。质量控制的目标就是确保项目质量能满足有关方面所提出的质量要求（如适用性、可靠性、安全性等）。质量控制的范围涉及项目质量形成全过程的各个环节。项目质量受到质量环各阶段质量活动直接影响，任一环节的工作没有做好，都会使项目质量受到损害而不能满足质量要求。质量环的各阶段是由项目的特性所决定的，根据项目形成的工作流程，由掌握了必需的技术和技能的人员进行一系列有计划、有组织的活动，使质量要求转化为满足质量要求的项目或产品，并完好地交付给用户，还应根据项目的具体情况进行用后服务，这是一个完整的质量循环。为了保证项目质量，这些技术计划必须在受控状态下进行。

2. 工程项目质量控制的定义

工程项目质量控制（Project Quality Control）是工程项目质量管理的一部分，致力于达到质量要求所采取的作业技术和活动。其目的在于监视质量形成过程并排除质量环中所有偏离质量规范的现象，确保质量目标的实现。

工程项目质量控制通过检测特定的工程项目成果，来确定其是否符合相应的标准和规范，同时消除引起不利后果的原因。其中工程项目成果包括活动或过程的结果（交付产品）以及活动或过程本身（如费用和进度实施情况等）。

6.3.2 工程项目质量控制过程

工程项目的建设过程十分复杂，业主、投资者一般都直接介入整个生产过程，参与全过程的各个环节和各种要素的质量管理。

要达到工程项目的目标，建成一个高质量的工程，就必须对整个项目过程实施严格的质量控制，质量控制必须达到微观与宏观的统一，过程和结果的统一。

由于项目是一个渐进的过程，在图6-2所示的项目质量控制过程中，任何一个方面出现问题，必然会影响后期的质量控制，进而影响工程的质量目标。

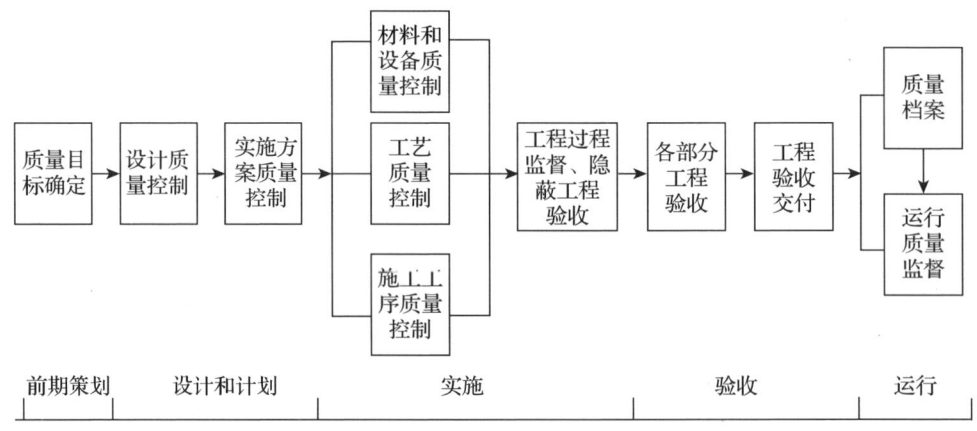

图6-2 工程项目质量控制过程图

6.3.3 工程项目质量控制的方法

1. 检查表法

检查表法又称为调查分析法，是利用表格进行质量数据收集和统计，以便进行初步分析的一种方法。该法可用于工序质量检查、缺陷位置检查、不良项目检查、不良项目原因检查等问题的统计检查。表格形式根据需要自行设计，以便于统计分析。

缺陷项目调查表是为了掌握某种工序产品质量缺陷情况而使用的，可以直接把测出的每个产品的质量填在预先制好的频数分布空白表格上,测出数据就在相应栏内画"正"字,记测完毕,频率分布的统计也就出来了。此方法比较简单,但填写统计表时如果出现差错,事后无法发现,为此,一般都先记录数据,然后再用直方图法进行统计分析。

2. 因果分析图法

因果分析图又叫鱼刺图(Fishbone Diagram)。这是一种逐步深入研究和讨论质量问题的因果关系,寻找质量问题起因,通过"为什么"和"有哪些原因"两个问题组成,并用图来表示的一种快捷方法。

在工程实践中,任何一种质量问题的产生,往往是多种原因造成的。这些原因有大有小,把这些原因按照大小次序分别用主干、大枝、中枝和小枝图形表示出来,便可一目了然地、系统地观察出产生质量问题的原因。运用因果分析图可以帮助我们制定对策,解决工程质量上存在的问题,从而达到控制质量的目的。其基本格式如图6-3所示。

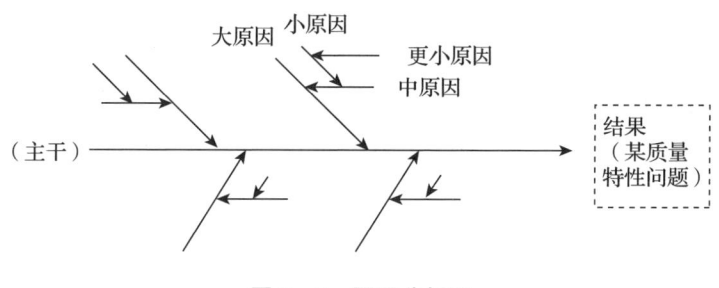

图6-3 因果分析图

因果分析图的绘制主要经历以下几个步骤:

(1)确认。这即确认和指定问题的范围。

(2)目标确定。这即制定在这个阶段需要设置的目标和目的。构建因果分析图所涉及的每个人都要清楚将要实现什么目标,比如项目的质量目标。

(3)构建因果分析图。因果分析图的构建对涉及的项目组织成员来说是个良好的机会,能够激励他们参与问题解决的实践。

(4)思考。对所出现的想法进行深思熟虑是很有必要的。项目管理组织中的每个人都应该能够对目前状态做出正确估计,并能够设计和开发出相应的行动方案。

3. 排列图法

排列图又称主次因素排列图，是用来找出影响项目质量主要因素的一种常用的统计分析工具。这种方法最初由意大利学者帕累托用于分析社会财富分布情况而提出，他发现：少数人占有社会上的大量财富，而绝大多数人却处于贫困状态，即发现了"关键的少数和次要的多数"的关系。他用排列图揭示了这种现象，因此，排列图也称帕累托图。就项目质量而言，影响因素虽然很多，但起主要作用的仅是其中少数几项，完全符合"关键的少数和次要的多数"的关系，从而可将排列图作为寻找关键因素的有效工具。

排列图有两个纵坐标（即频数纵坐标和频率纵坐标）、一个横坐标（项目排列），由若干个根据频数大小依次排列的直方柱和一条累计频率曲线所组成。基本格式如图6-4所示。

排列图法的应用步骤如下：

（1）按影响质量的因素确定排列图的分类项目。

（2）要明确所取的数据的时间和范围。

（3）做好各种影响因素的频数统计和计算。

（4）制作横、纵坐标。

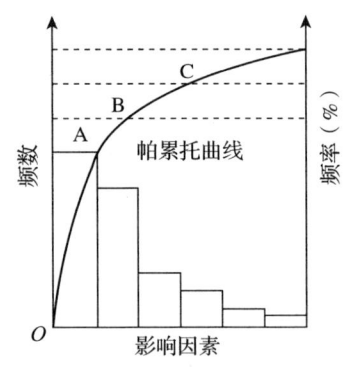

图6-4 排列图

4. 直方图法

直方图（Histogram）又称质量分布图，是统计方法中比较重要的工具，由一系列高度不等的纵向条块或线段表示数据分布的情况。一般用横轴表示数据类型，纵轴表示分布情况。据此可掌握产品质量的波动情况，了解质量特征的分布规律，以便对质量情况进行分析判断。直方图如图6-5所示。

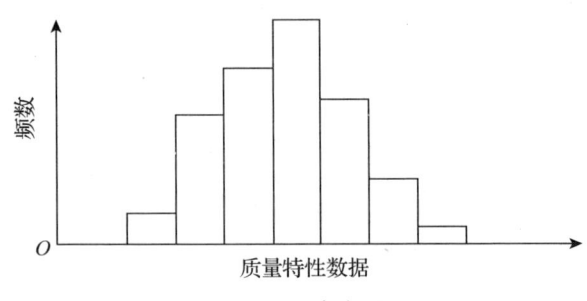

图6-5 直方图

直方图控制程序主要经历以下几个步骤：

（1）根据抽样数据，画出直方图。

（2）若图形符合正常正态分布，并满足质量标准要求，则说明质量在控制范围内。

（3）若图形出现异常现象，如双峰形、孤岛形、绝壁形、折齿形等，说明工序质量或生产过程存在质量问题。

（4）进一步用排列图、因果分析图、相关图、鱼刺图等寻找导致质量问题的原因。

（5）分析质量原因，采取措施，保证质量控制在有效范围内。

5. 控制图法

控制图（Control Chart）又称管理图，是有控制界限的一种图表，用来分析质量波动究竟是由于正常原因还是由于异常原因引起，从而判断生产过程是否处于控制状态。控制图如图 6-6 所示。

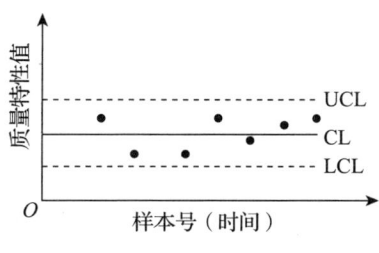

图 6-6 控制图

控制图上一般有三条线，上面一条虚线叫上控制线，用 UCL 表示；下面一条虚线叫下控制线，用 LCL 表示；中间一条实线叫中心线，用 CL 表示。在生产过程中定期对某个反映工程质量特性的指标进行抽样，将测得的数据用黑点描在图上，如果黑点全部落在控制界限内，且黑点的排列没有异常状况，则表明生产过程正常。如果黑点越出控制线或黑点排列有缺陷，表明生产过程中存在异常因素，必须查明原因，采取必要措施，使生产过程恢复到正常状态。

（1）利用控制图监控项目过程的步骤。首先，收集数据建立分析用控制图，分析生产是否处于稳定状态。若分析判断结果是生产过程不处于统计控制状态，在消除了降低质量的异常原因后，即可去掉这些异常数据点；异常数据点比例过大时应改进生产过程，重新收集数据、计算中心线和控制界限。其次，生产过程达到控制状态后，应检查生产过程是否满足质量要求，看其工序能力是否适宜，若生产过程满足质量要求，则把分析用控制图转为控制用控制图，即用于工序的质量控制。前者是静态的；后者随着生产过程的进展通过观察点是否超出控制界限、点的走向是否异常，来判断生产过程是否异常，是动态的。若生产过程不满足质量要求，应调整生产过程的有关因素，直至满足要求为止。最后必须注意，控制用控制图使用一段时间之后，应根据实际质量水平，对中心线和控制界限进行修正。

（2）分析用控制图的判断准则。当点分布符合下列两个规则时，认为生产过程处于统计控制状态：

1）连续 25 点没有一点在界限外或连续 35 点最多一点在界限外或连续 100 点最多 2 点在界限外。

2）控制界限内的点的排列无下述异常现象：连续 7 点或更多点在中心线同一侧；连续 7 点或更多点有上升或下降趋势；连续 11 点中至少有 10 点在中心线同一侧；连续 14 点中至少有 12 点在中心线同一侧；连续 17 点中至少有 14 点在中心线同一侧；连续 20 点中至少有 16 点在中心线同一侧；连续 3 点中至少有 2 点和连续 7 点中至少有 3 点落在二倍标准差与三倍标准差控制界限之间；点呈周期性变化。

（3）控制用控制图的判断准则。当点分布符合下列两个规则时，可判断生产正常：

1）无点落在控制界限外或界限上。
2）与分析用控制图的准则 2）相同。

6.4 工程项目质量形成过程中的质量管理

工程项目的建设过程就是工程项目质量的形成过程，可以分为以下三个阶段：
（1）工程设计阶段。在工程设计阶段，将工程项目质量目标与水平具体化，确定工程项目建成后的功能和使用价值。
（2）工程施工阶段。这是具体形成项目实体质量的阶段，是实现合同要求和设计方案的阶段。
（3）工程验收阶段。工程验收是对工程项目质量的最终评价与确认。
工程项目质量管理也按此三个阶段进行。

6.4.1 设计阶段的质量管理

1. 工程项目设计质量

工程项目设计阶段是将项目决策阶段所确定的质量目标和水平具体化的过程，是工程项目质量的决定性环节。设计方案是施工的依据，其技术是否可行、工艺是否先进、经济是否合理、设备是否配套、结构是否安全可靠等因素，不仅决定着工程项目的使用价值和功能，决定着项目投资的经济效益，还事关人民生命财产安全。设计是整个工程实施阶段的先行和关键，我国工程质量事故统计资料表明，由于设计方面的原因引起的质量事故占总事故的40.1%。因此，工程项目设计质量意义重大。对设计质量严加控制，是顺利实现工程建设质量、投资、进度三大控制目标的主要措施之一。目前建筑设计市场的竞争日趋激烈，快速完成设计已成为一种趋势并且是业主的期望，计算机辅助设计的应用，使这种期望成为可能，这更要求对工程项目的设计过程加强质量控制。

工程项目设计质量就是在严格遵守技术标准、规程的基础上，正确处理和协调费用资源、技术和环境等条件的制约，使设计项目满足业主所需的功能和使用价值。

设计质量的内涵包括：工程项目功能、使用价值的满足程度，工程项目设计的安全性、可靠性，工程项目与自然及社会环境的协调性，工程概（预）算的经济性，设计进度的时间性，施工阶段的可施工性（Construct Ability）。

2. 设计质量控制

（1）对阶段设计成果应审批签章，再进行更深入的设计，否则无效。无论是国内还是国外，设计总是分为几个阶段进行，逐渐由总体到细部。各个阶段的设计成果都必须经过一定的权力部门审批，作为继续设计的依据，这是一个重要的控制。

（2）由于设计工作的特殊性，对一些大的、技术复杂的工程，业主和项目管理者常常不具备相关的知识和技能，所以常常必须要委托设计监理或聘请有关专家，对设计进度和质量、设计成果进行审查，这是十分有效的控制手段。

（3）由于设计单位对项目的经济性不承担责任，所以它们常常从自身效益的角度出发尽快出方案、出图，不希望也不愿意做多方案的对比分析，往往只是认真做一个方案，并象征性地做一两个方案作为陪衬。对此常须做如下考虑：①采用设计招标，在中标前审查方案，而且可以对比多家方案，这样定下一个设计单位就等于选择了一个好的方案，但这需要时间和费用。②采取奖励措施，鼓励设计单位进行设计方案优化，从优化所降低的费用中取一部分作为奖励。③另外，请科研单位专家对方案进行试验或研究，进行全面技术经济分析，最后选择优化的方案。多方案的论证不仅对项目的质量有很大的影响，而且对项目投资的节约、经济性有很大的影响。

（4）对设计工作质量进行检查，这是一项十分细致同时又是技术性很强的工作。在设计阶段发现问题时纠正，是最方便、最省事、最省钱的，同时影响也是最小的。

6.4.2 施工阶段的质量管理

施工阶段的质量管理可以理解为在施工过程中的不同阶段，对所投入的资源和条件、对生产过程各环节所完成的工程产品，进行全过程的质量检查与控制的一个系统过程，具体内容可以分为施工前、施工过程中两个阶段。

1. 施工前准备阶段的质量控制

施工准备工作的控制范围可包括对全场性施工准备或单位工程、分部分项工程的施工准备及项目开工前后的施工准备工作所分别进行的控制活动，其具体的控制工作内容可归结为以下几个方面：

（1）技术准备工作的质量控制。技术准备工作是施工准备工作的核心内容，项目施工过程中任何技术上的差错或隐患都有可能引起人身安全或质量事故，造成生命、财产和经济的巨大损失。技术准备工作的质量控制主要包括对以下各项工作的控制：熟悉和审查项目施工图；调查分析项目建筑地点的自然条件、技术经济条件；编制项目施工图预算和施工预算；编制项目施工组织设计等。

（2）物资准备工作的质量控制。材料、构配件、制品、机具和设备是保证施工顺利进行的物质基础，是施工过程正常、连续进行的必要保证。物资准备工作的质量控制主要包括对以下各项工作的控制：建筑材料准备；构配件和制品加工准备；施工机具准备；生产工艺设备准备。

（3）劳动组织准备工作的质量控制。劳动组织准备是指为施工过程的顺利展开而事先进行的人员组织与安排工作。劳动组织准备工作的质量控制主要包括对以下各项工作的控制：建立项目组织机构；集结施工队伍；建立精干的施工作业班组；组织劳动力进场；对施工队伍进行入场教育；工人进行施工组织设计与技术交底；建立健全有关管理制度。

（4）施工现场准备工作的质量控制。施工现场准备工作的目的主要是为拟建工程的施工创造有利的施工环境和施工条件。施工现场准备工作的质量控制主要包括对以下各项工作的控制：控制网、水准点、标桩的测量；"五通一平"或"七通一平"；生产、生活临时设施的准备；组织机具、材料进场；拟定有关试验、试制和技术进步项目计划；编制季节性施工措施；制定施工现场管理制度。

（5）现场外施工准备工作的质量控制。除了在施工现场范围之内进行的准备工作外，施工准备工作还可包括在施工现场之外进行的准备工作，即场外施工准备工作。场外施工准备工作的质量同样可能对项目施工质量产生重大影响，其内容主要包括对以下各项工作的控制：签订涉及建筑材料、构配件、建筑制品、工艺设备的加工订货等合同；与有关配合协作单位签署协作议定书，依法进行工程分包，订立分包合同；向上级提交开工申请报告。

2．施工过程中的质量控制

（1）施工过程中的工序质量控制。工程项目的施工过程是由一系列相互关联、相互制约的工序所构成的。工程质量是在施工工序中形成的，而不是靠最后检验出来的。工序质量是工程实体质量的基础，它直接影响工程建设项目的整体质量，因此，要控制工程建设项目施工过程的质量，首先必须从严格工序质量控制入手，而工序质量控制的侧重点为：① 工序活动条件的质量控制，这是指通过控制力求每道工序投入品（即人、机、料、法、环）的质量符合规定的质量要求；② 工序活动效果的质量控制，这是指通过控制力求每道施工工序完成的施工产品达到有关的质量标准。

工序质量控制的基本原理是运用数理统计方法（如排列图、因果分析图、直方图、控制图等方法）进行实测、分析和判断，即通过对工序质量检验数据所进行的统计、整理和分析来判断整体工序的质量是否正常、稳定，如果发现异常情况，则及时采取相应的改进措施，从而使工序质量重新回到正常、稳定状态。

(2) 施工过程中的现场质量检查。为确保工程建设项目的施工质量，现场质量检查是施工阶段工程质量控制不可缺少的关键性工作环节，主要包括以下各项检查内容：

1) 开工前检查。其目的在于检查工程是否已具备开工条件，开工后能否连续施工，能否保证工程质量。

2) 工序施工过程中的跟踪监督与检查。这是指在监督、检查所有工序投入品（即人、机、料、法、环）质量是否已处于良好状态的同时，重点监督、检查对工程质量有重大影响或施工难度大、易于产生质量通病的施工对象，通过对其进行巡视检查、密切跟踪，严格控制施工操作质量。

3) 工序交接检查。对于重要的工序或对工程质量有重大影响的工序，在自检、互检的基础上还应组织专职质检人员进行工序的交接检查。

4) 隐蔽工程检查。凡属隐蔽工程必须经过检查认证之后方可覆盖。

5) 停工后、复工前的检查。因处理质量问题或其他原因致使工程暂停施工，在复工之前应经过检查认可，具备复工条件之后方可复工。

6) 分部分项工程完工检查。分部分项工程完工之后，应经检查认可，签署验收记录或中间交工证书之后，方可允许进行下一进程的施工。通常，在施工过程中，未完成的需要经检验的任何工作在未经检验前均不允许转入下一施工过程，如确因时间紧迫而来不及进行检验，则必须经过相应授权人员的批准，并做好明确记录之后方可继续下一施工过程，以保证一旦出现质量问题能及时找到其根源所在并及时对其进行处理，这一做法，在习惯上被称为"例外放行"。

7) 成品保护检查。这是指检查成品有无保护措施，或保护措施是否可靠。由于在施工过程中经常会出现有些分项、分部工程已完成，其他部位正在施工的情况，如果对已完成的成品不进行妥善保护就会造成其损伤、污染，从而影响质量。合理进行施工顺序安排及适时对成品进行防护、包裹、覆盖、封闭（简称护、包、盖、封）是成品保护的有效措施。

为完成以上各项检查内容，现场质量检查通常还需要借助于一定的检查方法，归纳起来，对原材料、半成品、工序进程或工程产品进行现场质量检查的方法主要有目测法、量测法和试验法三种。

为全面控制工程项目的施工质量,项目施工过程中必须围绕工序质量控制和现场质量检查的要求认真建立与严格执行一系列质量管理工作制度。

6.4.3 验收阶段的质量管理

工程项目验收阶段的质量管理就是对项目施工阶段的质量进行试车运转和检查评定,以考核质量目标是否符合设计阶段的质量要求。此阶段是工程项目建设向生产转移的必要环节,影响工程项目能否最终形成生产能力,体现了工程项目质量水平的最终结果。

1. 工程项目验收的含义

工程项目验收是对已完工的工程实体的外观质量及内在质量按规定程序检查后,确认其是否符合设计及各项验收标准的要求,可交付使用的一个重要环节。正确地进行工程项目质量的检查评定和验收,是保证工程质量的重要手段。鉴于工程施工规模较大、专业分工较多、技术安全要求高等特点,国家相关行政管理部门对各类工程项目的质量验收标准制定了相应的规范,以保证工程项目验收的质量,工程项目验收应严格执行规范的要求和标准。

工程项目验收分为过程验收和竣工验收,其程序及组织包括:

(1) 施工过程中,隐蔽工程在隐蔽前通知工程师进行验收,并形成验收文件。

(2) 分部分项工程完成后,应在施工单位自行验收合格后,通知工程师验收,重要的分部分项应请设计单位参加验收。

(3) 单位工程完工后,施工单位应自行组织检查、评定,符合验收标准后,向建设单位提交验收申请。建设单位收到验收申请后,应组织施工、勘察、设计、监理等单位的人员进行单位工程验收,明确验收结果,并形成验收报告。

(4) 按国家现行管理制度,房屋建筑工程及市政基础设施工程验收合格后,尚需在规定时间内,将验收文件报政府管理部门备案。

2. 工程项目竣工验收含义及范围

工程项目竣工验收是指依照国家有关法律、法规及规范、标准的规定完成工程项目设计文件要求和合同约定的各项内容，建设单位已取得政府有关主管部门（或其委托机构）出具的工程项目施工质量、消防、规划、环保、城建等验收文件或准许使用文件后，组织验收并编制完成验收报告。

工程项目竣工验收是施工全过程的最后一道程序，也是工程项目管理的最后一项工作。它是建设投资成果转入生产或使用的标志，也是全面考核投资效益、检验设计和施工质量的重要环节。

工程项目竣工验收的范围如下：

（1）凡列入固定资产投资计划的新建、扩建、改建和迁建的建筑工程项目或单项工程项目按批准的设计文件规定的内容和施工图要求全部建成符合验收标准的，必须及时组织验收，办理固定资产移交手续。

（2）使用更新改造资金进行的基本建设或者属于基本建设性质的技术改造工程项目，也应按国家关于建设项目竣工验收的规定，办理竣工验收手续。

（3）小型基本建筑和技术改造项目的竣工验收，可根据有关部门（地区）的规定适当简化手续，但必须按规定办理竣工验收和固定资产交付生产手续。

3. 工程项目竣工验收的内容

（1）项目建设总体完成情况。检查工程项目是否按照批准的设计文件建成，相关配套、辅助工程是否与主体工程同步完成。

（2）项目资金到位及使用情况，检查概算执行情况及竣工决算情况。

（3）项目变更情况。

（4）工程项目设备配套及设备安装、调试情况。

（5）检查执行法律、法规及工程项目施工质量验收标准情况。

（6）投产或者投入使用准备情况。

（7）竣工资料及相关文件情况。

（8）项目管理情况以及其他需要验收的内容。

4. 工程项目竣工验收的形式

工程项目竣工验收的形式包括中间验收、单项工程验收（交工验收）及全部工程竣工验收（动用验收），见表 6-1。

表 6-1 工程竣工验收形式

类别	验收条件	验收组织
中间验收	（1）按照施工承包合同的约定，施工完成到某一阶段后要进行中间验收 （2）重要的工程部位施工已完成隐蔽前的准备工作，该工程部位即将置于无法查看的状态	由监理单位组织、业主和承包商派人参加。该部位的验收资料将作为最终验收的依据
单项工程验收 （交工验收）	（1）建设项目中的某个合同已经全部完工 （2）合同内约定分部分项移交的工程已达到竣工标准，可以交给业主投入使用	由业主组织会同承包商、监理单位、设计单位及使用单位等有关部门共同进行
全部工程竣工验收 （动用验收）	（1）建筑项目按设计规定全部建成，达到竣工验收条件 （2）初验结果全部合格 （3）竣工验收所需资料已经准备齐全	大中型和限额以上项目由国家发改委或由其委托项目主管部门或地方政府部门组织验收，小型和限额以下项目由项目主管部门组织验收。验收委员会由银行、物资、环保、劳动、统计、消防及其他有关部门组成，业主、监理单位、施工单位、设计单位和使用单位参加验收工作

复习思考题

1. 简述质量管理的基本原理。
2. 简述工程项目质量管理的概念。
3. 简述我国工程项目质量管理体系的构成。
4. 简述排列图法的主要原理及应用步骤。
5. 简述设计质量控制的内容。
6. 工程项目竣工验收的形式有哪些？

第 7 章
工程项目职业健康、安全和环境管理

本章目标 通过本章的学习,使学生了解工程项目职业健康、安全和环境管理的基本概念;熟悉工程项目职业健康、安全和环境管理体系的构成与结构特点,安全事故分类与处理,以及工程项目安全管理的实施及具体措施;掌握工程项目各阶段环境管理的因素与控制。

本章介绍 本章主要介绍以下内容:工程项目职业健康、安全和环境管理的基本概念;工程项目职业健康、安全和环境管理体系的构成与结构特点;职业健康和安全事故分类与处理;工程项目安全管理的实施及具体措施;工程项目各阶段环境管理的因素与控制,以及环境影响评价的概念和内容等。

7.1 概述

7.1.1 工程项目职业健康、安全和环境管理的含义

从项目管理早期的主要内容来看,质量、成本和进度被视为项目管理三大目标,而这些目标主要是从业主、承包商、供应商等项目参与方的角度制定的。而随着工程项目的复杂化、大型化趋势,它对社会、环境等的影响力不断扩大,社会各界对于工程项目有了新的需求。因此,现代项目管理领域增加了许多新的内容,并不断在工程项目管理实践中体现出来,这就是我们现在越来越多看到的健康(Health)、安全(Safety)和环境(Environment)管理,简称"HSE 管理",一种对健康、安全与环境进行的全面综合管理。

具体来看,所谓工程项目 HSE 管理是指在项目策划决策、实施和运营等阶段中,业主、施工单位等项目参与方通过采取计划、组织、控制、领导和协调等一系列活动,实现项目的职业健康、安全与环境目标,从而减少由项目所引起的

人员伤害、财产损失和环境污染，使工程活动与人类自身以及生态环境相协调的一系列管理活动。

工程项目 HSE 管理具有现实意义，主要包括：

（1）满足相关法律法规和行业惯例的要求，实现全方位、可持续发展。

（2）适应国际市场实际要求，有利于开拓国际工程市场。

（3）提升项目团队的凝聚力，形成积极的项目文化氛围。

（4）强化企业社会责任，塑造良好的企业与项目社会形象。

7.1.2 工程项目职业健康、安全和环境管理的特点

依据工程项目产品的自身特性，工程项目职业健康、安全和环境管理具有以下特点：

1. 复杂性

工程项目产品生产的特性与外部环境影响因素较多，使得职业健康、安全和环境管理具有复杂性。

2. 多变性

一方面是项目建设现场材料、设备和工具的流动性大；另一方面由于技术进步，项目不断引入新材料、新设备和新工艺，这都加大了相应的管理难度。再加上工程项目产品具有多样性和生产单件性，使得职业健康、安全和环境管理具有多变性。

3. 持续性

项目建设一般具有建设周期长的特点，从设计、实施直至投产阶段，诸多工序环环相扣。前一道工序的隐患，可能在后续的工序中暴露，酿成安全事故。因此，工程项目产品生产过程的阶段性特征决定了职业健康、安全和环境管理具有持续性。

4. 经济性

工程项目产品的时代性、社会性与多样性决定了职业健康、安全和环境管理具有经济性。

7.2 工程项目职业健康、安全和环境管理体系

7.2.1 工程项目职业健康、安全和环境管理体系的基本框架和要素组成

HSE 管理体系是由组织实施职业健康、安全和环境管理的组织机构、职责、做法、程序、过程和资源等要素有机构成的整体，这些要素通过先进、科学、系统的运行模式有机地融合在一起，相互关联、相互作用，形成动态管理体系。其基本框架和要素组成如图 7-1 所示。

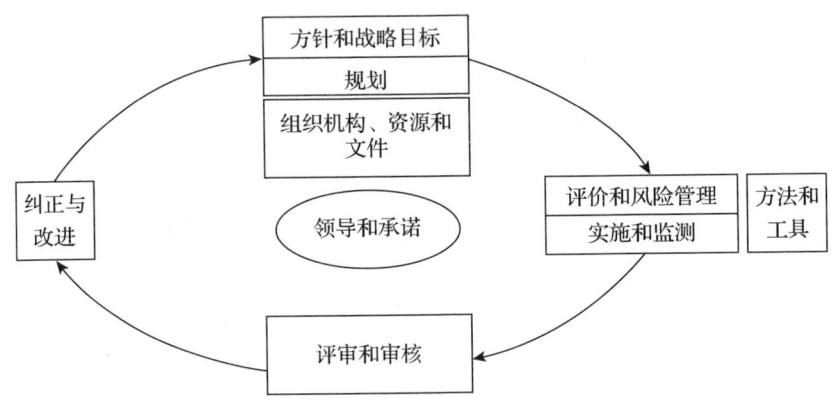

图 7-1 HSE 管理体系的基本框架和要素组成

1. 工程项目 HSE 管理体系的核心和条件部分

（1）领导和承诺。领导和承诺是 HSE 管理体系的核心，承诺是 HSE 管理体系的动力和基石，自上而下的承诺和企业 HSE 文化的培育是 HES 管理体系在企业全面贯彻并成功实施的基础。

（2）组织机构、资源和文件。良好的 HSE 表现所需的人员组织、资源和文件是体系实施和不断改进的支持条件。这一部分虽然也参与循环，但通常具有相对的稳定性，是做好 HSE 工作必不可少的重要条件，通常由高层管理者或相关管理人员制定和决定。

2. 工程项目 HSE 管理体系的循环链部分

（1）方针和战略目标。对 HSE 管理的意向和原则的公开声明，体现了组织对 HSE 的共同意图、行动原则和追求。

（2）规划。具体的 HSE 行动计划，包括计划变更和应急反应计划。

（3）评价和风险管理。这包括对 HSE 关键活动、过程和设施风险的确定和评价，及风险控制措施的制定。

（4）实施和监测。这包括对 HSE 责任和活动的实施和监测，及必要时所采取的纠正措施。

（5）评审和审核。这包括对体系、过程、程序的表现、效果及适应性的定期评价。

（6）纠正与改进。不作为单独要素列出，而是贯穿于循环过程的各要素中。

3. 方法和工具

方法和工具是为有效实施管理体系而设计的一些分析、统计方法。

综上可见，工程项目的健康、安全和环境管理体系中的各要素有一定的相对独立性，分别构成了核心、基础条件、循环链的各个环节；各要素又是密切相关的，任何一个要素的改变必须考虑到对其他要素的影响，以保证体系的一致性。

7.2.2 工程项目职业健康、安全和环境管理体系的结构特点

HSE 管理体系的结构特点可分为四点：按 PDCA 循环模式构建、由多个要素组成、要素间相互联系、要素和机构可进行适应性调整。

（1）按 PDCA 循环模式构建。HSE 管理体系是一个循环并持续改进的结构，即 PDCA 的结构。

（2）由多个要素组成。关键要素有：领导和承诺，方针和战略目标，组织机构、资源和文件，评价和风险管理，规划，实施和监测，评审和审核等。

（3）要素间相互联系。这些要素中：领导和承诺是核心；方针和战略目标是方向；组织机构、资源和文件作为支撑条件；规划、实施和监测、评审和审核、纠正与改进是 PDCA 循环过程。

（4）要素和机构可进行适应性调整。在工程项目管理过程中，管理体系的要素和机构可以根据实际要求和客观环境进行适应性调整。

7.3 工程项目职业健康和安全管理

7.3.1 职业健康和安全管理定义

职业健康和安全管理是为使工程项目实施人员和相关人员规避伤害或影响健康的风险，通过法律法规、技术、组织等手段，控制劳动对象和施工环境条件，消除或减少施工现场的不安全因素而进行的一系列管理活动，以使项目工期、质量和费用等目标的实现得到充分的保证。

根据我国《安全生产法》和《建筑法》的规定，我国的职业健康安全方针是"安全第一，预防为主"。

7.3.2 职业健康和安全管理体系

职业健康和安全管理体系是承包人通过制定、实施、评审和保持职业健康与安全方针所需的组织结构、策划活动、职责、惯例、程序、过程和资源，对与其业务相关的职业健康和安全风险的管理。

职业健康和安全管理体系主要由职业健康和安全组织保证体系、职业健康和安全生产责任制、职业健康和安全技术保证体系、职业健康和安全教育、职业健康和安全检查、职业健康和安全投入保证体系组成。具体内容如下：

（1）组织保证体系。应建立有效的组织保证体系，实施与各方面进行沟通的程序，确保有关职业健康和安全管理的各项职能内容信息得到迅速传达与及时反馈，确保项目经理部与其他组织间信息能及时通报，促进相关信息在组织内部的沟通，促使组织内所有人员主动关心并积极参与职业健康和安全管理工作。

（2）生产责任制。所有项目生产人员都应充分了解自己在职业健康和安全管理领域的角色和责任，积极参与控制措施的策划，积极参与职业健康和安全目标的建立与评审，落实自身在职业健康和安全目标中的责任。项目经理部也应建立职业健康和安全生产责任制，并把责任目标分解落实到人。

（3）技术保证体系。项目经理应对所有从事职业健康和安全管理人员的技术能力进行识别，以确保所有从事相关工作的人员能够胜任所承担的工作。

（4）教育。为了让所有从事职业健康和安全管理的人员明确其安全职责和工作内容，明确所在岗位工作技能、危险源、风险内容，明确个人工作偏离规定程序可能产生的职业健康和安全后果和职责，承包商应对所有从事职业健康和安全管理的人员进行培训教育。

（5）检查。检查职业健康和安全管理措施的落实到位情况，检查计划是否按要求完成，检查参加培训后的人员是否提高了其安全工作技能和是否能满足相关要求。

（6）投入保证体系。承包商应通过制定职业健康和安全管理制度使职业健康和安全管理体系文件化。文件化的职业健康和安全管理体系包括职业健康和安全管理方针和目标，并对职业健康和安全管理体系所覆盖的范围进行描述。施工开始前项目经理部应进行职业健康和安全技术交底，针对不同项目的不同特点，需制定有针对性的安全措施。

7.3.3 职业健康和安全事故分类与处理

1. 职业健康和安全事故分类

工程项目职业健康和安全事故主要分为两大类，即职业伤害事故和职业病。其中，职业伤害事故是指因生产过程及工作原因或与其相关的其他原因造成的伤亡事故。职业病是指经诊断因从事接触有毒有害物质或不良环境的工作而造成的急慢性疾病。

根据事故造成的人员伤亡或者直接经济损失，职业健康和安全事故一般分为以下等级：

（1）特别重大事故。这是指造成30人以上死亡，或者100人以上重伤（包括急性工业中毒，下同），或者1亿元以上直接经济损失的事故。

（2）重大事故。这是指造成10人以上30人以下死亡，或者50人以上100人以下重伤，或者5000万元以上1亿元以下直接经济损失的事故。

（3）较大事故。这是指造成3人以上10人以下死亡，或者10人以上50人以下重伤，或者1000万元以上5000万元以下直接经济损失的事故。

（4）一般事故。这是指造成3人以下死亡，或者10人以下重伤，或者1000万元以下直接经济损失的事故。

2. 工程项目职业健康和安全事故的处理

一旦事故发生，通过应急预案的实施，尽可能防止事态的扩大和减少事故的损失。工程项目职业健康和安全事故处理的主要程序包括：

（1）迅速抢救伤员并保护事故现场。各个行业的施工中出现了安全事故，都应当向行政主管部门报告。专业工程出现安全事故，还需要向有关行业主管部门报告。

1）特别重大事故、重大事故逐级上报至国务院安全生产监督管理部门和负有安全生产监督管理职责的有关部门。

2）较大事故逐级上报至省、自治区、直辖市人民政府安全生产监督管理部门和负有安全生产监督管理职责的有关部门。

3）一般事故上报至设区的市级人民政府安全生产监督管理部门和负有安全生产监督管理职责的有关部门。

（2）组织调查组，开展事故调查。特别重大事故由国务院或者国务院授权有关部门组织事故调查组进行调查。重大事故、较大事故、一般事故分别由事故发生地省级人民政府、设区的市级人民政府、县级人民政府负责调查。

（3）现场勘察。

（4）分析事故原因。通过直接和间接分析，确定事故的直接责任者、间接责任者和主要责任者。

（5）制定预防措施。

（6）提交事故调查报告。

事故调查组应当自事故发生之日起60日内提交事故调查报告；特殊情况下，经负责事故调查的人民政府批准，提交事故调查报告的期限可以适当延长，但延长的期限最长不超过60日。

（7）事故的审理和结案。重大事故、较大事故、一般事故，负责事故调查的人民政府应当自收到事故调查报告之日起15日内做出批复；特别重大事故，30日内做出批复，特殊情况下，批复时间可以适当延长，但延长的时间最长不超过30日。

7.3.4 工程项目安全管理的实施

1. 工程项目安全管理的内容

安全管理的内容主要包括三个方面：

（1）对劳动者的管理。通过依法制定有关安全的政策、法规，给予劳动者的劳动安全和身体健康以法律保障，以约束劳动者的不安全行为，消除或减少主观上的安全隐患。

（2）对劳动手段与劳动对象的管理。改善施工工艺，改进设备性能，以消除和控制生产过程中可能出现的危险因素，并通过安全技术保证措施，达到规范的状态，以消除和减轻其对劳动者的威胁和造成财产损失。

（3）对劳动条件（施工环境）的管理。为了防止、控制施工中高温、严寒、粉尘、噪声、震动、毒物对劳动者安全与健康的影响，建立医疗、保健、防护等一系列措施，改善和创造良好的劳动条件，防止职业伤害，保护劳动者身体健康和生命安全。

2. 工程项目安全管理目标

工程项目安全管理目标是在项目施工过程中，安全管理工作所要达到的预期效果。

工程项目安全管理目标应根据项目施工的特点制定，应具有先进性和可行性。施工项目总的安全管理目标值包括项目施工过程控制伤亡事故发生的指标、控制交通安全事故的指标、尘毒治理要求达到的指标和控制火灾发生的指标等。

项目总的安全管理目标确定后，还要按层次进行安全管理目标分解，形成安全管理目标体系：施工项目总的安全管理目标；项目经理部下属各单位、各部门的安全管理目标；施工班组安全管理目标；个人安全管理目标。在安全管理目标体系中，总目标值是最基本的安全管理指标，而下一层的目标值应略高一些，以保证上一层安全管理目标实现。例如，项目总安全管理目标要求重大伤亡事故为零，中层的安全管理目标就应除此之外还要求重伤事故为零，施工队一级的安全管理目标还应进一步要求轻伤事故为零，班组一级要求险肇事故为零，个人则做到违章为零。

3. 工程项目安全生产管理计划

针对项目的特点进行安全策划，规划安全作业目标，确定安全技术措施，最终所形成的文件称为安全生产管理计划。安全生产管理计划应在项目开始实施前制订，在项目实施过程中不断加以调整和完善。安全生产管理计划是进行安全控制和管理的指南，是考核安全控制和管理工作的依据。

安全生产管理计划应满足事故预防的管理要求，并符合下列要求：

(1) 针对项目危险源和不利环境因素进行辨识与评估的结果，确定对策和控制方案。

(2) 对危险性较大的分部分项工程编制专项施工方案。

(3) 对分包人的项目安全生产管理、教育和培训提出要求。

(4) 对项目安全生产交底、有关分包人制定的项目安全生产方案，制定控制措施。

(5) 制定应急准备与救援预案。

4. 工程项目安全生产管理计划编制的主要内容

工程项目安全生产管理计划应针对项目特点、项目实施方案和程序，依据安全法规和标准等加以编制，具体包括：

(1) 项目概况。这包括项目的基本情况和可能存在的主要的不安全因素等。

(2) 安全控制和管理目标。应明确安全控制和管理的总目标和子目标，且目标要具体化。

(3) 安全控制和管理程序。主要应明确安全控制和管理的工作过程与安全事故的处理过程。

(4) 安全组织机构。这包括安全组织机构形式和安全组织机构的组成。

(5) 职责权限。根据组织机构状况，明确不同组织层次、各相关人员的职责和权限，进行责任分配。

(6) 规章制度。这包括安全管理制度、操作规程和岗位职责等规章制度的建立，应遵循的法律法规和标准等。

(7) 资源配置。针对项目特点，提出安全管理和控制所必需的材料、设施等资源要求，以及具体的配置方案。

（8）安全措施。针对不安全因素，确定相应措施。

（9）检查评价。明确检查评价方法和评价标准。

（10）奖惩制度。明确奖惩标准和方法。

安全生产管理计划的结果是形成包括安全生产管理计划所有内容在内的文件。

7.3.5 工程项目安全管理措施

1. 安全管理责任

工程项目经理承担控制、管理施工生产进度、成本、质量、安全等目标的责任。因此，必须同时承担进行安全管理、实现安全生产的责任。为此要做好以下工作：

（1）建立、完善以项目经理为首的安全生产领导机构，有组织、有领导地开展安全管理活动，承担组织、领导安全生产的责任。

（2）建立各级人员安全生产制度，明确各级人员的安全责任。抓制度落实、抓责任落实，定期检查各安全责任落实情况。

（3）工程项目应通过监察部门的安全生产资质审查，并得到认可。

（4）负责施工生产中物的状态审验与认可，承担物的状态漏验和失控的管理责任。

（5）一切管理、操作人员均需与工程项目签订安全协议，做出安全保证。

（6）检查安全生产责任落实情况，应认真、详细地记录，作为分配、补偿的原始资料之一。

一般地，每个工程项目应根据具体情况，成立以项目经理为主的安全生产委员会或领导小组。同时，根据建设工程的性质、规模和特点，配备规定数量的专职和兼职安全管理员，督促检查各类人员贯彻执行安全管理，协助项目经理推动安全管理工作，保证施工管理顺利进行。

2. 安全教育

（1）安全事故诱因分析。诱发安全事故的主要原因有人的不安全行为、物的不安全状态和管理上的缺陷，因此安全教育既要从提高安全意识方面，也要从增强安全技术知识方面进行有的放矢的教育和培训。

1）人的不安全行为。不安全行为是人表现出来的，与人的心理特征相违背，属非正常行为。人在生产活动中，曾引起或可能引起事故的行为，必然是不安全行为。人出现一次不安全行为，不一定就会发生事故造成伤害，然而不安全行为一定会导致事故。即使物的因素作用是事故的主要原因，也不能排除隐藏在不安全状态背后的、人的行为失误的转换作用。

2）物的不安全状态。人机系统把生产过程中发挥一定作用的机构、物料、生产对象和其他生产要素统称为物。物都具有不同形式、性质的能量，有出现能量意外释放，引发事故的可能性。物的能量释放继而引起事故的状态，称为物的不安全状态。这是从能量与人的伤害间的联系所给出的定义。如果从发生事故的角度，也可把物的不安全状态看作曾引起或可能引起事故的物的状态。

在生产过程中，物的不安全状态极易出现。所有的物的不安全状态都与人的不安全行为或人的操作、管理失误有关。往往在物的不安全状态背后，隐藏着人的不安全行为或失误。物的不安全状态既反映了物的自身特性，又反映了人的素质和人的决策水平。物的不安全状态的运动轨迹，一旦与人的不安全行为的运动轨迹交叉，就是发生事故的时间与空间。因此，物的不安全状态是发生事故的直接原因。正确判断物的具体不安全状态，控制其发展，对预防、消除事故有直接的现实意义。

3）管理上的缺陷。管理上的缺陷又称为管理上的不安全因素，主要包括：对物的管理失当，包括技术、设计、结构上有缺陷，作业现场环境有缺陷，防护用品有缺陷等；对人的管理失当，包括教育、培训、指示和对作业人员的安排等方面的缺陷；管理工作的失误，包括对作业程序、操作规程、工艺过程的管理失误以及对采购、安全监控、事故防范措施的管理失误。

(2) 安全教育的主要内容。项目经理部应切实加强现场工作人员的安全教育，本着谁使用谁负责安全的原则，实施培训考核上岗制，建立健全培训档案制度。安全教育贯穿于整个项目建设过程，教育的主要内容包括：

1）安全思想教育。教育操作人员具有良好的自我保护意识，时时处处注意安全，防范风险于未然。

2）安全技术教育。教育操作人员了解其施工生产的一般流程，安全生产一般应注意的事项，工种、岗位安全生产知识，重点熟悉安全生产技术和安全技术操作规程等。

3）安全法制和纪律教育。让操作人员充分了解安全生产法规和责任制度、安全生产规章制度、职工守则、劳动纪律、安全生产奖惩条例。

3．安全检查

（1）安全检查的内容。安全检查的内容包括查思想、查管理、查制度、查隐患、查事故处理。

1）工程项目的安全检查以自检形式为主，是对项目经理至操作人员、生产全过程、各个方位的全面安全状态的检查。检查的重点以劳动条件、生产设备、现场管理、安全设施和生产人员的行为为主。发现危及人的安全因素时，必须果断地消除。

2）各级生产组织者应在全面安全检查中，通过作业环境状态和隐患，对照安全生产方针和政策，检查对安全生产认识的差距。

3）对安全管理的检查，主要是：安全生产是否提到议事日程上；业务职能部门、全体人员是否在各自业务范围内落实了安全生产责任；专职安全人员是否在位、在岗；安全教育是否落实，教育是否到位；工程技术、安全技术是否结合为统一体；安全控制措施是否有力，控制是否到位，有哪些消除管理差距的措施；事故处理是否符合规则。

（2）安全检查的组织。安全检查的组织工作与要求如下：

1）制定安全检查制度，按制度要求的规模、时间、原则、处理和报偿全面落实。

2）成立由第一责任人为首、业务部门和全体人员参加的安全检查组织。

3）安全检查必须做到有计划、有目的、有准备、有整改、有总结、有处理。

（3）安全检查的准备。包括：

1）思想准备。发动全员开展自检，自检与制度检查结合，形成自检自改、边检边改的局面；使全员在发现危险因素方面得到提高，在消除危险因素中受到教育，从安全检查中受到锻炼。

2）业务准备。确定安全检查的目的、步骤和方法。成立检查组，安排检查日程。分析事故资料，确定检查重点，把精力侧重于事故多发部位和工种的检查。规范检查记录用表，使安全检查逐步纳入科学化、规范化轨道。

（4）安全检查的形式。安全检查的形式包括以下几种：

1）定期安全检查。这是指列入安全管理活动计划，有较一致时间间隔的安全检查。

2）突击性安全检查。这是指无固定检查周期，对特别部门、特殊设备和小区域的安全检查。

3）特殊安全检查。这是指对预料中可能会带来新的危险因素的新安装的设备、新采用的工艺、新建或改建的工程项目，在投入使用前以"发现"危险因素为专题的安全检查。

（5）消除危险因素的关键。安全检查的目的是发现、处理、消除危险因素，避免事故伤害，实现安全生产。对于一些由于种种原因而一时不能消除的危险因素，应逐项分析，寻求解决办法，安排整改计划，尽快予以消除。

7.4 工程项目环境管理

7.4.1 工程项目环境管理概述

工程项目环境管理就是为合理使用和有效保护施工现场及周边环境，通过制定、实施、实现、评审和保持环境方针所需的组织结构、计划活动、职责惯例、程序、过程、资源等，进行的一系列管理活动。

组织应明确环境管理目标，建立环境管理制度，确定环境管理的责任部门，明确管理内容和考核要求，实施环境影响评价，配置相应资源，落实环境管理措施。

工程项目环境管理的基本过程如图7-2所示。

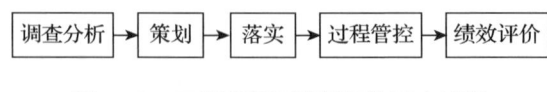

图7-2 工程项目环境管理的基本过程

1. 调查分析

工程项目实施前,项目管理机构应就项目环境问题进行调查、分析,包括:

(1) 项目现场和周边环境状况。

(2) 项目实施可能对环境产生的影响。

2. 策划

项目管理机构应进行项目环境管理策划,明确环境管理目标,编制项目环境管理计划。

3. 落实

项目管理机构应根据环境管理计划进行环境管理交底,实施环境管理培训,落实环境管理手段、设施和设备,实行环境保护目标责任制。

环境保护目标责任制是指将环境保护指标以责任书的形式层层分解到有关部门和人员,并列入岗位责任制,形成环境保护监控体制。项目经理是环境保护第一责任人,是项目环境保护自我监控体系的领导者和责任者。

4. 过程管控

项目管理机构应加强检查和监控工作。项目对环境的影响程度,需要通过不断检查与监控加以掌握,只有掌握了项目环境的具体状况,才能采取有针对性的措施。例如,在工程项目进行过程中,就应加强对项目现场的粉尘、噪声、废气、污水等的检测和监控工作,并根据污染情况采取措施加以消除。对项目现场环境应进行综合治理,一方面是采取措施控制污染,另一方面是应与外部的有关单位、人员和环保部门保持联系,加强沟通。要统筹考虑项目目标的实现与环境保护问题,使两者达到高度的统一。作为项目管理者要掌握国家、地区、行业和企业在环境保护方面颁布的有关法律、法规,并在项目实施的过程中注意应用。在进行项目的同时要提出有针对性的措施,在项目进行过程中,应按计划实施这些措施,并根据具体情况加以调整。在防止大气污染方面采取的技术措施有:施工现场的垃圾渣土要及时清理出现场;施工现场的道路采用渣土等材料,并尽可能地利用永久性的道路,对于临时性道路的清洁工作也应该形成制度,防止粉尘飞扬;水泥等易飞扬的细颗粒散体材料,应室内存放;工地上可能产生烟的设备，要采取消烟防尘措施等。在防止水源污染方面采取的措施有：禁止有毒有害废弃物做土方回填；施工现场的废水污水要经过沉淀池沉淀后再排入城市污水管道或河流；现场存放油料，必须对库房地面进行防渗处理；化学药品、外加剂等要妥善保管，库内存放等。防止噪声污染的措施包括：严格控制噪声污染，最大限度地减少扰民噪声；在人口稠密区施工时，必须严格控制作业时间；在传播途径上控制噪声，利用吸声、隔声、隔振、阻尼等减少噪声。

5. 绩效评价

组织应在项目实施过程中和项目完成后，进行环境管理绩效评价。

7.4.2 环境管理体系

《环境管理体系 要求及使用指南》（GB/T 24001—2016）规定了环境管理体系的总体结构，包括范围、规范性引用文件、术语和定义、组织所处的环境、领导作用、策划、支持、运行、绩效评价和改进十个部分。

其中，环境管理体系的运行模式是按 PDCA 循环运行的，体现了环境持续改进的理念。

7.4.3 工程项目各阶段环境管理因素及控制

1. 设计阶段的环境管理

工程项目设计阶段的环境管理根据环境影响评价文件里对环境产生影响的因素进行仔细考虑，并结合工程设计要求，提出相应的技术和管理措施，进而反馈到设计文件当中，指导工程施工阶段的具体环境管理行为。

2. 施工阶段的环境管理

施工环境影响的识别和评价一般应考虑的因素包括施工噪声、施工现场扬尘、施工污水排放、固体废弃物、道路遗撒等。

施工环境管理因素的评价应从法规规定、发生的可能性、影响结果的重大性、是否可获得预报以及目前的管理状况等方面进行。

3. 项目结束阶段的环境管理

项目结束阶段的环境管理主要是在工程项目结束时对周边大气、水体、生物等生态环境指标进行监测，向环保行政主管部门申请与工程配套建设的环境保护设施的竣工验收，确保建成后的项目污染排放量处于国家标准限定范围内。

7.4.4 工程项目环境影响评价

环境影响评价是指对规划和建设项目实施后可能造成的环境影响进行分析、预测和评估，提出预防或者减轻不良环境影响的对策和措施、进行跟踪监测的方法与制度。环境影响评价包括规划环境影响评价和建设项目环境影响评价两种。

我国根据建设项目对环境的影响程度，对建设项目的环境影响评价实行分类管理。

（1）可能造成重大环境影响的，应当编制环境影响报告书，对产生的环境影响进行全面评价。其中，根据我国《环境影响评价法》第十七条的规定：建设项目的环境影响报告书应当包括下列内容：

1）建设项目概况。
2）建设项目周围环境现状。
3）建设项目对环境可能造成影响的分析、预测和评估。
4）建设项目环境保护措施及其技术、经济论证。
5）建设项目对环境影响的经济损益分析。
6）对建设项目实施环境监测的建议。
7）环境影响评价的结论。

涉及水土保持的建设项目，还必须有经由水行政主管部门审查同意的水土保持方案。

（2）可能造成轻度环境影响的，应当编制环境影响报告表，对产生的环境影响进行分析或者专项评价。

（3）对环境影响很小、不需要进行环境影响评价的，应当填报环境影响登记表。

复习思考题

1. 什么是HSE管理？
2. 简述工程项目HSE管理的特点。
3. HSE管理体系的基本要素有哪些？
4. 简述职业健康和安全事故分类与处理。
5. 对于可能造成重大环境影响的建设项目，其环境影响报告书应当包括哪些内容？

第 8 章
工程项目风险管理

本章目标 通过本章的学习，使学生能够掌握工程项目风险管理的基本理论和重要的风险管理技术，熟悉项目风险管理的流程和风险管理方法；能够对简单工程项目进行风险管理，做出相应的风险管理文案。

本章介绍 本章主要介绍项目风险的基础理论，将风险管理分为风险识别、风险估计与评价、风险应对决策与计划及风险监控四大部分。对各部分的基本理论、风险管理的技术和方法、风险管理的重要成果等做了详细的论述，并在最后结合国际项目管理的内容给出一个工程项目风险管理的案例供大家参考。

8.1 工程项目风险管理基本理论

8.1.1 工程项目风险的内涵

1. 风险的定义

风险是指人们对未来行为的决策及客观条件的不确定性而导致的与人们利益相关的可能结果与预期目标发生多种偏离的综合。风险构成的必备条件是：①事件的发生不能确定；②事件产生的后果有损失。

不确定性包括三个方面，具体如下：

（1）人们认识的不确定性。世界上任何客观事物都有其本质属性，人们认识事物本质在深度和广度上均有局限性，这种描述和分析处理能力也是有限的，因此人们对事物的认识有可能是片面的、不完备的。比如人类对于风霜雪雨气候变化的规律始终不能清晰地掌握，这给工程项目的工期确定和质量控制等带来很大的不确定性。

(2）计量的不确定性。对于事物的计量尺度有标识、序数、基数和比率方法等，对于某些客观风险的计量有些是比较确定的，可以用概率论和数理统计的方法测量，而有些风险则只能定性分析，比如企业的政策风险等，同时人们的风险认知存在着因个体的心理因素不同而导致的不同的风险好恶倾向等，这些都会使风险的计量有不确定性。

(3）事件后果的不确定性。风险的本质在于人们无法确切地知道事件发生的结果，虽然事件发生的可能后果人们能够推知，但对于建设项目中某些事件，比如高空坠物发生的时间、地点和造成的危害程度，人们是无法事前知晓的。

2. 风险的三要素

(1）风险源或称风险因素。这是产生、诱发风险的条件或潜在原因，是造成损失的直接原因。不同领域的风险因素的表现形态各异，根据其性质，可分为物理风险因素、道德风险因素和心理风险因素等。

(2）风险事故。这是造成生命财产损失的事件，是导致损失的媒介。

(3）风险损失。这是指风险事故发生后产生的非正常、非预期的经济价值的减少，通常以货币单位来衡量。

3. 风险的特征

(1）风险的客观性。风险不以人的意志为转移，是独立于人的意识之外的客观存在。

(2）风险的普遍性。风险的普遍性包含空间、时间的普遍性这两个维度。

(3）风险的随机性。影响风险的因素众多且作用时间、作用点、作用方向、顺序和作用强度等都是不确定的，这就导致了风险的偶然性和随机性。

(4）风险的规律性。运用统计方法去处理海量的风险事件资料，就可以比较准确地发现风险的规律性。

(5）风险的可变性。在建设项目中，某些风险无论是性质还是后果都会随着活动或事件的进程发生变化，这就是风险的可变性。

(6）风险的可预测性。因为风险事件的发生具有规律性，所以可以利用数理统计的方法和现代技术手段对风险发生的概率、造成的后果进行分析预测。

(7）风险的相对性。风险总是相对人类活动或事件的主体而言的，不同主体由于收益、成本、地位和拥有资源等的不同，对风险的承受能力和态度是不一样的。

4. 风险的属性

风险有自然属性、社会属性和经济属性。

（1）自然属性。这是指自然界运动的客观规律本身所固有的风险属性。例如气候变化、物体的力学属性等。

（2）社会属性。这首先体现在一些风险事故是社会因素造成的，如政体动荡、工人罢工。其次体现在风险结果由社会承担，如政体动荡导致撤侨事件，工人罢工导致企业停产等。

（3）经济属性。风险造成生产力的破坏、社会财富的灭失和经济价值的减少，这就是风险的经济属性。

5. 工程项目风险的特点

工程项目风险是一项工程项目在设计、施工及移交运行的各个阶段出现与工程预期结果相背离，并使相关当事人蒙受损失的情况。工程项目风险的特点如下：

（1）项目工程风险发生频率高。

（2）风险的承担者具有综合性。

（3）风险造成的损失具有关联性。

（4）项目工程风险管理对专业知识要求高。

8.1.2 工程项目风险管理的内涵

1. 风险管理的定义

风险管理既是指研究风险发生规律和风险控制技术的一门新兴学科，也是指经济单位通过对风险的识别、度量、分析评估和决策，选择最有效的方式，主动地、有目的地、有计划地处理风险，以最小的成本争取获得合理安全保障的管理方法。

由于风险管理的主体不同、目的的不同，风险管理的内涵也有所区别，但风险管理的基本过程和原理是一致的。

2. 工程项目风险管理的定义

工程项目风险管理是指通过风险识别、风险分析和风险评价去认识工程项目的风险，并以此为基础，合理地使用各种风险应对措施、管理方法、技术和手段对项目的风险实行有效地控制，妥善处理风险事件造成的不利后果，以最少的成本保证项目总体目标实现的管理工作。

美国 PMI 在 2017 年版 PMBOK 中将其分为七个阶段：风险管理规划（Risk Management Planning）、风险识别（Risk Identification）、风险定性分析实施（Perform Qualitative Risk Analysis）、风险定量分析实施（Perform Quantitative Risk Analysis）、风险应对计划（Plan Risk Response）、风险应对计划实施（Implement Risk Response）、风险监控（Monitor Risk）。一般认为，风险管理主要包括四个阶段：风险识别、风险分析与评估、风险控制与决策、实施与后评估。本章将风险管理分为风险识别、风险估计与评价、风险应对决策与计划以及风险监控四大部分进行介绍。

3. 工程项目风险管理的核心

工程项目风险管理的核心是三全管理：全员管理、全过程管理和全要素管理。

（1）全员管理。项目风险管理并不仅仅是对项目运行参与人员的管理，而是要求所有的人员均能够参与项目风险的管理。

（2）全过程管理。项目风险管理是在项目实施前的风险计划管理、项目进行过程中的风险控制管理和项目风险发生后的补救与事后经验总结，所以它是对项目风险全过程的管理。

（3）全要素管理。项目风险管理的过程是一个在可能的条件下追求项目工期最短、造价最低、质量最优的多目标决策过程，且项目风险管理不能仅满足于对单一目标的追求，这是由于项目的工期、造价与质量是三全管理直接关联和相互作用的相关要素。

8.2　工程项目风险识别

8.2.1　风险识别的基本理论

识别风险是找出并判断哪些风险可能影响项目并记录其特征的过程。本过程的主要目的是对已有风险进行描述并做基本的分析，为项目风险管理的下一步工作展开打好基础。

1. 项目风险识别的目的

(1) 风险识别是风险管理的基础，直接影响风险管理的决策质量和最终结果。

(2) 识别出可能对项目进展有影响的风险因素、性质以及风险产生的条件。

(3) 记录具体风险的各方面特征，并提供最适当的风险管理对策。

(4) 识别风险可能引起的后果。

风险包括内在风险及外在风险。内在风险是指项目管理人员能加以控制和影响的风险，如人事任免和成本估计等；外在风险是指超出项目管理人员控制力和影响力之外的风险，如某些市场风险或自然风险等。

2. 项目风险识别的内容

(1) 存在的或潜在的风险因素。

(2) 风险发生的后果、影响的大小和严重性。

(3) 风险发生的可能性和概率。

(4) 风险发生的可能时间。

(5) 和本项目或其他项目及环境之间的相互影响。

3. 项目风险识别的依据

(1) 风险管理计划。通过风险管理计划可以规划和设计如何进行项目风险管理活动过程，界定项目组织及成员风险管理的行动方案，决定适当的风险管理方法。

(2) 项目管理计划。项目管理计划中规定的工作流程和控制方法有助于在整个项目内识别风险；进度管理计划有助于了解可能受风险（已知的和未知的）影响的项目时间（进度）目标及预期；质量管理计划规定的质量测量和度量基准，可用于识别风险；成本计划有助于识别项目的财务风险和成本风险；人力资源管理计划也是识别风险过程的重要输入等。

(3) 项目干系人。利用干系人的信息确保关键干系人能以访谈或其他方式参与识别风险，为识别风险过程提供不同参与者的相关利益以及对项目目标的期望值等。

(4) 历史资料。查阅以往相关项目或相近项目的历史资料，能及时总结经验教训。

（5）其他的统计、出版资料等。包括商业数据库、学术研究资料、公开发布的核对单、标杆对照资料、行业研究资料等。

4. 风险的类型

（1）项目风险按造成的后果可分为纯粹风险与投机风险。

纯粹风险是指不能带来机会、无获得利益可能的风险，又称为静态风险；投机风险既可能带来机会、获得利益，又隐含威胁、造成损失。

（2）项目风险按按影响范围可分为局部风险与总体风险。

局部风险是指由某个特定因素导致的风险，其损失影响的范围小；总体风险是指对项目总体目标实现有较大影响的风险。

（3）项目风险按可控程度可分为可控风险与不可控风险。

可控风险是指那些结果部分是在人们的直接控制范围之内的风险，不可能影响和控制其产生的后果的风险是不可控风险。

5. 风险因素

（1）政治风险。这包括政局不稳、政策法规变化、权力部门更替、国家关系紧张、战争和动乱等。

（2）社会风险。这包括宗教信仰、社会治安、文化素质和公众态度等方面的风险。

（3）经济风险。这包括宏观经济形势、投资环境、对外贸易、物价稳定性和就业形势等方面的风险。

（4）技术风险。这是指由一些技术条件的不确定性或技术的不成熟带来的风险。

（5）决策风险。这包括决定是否参与某项工程投标和建设导致的风险等。

（6）商务风险。这是指合同中经济方面的条款不明确或存在缺陷带来的风险。

（7）组织风险。这是指各参建单位、项目内部各职能部门之间配合不力等引发的风险。

（8）行为风险。这是指由于个人或组织的过失、疏忽、恶意等不当行为造成的风险。

（9）自然风险。这是指工程所在地区的自然条件和施工环境地理位置等自然因素所引发的风险。

8.2.2 风险识别的方法

1. 德尔菲法

德尔菲法是组织专家达成一致意见的一种方法。项目风险专家匿名参与其中，组织者使用调查问卷就重要的项目风险征询意见，然后对专家的答卷进行归纳，并把结果反馈给专家做进一步评论。这个过程反复几轮后，就可能达成一致意见。德尔菲法有助于减轻数据的偏倚，防止任何个人对结果产生不恰当的影响。

2. 头脑风暴法

通常由项目团队开展头脑风暴，团队以外的多学科专家也经常参与其中。在主持人的引导下，参加者提出各种关于项目风险的意见。头脑风暴可采用畅所欲言的传统自由模式，也可采用结构化的集体访谈方式。

3. 风险提示单（风险核对单）

可以根据以往类似项目和其他来源的历史信息与知识编制风险提示单，风险提示单简单易用但无法穷尽，所以应该注意不要用风险提示单取代必要的风险识别努力，同时，团队也应该注意考察未在风险提示单中列出的事项。

4. 图解技术

风险图解技术包括：

（1）因果分析图。它可用于识别风险的起因。

（2）系统或过程流程图。它可显示系统各要素之间的相互联系及因果传导机制。

（3）影响图。它用图形方式表示变量与结果之间的因果关系、事件时间顺序及其他关系。

5. 面谈法

面谈法需要注意的是：

（1）有组织地面谈会收到更好的效果。

（2）如果所关心的问题需要专家介入，就可以组织一次有资格的专业面谈，但对面谈的内容和方式必须进行相应的策划，否则难以收到希望的效果。

（3）准备一系列未决问题（也就是避免期望只有一个答案的问题）。

（4）提前把问题送到面谈者手中，使之对要谈的问题有所准备。

（5）如参加面谈者同意，可使用录音方式，但必须注意保密。

（6）以你自己能理解的形式来记录结果，如果有必要的话，可以给面试者一份备份来进行确认。

6. 情景分析法

在对项目未来前景做基本假定的基础上，对可能的项目风险加以描述，同时将一些有关联的单独风险预测集成一个总体的项目风险综合预测。现阶段应用计算机进行仿真，有助于识别风险。

例如在机场设计一种行李处理系统来传送行李。可以通过一种相互作用的计算机图形仿真程序一步一步证明所需求的全部工作性能，也就是全过程地在计算机上进行情景仿真，包括对突然出现的阻塞各部件的处理功能。

7. SWOT 分析

这种技术从项目的优势（Strength）、劣势（Weakness）、机会（Opportunity）和威胁（Threat）出发，对项目进行考查，把产生于内部的风险都包括在内，从而更全面地考虑风险。首先，从项目、组织或一般业务范围的角度识别组织的优势和劣势。然后，通过 SWOT 分析再识别出由组织优势带来的各种项目机会，以及由组织劣势引发的各种威胁。这一分析也可用于考查组织优势能够抵消威胁的程度，以及机会可以克服劣势的程度。

风险识别的注意点如下：

（1）任何一个建设项目，可能遇到各种不同性质的风险，因此，采用唯一的识别方法是不可取的，必须把几种方法结合起来，相互补充。

（2）对于特定活动和事件，采用某种识别方法比其他方法更有效。例如，对于混凝土的浇筑质量问题，采用因果分析法就比较适当。

（3）项目的风险管理人员应尽量向有关业务部门的专业人士征求意见以求得对项目风险的全面了解。例如，向其他熟悉项目风险的单位以及专家等咨询。

（4）风险因素随着项目的进展会不断发生变化，一次大规模的风险识别工作完成后，经过一段时间又会产生新的风险。因此，必须制订一个连续的风险识别计划。

（5）风险识别的方法必须考虑其相应的成本，讲究经济上的合理，对于影响项目系统目标比较明显的风险，需要花较大的精力、用多种方法进行识别，以做到最大限度地掌握情况，但对于影响小的风险因素，如果花费较多的费用来进行识别就失去经济意义。

（6）资料的不断积累是开展风险管理的重要基础，而在风险识别时产生的记录则是主要的风险资料之一，因此，在识别风险的同时要做好准确记录。这就要求识别工作开始前应准备好将要用到的记录表格，完成识别工作后，将所获取的相关资料整理保存。

8.2.3 风险识别的成果

风险识别的成果中应包含如下两个清单：

1）已识别风险清单。对已识别风险进行尽可能详细的描述，可采用结构化的风险描述语句对风险进行描述。

2）潜在应对措施清单。在识别风险过程中，有时可以识别出风险的潜在应对措施。这些应对措施（如果已经识别出）应该作为规划风险应对过程的输入。

风险识别的成果中应有但不限于如下具体内容：

1）对风险进行详细划分和描述。

2）可能性（概率性）和后果的评估。

3）风险归属权的识别。

4）风险的重要性、成本、可接受性。

5）风险管理的成本和归属权。

6）行动的时间。

7) 残留风险的评估。
8) 采用减轻风险行动的结果对于风险的重要性、成本、可接受性的变化。
9) 成本收益的评估。

8.3 风险估计与评价

8.3.1 风险估计与评价的基本理论

1. 风险估计与评价的概念

风险估计是在风险识别的基础上，根据工程项目风险的特点，对已经确认的风险通过定性定量方法估计其发生的可能性和破坏程度的大小。

风险评价是借助定量或定性的方法，分析风险对工程项目的影响程度，并根据风险等级对其进行排序。

风险估计与风险评价既有联系又有区别。风险估计是风险评价的基础，风险估计主要指的是对单一风险因素的衡量，包括估计其发生的概率、影响的范围以及可能造成损失的大小等；风险评价主要指的是探讨多种风险因素对项目目标的总体影响。

风险估计与评价往往采用定性与定量相结合的方法来进行，相互补充。确定单一风险因素发生的概率值，通过主观或客观的方法实现量化的目的；估计各风险因素的风险结果，探讨这些风险因素对项目目标的影响程度；在单一风险因素量化估计的基础上，考虑多种风险因素对项目目标的综合影响，评价风险的程度，并提出可能的措施作为管理决策的依据。

2. 风险的度量

风险度量结果的有效性首先取决对风险结果的判定及其相应概率值的确定。凭经验或预感而估算出来的概率为主观概率，这是一种用较少信息量做出主观估计的方法；根据大量试验用统计方法确定的概率为客观概率。

（1）主观概率。工程管理中，大量采用主观概率，需要注意如下几点：

1) 做好向专家求证的准备。
2) 应该事先将风险因素组织好，以便清楚地说明不同因素的限制条件。

3) 对需要评估的风险变量应该清楚地进行定义,以便减少歧义。

4) 预先给出描述风险变量的尺度,为专家提供估计的依据。

(2) 客观概率。风险事件发生的概率和概率分布是风险分析的基础。

主观划分频率可得一组离散型的概率。连续型的概率采用理论分布,常用的连续型概率分布有均匀分布、三角形分布、正态分布、泊松分布和指数分布等。

(3) 风险度量的方法。风险的度量主要从风险的影响结果、风险发生的概率以及公众的态度等方面考虑。

$$R = F(O, P)$$

或

$$R = F(O, P, L)$$

式中,R 表示某一风险因素影响项目管理目标的程度;O 表示该风险因素的所有风险结果集,结果集可以是绝对数,也可以是相对数,比如对于风险损失可以是 $O = \{轻微、一般、严重\}$,或给予一定的分值;P 表示相对应于所有风险结果的概率值集,主观概率可以为 $P = \{小、中、大\}$,亦可以是主观相对数值;L 表示公众的态度,有厌恶、中性和喜好之分,对此亦可以给予主观分值。

可以直接定量分析的风险,它的量化一般有均值法和方差比较法。

1) 均值法。这是将工程项目风险结果与其相应的概率值相乘,比较其均值的大小。

2) 方差比较法。方差可以解决量度风险结果之间的离散程度(正态、偏态)。

若均值相同同时方差也相同,但项目风险也可能不同,可以采用半方差解决此类问题。

8.3.2 风险估计与评价的方法和工具

有一系列的风险估计与评价方法可供使用,分别适用于不同的情况。确定型与不确定型风险应采用不同的工具进行估计。较常用的方法包括:

1. 调查打分法

通过访谈或问卷调查，向有关风险管理方面的专业人士和项目的相关人员征求已经识别出来的风险严重程度和发生可能等，据此给出风险的评价。

具体风险的调查打分技术步骤如下：

（1）识别可能遇到的风险。

（2）对可能的风险因素的重要性进行主观评价打分，确定每个风险因素的权重。

（3）确定每个风险因素的等级值。

（4）风险因素的权重与相应的等级值相乘，求出该项风险因素的得分。

（5）将风险因素得分逐项相加得出工程项目风险因素总分，据此判断工程风险的大小。

（6）对专家评估结果做计算分析，确定主要风险因素，但需要考虑专家评分权威性的权重值。

调查打分法的优点在于方法简单、易懂，节约时间，主要用于项目决策前期。

打分技术有环比打分法、强制打分法等。

2. 层次分析法

层次分析法（Analytic Hierarchy Process，AHP）是一种定性和定量相结合的、系统化的、层次化的分析方法，是一种多目标系统评价决策方法；它将复杂系统的评价思维过程数学化、系统化，所需的信息较少，但要求决策者对决策问题的本质、要素和相互之间的逻辑关系十分清楚。

层次分析法的基本步骤如下：

（1）将一个复杂的系统层次化，形成一个递阶层次模型，一般分为三或四层，最上面为目标层，最下面为方案层，中间是准则层或指标层。

（2）构造两两对比矩阵，确定每一层次中风险因素的权重，建立判断矩阵。

（3）确定各风险因素的相对重要度，计算特征向量并进行一致性检验。

（4）将各风险因素的影响进行综合排序，据此评价项目的总体风险水平。

3. 决策树法

决策树法是进行风险决策的有效方法，以方块或圆圈为节点，用直线连接节点而形成一种树状结构。决策树法不仅可以用来解决单阶段的决策问题，而且可以用来解决多阶段的决策问题。它把有关决策的相关因素分解开来，逐项计算其概率和期望值（期望效用），并进行方案的比较和选择。它具有层次清晰、不遗漏、不易错的优点。

4. 计划评审技术

计划评审技术（Program/Project Evaluation and Review Technique，PERT）是利用网络分析制订计划以及对计划予以评价的技术。它和 CPM 都是用于解决项目工期问题的网络技术。

CPM 是假设项目中各项活动的持续时间是确定的、单一的，只是各活动的开始和结束时间可以提前或延后。

PERT 对每一活动的持续时间估计三个不同的值，即乐观时间 a、悲观时间 b 和最可能时间 m，利用统计规律求出各种工期的发生概率，据此推知工期风险。

5. 敏感性分析

敏感性分析（Sensitive Analysis）广泛应用于判断各种因素的影响程度并识别出主要因素。敏感性是指由于特定因素变化而引起的评价目标的变动幅度。敏感性越强，项目目标实现的风险就越大；敏感性越弱，风险相应也相对小些。一般在项目决策阶段的可行性研究中使用敏感性分析来估计工程风险。

6. 蒙特卡罗模拟

蒙特卡罗模拟（Monte Carlo Simulation）法是一种通过统计试验求出近似解的数值方法，适用于有多个独立的不确定风险因素，且这些因素以连续分布取值的情况。

蒙特卡罗模拟法的主要原理和步骤如下：

（1）建立风险问题的数学模型，将目标变量用一系列风险变量表达出来。

（2）对风险变量进行风险识别和分析，确定风险因素的概率分布。

（3）在各独立风险变量的概率分布中随机取一值，并代入数学模型计算目标变量值。随机值要能表现风险变量的概率分布形状。

（4）重复上述操作，得出多个目标变量值，形成对目标评估的分布。

7. 模糊数学

模糊数学是一门新兴的学科，广泛应用于管理科学。项目在决策和规划阶段所涉及的大量风险和不确定性问题表现出模糊性，决策中需要处理大量的模糊问题。模糊数学在管理科学中的应用十分广泛，包括模糊决策方法、模糊评价方法、模糊规划方法等。

模糊评价的主要步骤如下：

（1）确定评价指标体系。

（2）建立风险因素集 U。

（3）确定影响因素的权重向量。

（4）建立隶属度。

（5）建立模糊评价矩阵。

（6）模糊运算得出评价结果。

8. 盈亏平衡分析法

盈亏平衡分析是通过盈亏平衡点（BEP）分析项目成本与收益的平衡关系的一种方法。各种不确定因素（如投资、成本、销售量、产品价格、项目寿命期等）的变化会影响投资方案的经济效果，当这些因素的变化达到某一临界值时，就会影响方案的取舍。盈亏平衡分析的目的就是找出这种临界值即盈亏平衡点，判断投资方案对不确定因素变化的承受能力，为决策提供依据。

9. 不确定型风险决策

所谓不确定型风险决策，是指项目某类活动自然状态已知，各方案在不同自然状态下的收益值已知，但自然状态发生不确定的风险决策方法。

不确定型风险决策有如下方法：

（1）最大最小准则（悲观准则）。决策者从最不利的角度去考虑问题，先选出每个方案在不同自然状态下的最小收益值（最保险），然后从这些最小收益值中取最大的，从而确定行动方案。

(2) 最大最大准则（乐观准则）。决策者从最有利的角度去考虑问题，先选出每个方案在不同自然状态下的最大收益值（最乐观），然后从这些最大收益值中取最大的，从而确定行动方案。

(3) 等可能性准则。决策者把各自然状态发生看成是等可能的，设每个自然状态发生的概率为 $1/n$，n 为事件数，然后计算各行动方案的收益期望值。

(4) 乐观系数准则（折中准则）。决策者取乐观准则和悲观准则的折中，先确定一个乐观系数（0~1），然后计算各自然状态下的最大收益值乘以乐观系数再加上相应的最小收益值乘以 1 减去乐观系数，从这些折中标准收益值中选取最大的，从而确定行动方案。

(5) 后悔值准则（沙万奇（Savage）准则）。决策者从后悔的角度去考虑问题，把在不同自然状态下的最大收益值作为理想目标，把各方案的收益值与这个最大收益值的差称为未达到理想目标的后悔值，然后从各方案最大后悔值中取最小者，从而确定行动方案。

8.4 工程项目风险应对决策与计划

8.4.1 风险应对

在对项目风险识别、估计与评价的基础上，风险管理者所面临的问题是要编制一个切实可行的风险应对计划。在回避、转移、利用风险等众多应对策略中，选择行之有效的策略。常见的有风险回避、风险减轻与分散、风险转移、风险自留以及这些策略的组合。

1. 风险回避

风险回避是一种最彻底地消除风险影响的方法，对一些十分重要和敏感的工程项目，回避是一种重要的手段。风险回避的方式有两种：回避风险事件发生的概率；回避风险事件发生后可能有的损失。

(1) 风险回避的项目。包括：

1) 风险事件发生概率很大且可能发生的后果损失也很大的项目。

2) 发生损失的概率并不大，但是一旦发生，损失便是灾难性的、无法弥补的项目。

3) 客观上不需要的项目。

(2) 风险回避的方法。包括：

1) 终止法。如经可行性分析后发现项目经济风险过大，可停止或改用别的方案。

2) 工程法。例如，高空作业下方设置安全网、楼梯口设置围栏等。

3) 程序法。用规范化、制度化方法从事项目活动。

4) 教育法。经常进行风险教育培训，树立风险管理意识。

2. 风险减轻与分散

风险减轻与分散有两个方面：①将风险发生的概率或后果降低或分散到可以接受的水平；②增加风险承担者，以达到减轻总体风险压力的目的，如单价合同。

风险减轻与分散策略的具体表现为：

(1) 降低风险事件发生的概率，从损失根源上控制风险。

(2) 降低风险造成的损失，遏制损失继续扩大。

(3) 预防风险源的产生，减少构成风险的因素。

(4) 防止已经存在的风险的扩散。

(5) 降低风险扩散的速度，限制风险的影响空间。

(6) 在时间和空间上将风险和被保护对象隔离。

(7) 借助物质障碍将风险和被保护对象隔离。

3. 风险转移

风险转移是风险管理的一个十分重要和常用的手段。风险转移并不是纯粹地向他人转嫁风险，是通过某种方式将某些风险的后果连同对风险应对的权力和责任转移给他人。风险转移是合法的、正当的，是一种高水平管理的体现，主要有非保险转移和保险转移两个大的类别。

(1) 非保险转移。其三种方式如下：

1) 采用保证担保方式转移风险，风险量不变，只是风险承担的主体发生了变化。

2）采用适当的分包方式转移风险，专业化施工是一种改变风险量的转移方式。

3）采用适当的合同条件转移风险。

（2）保险转移。工程保险是一种非常有效的风险转移方式。它引入了由市场利益驱动的风险转移机制，是一种补偿性的转移方式。并不是任何风险都可以通过保险来得到转移的，必须是可保风险。

4. 风险自留

决策人根据需要和环境因素考虑，也会选择自己承受风险。

（1）许多风险发生的概率很小，且造成的损失也很小，采用风险回避、减轻与分散或者是转移的手段都难以发挥其效果，以至于项目参与方不得不自己承担这样的风险。

（2）从项目参与方的角度出发，有时必须承担一定的风险，才有可能获得较好的收益。

（3）不论采用了何种风险管理技术，都无法完全彻底地消除风险，也不是所有的风险都可以转移出去，或者是能转移但不符合风险管理的成本效益原则。

风险自留是一种建立在风险评估基础上的财务技术，主要依靠项目参与主体自己的财力去弥补财务上的损失。如果采用风险自留的方案，那么所承担的风险必须和所能获得的收益相平衡。同时，所造成的损失不应超过项目参与主体的承担能力，也就是说，风险自留的前提是决策者应掌握较完备的风险信息。

8.4.2 风险管理计划

1. 典型的风险管理计划内容

（1）引言。这主要包括：①风险管理目标，包括领导人员、责任、任务；②风险管理组织，包括进度安排、主要里程碑和审查行动、实施风险管理预算；③风险策略的内容说明。

（2）风险管理的范围。这主要包括成本、进度、质量程序表，以及健康、安全和环境方面的内容。

（3）风险识别。这主要包括：①风险情况调查、风险来源、风险分类等；②风险识别的方法；③识别出的风险因素。

（4）风险分析与风险评价。这主要包括：①风险发生概率的估计；②风险后果的估计；③风险评价的方法；④主要风险的确定；⑤总风险结果评价。

（5）风险管理。这主要包括：①可用于管理风险的备选方案、风险的建议方案；②风险管理的程序及应急计划；③所需资源的分配；④残留风险的跟踪、反馈、控制。

2．最常见的应急计划的关键点

（1）风险越大，应急费用越多。

（2）特定的主要风险要设专门的应急费用。

（3）风险评估中要确定应急费用的使用者和使用情况。

（4）应急费用评估结果是从各种项目评估中综合得到的，一般置信水平越高，应急费用就越多，应急费用有时会超出预计数额。

（5）可以对项目原有的计划范围和内容做出及时调整，启用应急预备方案（调整进度计划、采购计划、供应计划、筹资计划等）。

3．灾难性风险事件计划的内容

（1）安全撤离现场人员。

（2）援助及处理伤亡人员。

（3）控制风险事件影响的发展，最大限度地减少损失。

（4）保证受影响区域的安全，尽快恢复生产。

8.5 工程项目风险监控

8.5.1 风险监控概述

在工程项目实施的过程中，定期对风险进行监控是一项必不可少的工作内容。

1．工程项目风险监控的定义

工程项目风险监控是指持续监测并记录工程项目的各项风险状态，并将其与风险管理目标比较,得出偏差并采取控制措施的过程。风险监控包括对工程项目风险的监视和控制两大环节,监视是定期地对已识别风险进行跟踪检查,监测残余风险,观察并记录其发展变化;控制则是在风险监视的基础上,采取相应的技术、合同、经济或组织等手段,对原计划进行调整,以便使制定的风险策略更加符合实际。

2. 工程项目风险监控的必要性

风险监控是项目风险管理中一个重要的环节,它是确保风险管理目标实现的重要保障措施,具体体现为:

(1)已识别的风险源对工程项目的影响程度,需要通过风险监控做出最新的评价。建设工程项目的风险是不断变化的,因此,应对工程项目风险进行持续的监控。

(2)对工程项目风险的判断是否准确需要通过风险监控做出及时的评价。通过风险监控可以收集工程项目建设环境和工程项目实施信息最新数据,以便进一步采取更具体的应对措施。

(3)已经采取的风险应对措施是否适当,需要通过风险监控做出客观的评价。通过风险监控及时判断风险措施的正确与否,提出合理的对策应对变化的风险。

(4)是否存在残余风险及未识别的新风险,需要通过风险监控做出全面的评价。对这些风险需要在监控阶段进行识别、评价并考虑其应对措施。

3. 工程项目风险监控的依据

(1)风险管理计划。它规定了风险监控的内容、工具、时间、工作安排和风险的可接受水平等,一切风险管理活动都是按这一计划展开的。

(2)风险应对计划。它包括了各种风险的基本情况、引发因素及其应对策略等内容,在风险监控中应该以这些信息为基础,对各项风险进行监控。

(3)项目变更。工程项目的外部干扰及工程项目本身的一些变动可能会导致工程项目不能完全按照计划进行,项目变更的发生使得之前制定的应对措施可能已不适应新的情景。因此,在风险监控过程中应着重审查项目变更。

(4)风险识别和分析报告。定期对项目进行风险评估,可以发现未曾识别的潜在风险，监测时应对这些风险持续进行风险识别、估计、评价并制订应对计划。

（5）工程项目的实际进展情况。在工程项目实施阶段，项目部会定期总结项目计划的执行情况并制定各种阶段报告和文件，这些报告都可以表述工程项目进展和项目风险的实际情况，是进行风险监控的重要依据之一。

4. 工程项目风险监控的内容

具体来说，工程项目风险监控包括以下四方面内容：

（1）密切跟踪已识别的风险。通过跟踪、监测，及时了解已识别风险的实际情况，如风险等级，并监测风险应对计划中的每一项措施是否予以实施并收到预期效果。

（2）监控新风险的发展。在工程项目的实施过程中，风险会不断发生变化，可能会有二次风险出现，或者其他新风险。工程项目风险监控的重要任务是监视潜在风险，识别新出现的风险，进而考虑是否需要改变风险应对计划。

（3）细化风险应对措施。随着工程项目的进行，其信息会越来越全面。因此，在进行风险监控时，要尽可能广泛地收集工程项目的相关信息，以便于调整风险应对计划，使其更加具体、切合实际。

（4）制定风险损失控制措施。在风险监控阶段，如果发现某项风险事件已经发生并造成损失，则管理者应及时制定风险控制措施，最大限度地降低可能造成的损失。

5. 工程项目风险监控的程序

（1）风险监视。

1）实施风险应对计划。根据风险应对计划的要求，制定相应的应对措施，按预定的应对计划安排建设风险应对工作。

2）收集实际数据。通过风险跟踪检查，定期收集反映各项风险实际情况的相关数据。收集的数据应当全面、真实、可靠。

3）处理相关数据。对收集到的实际数据进行整理、统计、分析等工作，以形成与风险管理目标具有可比性的数据。

4）偏差分析。将风险实际情况与风险管理目标相比较，可以确定风险应对工作的实际执行状况与风险管理目标之间的偏差。通过比较分析,如果发现风险实际情况与原目标存在较大偏差,且超过了可接受水平,则应进入风险控制过程。

(2) 风险控制。

1) 分析偏差产生的原因。为了采取有效的控制措施,必须进行深入调查,分析产生偏差的原因。

2) 分析偏差的影响。查明偏差产生的原因后,要分析偏差对后续工程项目质量、施工进度以及成本的影响,以确定采取何种风险控制措施。

3) 确定后续工作的限定条件。当出现的偏差影响到后续工程项目质量、施工进度或者成本,并且需要采取措施加以控制的时候,应当首先确定限制条件,如工程项目的工期是否允许延期,投资额的变动范围等。

4) 制定并实施风险控制措施。以后续工程项目的限制条件为依据,为确保工程项目目标得以实现,根据收集到的风险信息,对风险应对计划进行细化、修订,在此基础上实施风险控制措施,使风险水平回到原风险管理目标设定的水平。

8.5.2 工程项目风险监视方法

风险监视是风险监控的重要组成部分,一般是将每个风险用一个或几个风险指标来体现,并将这些指标与风险的可接受水平相比较,当风险指标值超过可接受水平时,则表明决策者应该采取一定措施应对风险。常用的风险监视方法有以下几种:

1. 审核检查法

风险审核是检查并记录风险应对措施在处理已识别风险及其根源方面的有效性,以及风险管理过程的有效性。项目经理要确保按项目风险管理计划所规定的频率实施风险审核。既可以在日常的项目审查会中进行风险审核,也可单独召开风险审核会议。在实施审核前,要明确定义审核的格式和目标。

2. 偏差和趋势分析

很多控制过程都会借助偏差分析来比较计划结果与实际结果。为了控制风险,应该利用工程项目建设信息对项目执行的趋势进行审查。可使用挣值分析及项目偏差与趋势分析的其他方法，对项目总体绩效进行监控。这些分析的结果可以揭示项目在完成时可能偏离成本和进度目标的程度。与基准计划的偏差可能表明威胁或机会的潜在影响。

3. 风险表检查法

风险表检查法是根据风险评价清单，从工程项目所有风险中挑出最严重的几个，列入监视范围，每月进行检查，写出风险应对计划，说明应对策略的实施效果。风险表检查法利用表格的形式，清楚地表达风险排序变化情况和风险等级的变化，直观易懂，因此是工程项目中进行风险监视常用的方法。

4. 风险直方图

风险直方图是按照风险等级排序绘制的直方图，即按照每项风险对工程项目的影响程度从左到右进行排列，并将其与风险的可接受水平进行比较，如果超过临界值则表明需要采取措施进行应对。实施应对措施后，如果出现残余风险、二次风险或其他新风险，则需对每项风险重新进行排序。

5. 工程项目风险预警系统

工程项目风险预警系统是指在工程项目的整个生命周期中，根据工程项目的实际特点建立风险预警线，如果某指标超过预警线，则发出预警信号，提醒决策者迅速采取防范措施的系统。风险预警系统的运作与风险识别、估计、评价等过程相配合，形成一个实时、循环的程序化过程。

8.5.3 工程项目风险控制措施

风险控制是在风险监视的基础上，如果发现实际的风险水平与预期的风险管理目标存在偏差，则修订之前的风险应对措施，使其与原计划目标契合。同时，对于已经发生且造成损失的风险，则应及时采取措施，防止损失的进一步扩大。

1. 工程项目风险控制的依据

（1）风险管理计划。风险管理计划中规定了风险控制措施的方针、原则，是进行风险控制的指导性手册。

（2）风险应对计划。风险应对计划的主要内容是针对已识别的风险做出的应对措施。如果监测过程中出现了偏差，很可能是因为之前制定的应对措施不当。因而，在进行风险控制阶段，要依据风险应对计划，修改甚至重新编制应对措施。

（3）风险应急预案。对于后果较为严重的突发事件，工程项目上一般备有应急预案，在各种严重的、恶性的紧急事件发生后，可以及时、妥善地处理，从而减少人员伤亡以及经济损失。

2. 工程项目风险控制的措施

通常可以将这些措施归纳为技术措施、合同措施、经济措施、组织措施和权变措施五个方面。

（1）技术措施。技术措施是最能有效控制风险的措施之一，运用各种风险管理技术修订原风险应对策略，并采取一定的工程技术手段预防潜在风险的发生，从而纠正风险管理目标偏差，使得工程项目当前的风险水平回归到预期的目标水平。

（2）合同措施。合同也是转移工程项目风险的主要措施之一，利用合同中所规定的各方义务和责任规避、转移风险。运用合同措施控制风险，主要包括对合同条款的进一步解释，以及合同执行过程中的问题和处理索赔等。

（3）经济措施。经济措施是一种最根本的风险控制措施，它主要体现为以财务手段来预防风险发生或弥补已发生风险所造成的损失。

（4）组织措施。采用组织措施对风险进行控制时，主要包括落实风险控制的组织机构和人员，明确风险目标，安排控制人员的职能分工、权力和责任，改善风险控制的工作流程等。

（5）权变措施。风险控制的权变措施是指为未事先计划或考虑到的风险采取应对措施。工程项目建设环境复杂，有许多风险因素在制订风险计划时考虑不到，或者没有充分的认识，若在风险监控中出现这种情况，就要求项目管理者能够随机应变，及时提出恰当的应对措施。

8.6 国际工程项目风险管理

当今时代，"一带一路"倡议，为工程建设企业提供了极大的机遇，为工程建设企业走出去提供了政策支持。我国工程建设企业走向国际已行之有年，其经营模式、经营范围和资金规模均发生了巨大的变化,我们在取得许多成功经验的同时,也在有些项目上遇到了较大的风险,遭受了较大的损失。这为国际工程市场上项目风险管理研究带来了必要性。

8.6.1 国际工程项目风险的特点

工程行业本身就是一个高风险行业。国际工程项目面临的风险比国内工程项目更为突出。在宏观层面,项目所在国的政治、经济、社会、法律、技术、环境等方面都会影响项目的实施;在微观层面,项目所在地的地质条件、气候变化、治安状态、材料价格、设备租赁、物流运输、分包资源、劳工市场、工会组织等因素也会直接影响项目的成败。

国际工程项目风险的特点如下:

(1) 长期性。国际工程项目的工期短则几个月,长则几年、十几年,在项目实施过程中,项目环境、项目条件、利益相关方都可能发生较大的变化,这些变化会影响项目的正常实施。因此,风险自始至终贯穿于项目的全过程。

(2) 独特性。项目的唯一性决定了项目风险的独特性。不同的国家,不同的项目,将面临不同的风险。处理风险时既不能犯经验主义,也不能犯教条主义。

(3) 复杂性。项目风险不是单一的,而是综合的、复杂的,各种风险常常相互混杂,因而要对其进行动态管理、实时监控。

在"一带一路"的建设中,我国工程建设企业在国际市场的经营模式已经从过去的施工承包模式逐步扩展到 DB 模式和 EPC 模式,直到建设-运营-转让(BOT)、政府和社会资本合作(PPP)等投融资模式;经营行业已经从房建、公路等基础设施建设,扩展到铁路、港口、电力、石化、矿山、环保、水处理等各行各业,特别是高铁、核电、航天、通信等技术已经成为中国工程企业走出去的新引擎;不少工程建设企业正在探索投资、建设和运营相结合的"建营一体化"合作方式,价值链不断延伸,项目的周期大大延长;项目的经营规模也从数亿美元发展到几十亿美元、上百亿美元,综合性的巨型项目可谓不胜枚举。随着经营模式的发展、经营行业的增多、经营周期的延长和经营规模的加大,我国建设工程企业的国际经营风险面临较高的风险。

8.6.2 国际工程项目风险的种类

根据国际工程项目风险的特点,项目风险分类如图 8-1 所示,具体项目可根据具体情况进行些许调整。

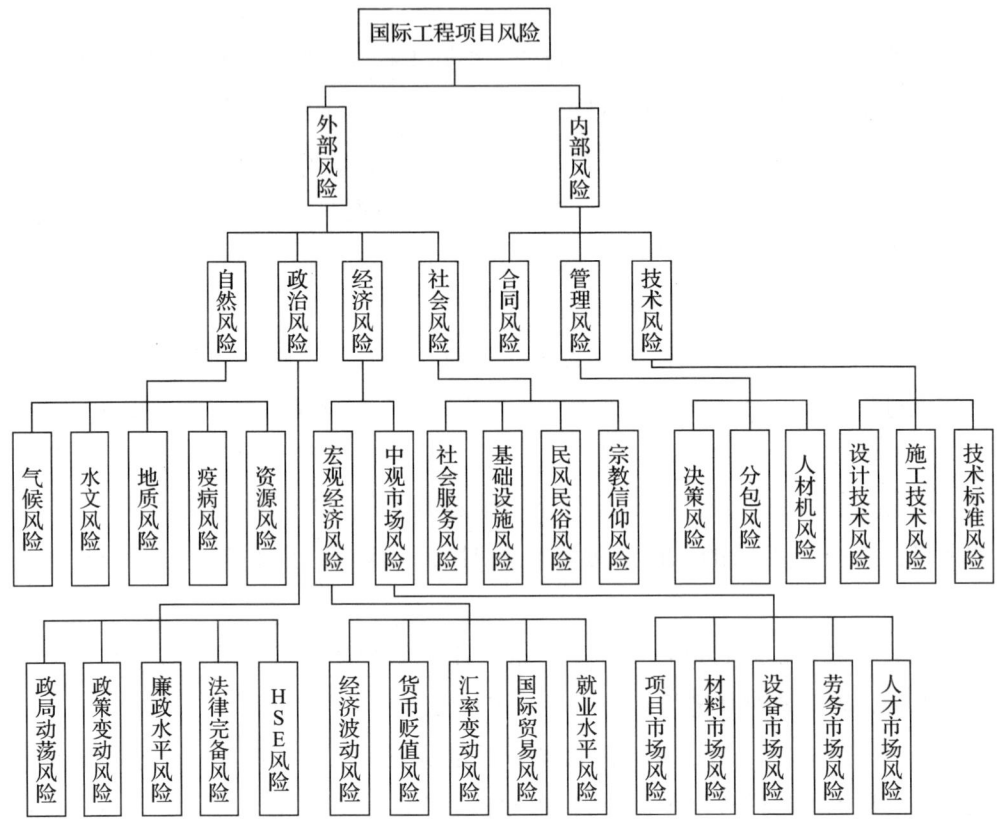

图 8-1 国际工程项目风险分类

(1) 自然风险。对于国际建设工程项目,首先要做的就是调研项目所在国的自然环境特点,以及疫病和有害动植物的影响。例如,新型冠状病毒肺炎疫情警示项目管理者重视项目所在国的流行性疾病;又如,某公司在巴西做项目时忽视了工地附近有大量行军蚁团存在,导致工地常常受到行军蚁的侵袭,项目一再延期。

(2) 政治风险

1) 政局动荡风险。东道国发生政权更迭、执政党更换或其他政局变动,爆发战争、暴动、恐怖主义活动,与中国双边关系恶化等。我国对外承包国有企业还面临其他国家企业少遇的国企背景被泛政治化的风险。

2) 政策与法律风险。政策与法律风险包括政策变动风险和法律完备风险,是指项目所在国政府在财政、货币、外汇、税收、环保、劳工、资源等方面政策和法律上的调整等所产生的风险,以及项目管理者未考虑或违反项目所在国相关政策与法律的风险。

3) 廉政水平风险。东道国的政府廉政水平(如行政司法的腐败贪污情况)等风险也是要考虑的内容。

4) HSE 风险。随着各国对生态卫生等的重视,HSE 风险也应引起管理者的重视,HSE 风险即高标准卫生、生态和环境保护要求及卫生、生态和环境事件的负面衍生效应给项目造成的不利影响(如波兰高速公路项目中青蛙保护事件)。

(3) 经济风险。我国企业的国际工程项目经济风险比较高,主要是我国国际项目大量在第三世界国家,它们的货币常常不能在国际货币市场自由流通,货币的汇兑比较复杂,这就产生了巨大的货币币种持有风险,剧烈的汇率变化有可能使得项目利润由正转负;东道国一般有要求项目雇用当地一定数量或比例人工的政策,但他们的生产效率和质量如果和国内人工的差别太大,会严重影响项目的工期和质量。另外,国际项目市场的竞争激烈程度对项目的获取难度和利润水平有重要影响;项目东道国的材料市场、设备市场和人才劳务市场的供求情况等也是风险管理人员需要重点考虑的风险因素。如建设工程项目尤其是大型的建设工程项目需要的材料和机械设备数量比较多,短期内会引起供不应求的局面,要预防供应商哄抬物价或以次充好的可能;项目人员的数量和素质也是风险管控考虑的因素。

(4) 社会风险。项目人员在东道国的生产生活需要当地提供必要的社会服务,否则项目开展困难加大。在沙漠国家曾有我国工作人员需要自己种蔬菜的例子。项目开展依赖地方的通信、供电供水、道路交通运输等基础设施。工程项目建设人员需要熟知风俗、信仰,防止产生不必要的风险。

(5) 合同风险。国际工程项目中形成的各种法律关系大多是通过合同来体现的,当事人之间的权利与义务也主要通过合同来确立,防范合同风险可以在相当程度上确保项目运作的正常秩序，避免经济纠纷的发生，从而保证企业的经济利益。

（6）管理风险。这主要包括领导者的决策风险、项目分包风险和人材机风险。项目决策要力戒急于求成、自以为是和盲目拍脑袋，不能为了业绩不计后果。国际工程项目分包常常有指定分包、联合体分包和议标分包。指定分包是外方业主直接指定分包商，其素质能力良莠不齐，我方项目总承包商应将相应的风险交给业主处理；当我方总承包商能寻找分包商时，要做到心中有数，避免盲人摸象的风险。

（7）技术风险。这主要包括设计技术风险、施工技术风险和技术标准风险等。近年来，在国际工程项目中工程总承包（EPC）项目越来越多，有些项目负责人不知道采用中国标准的重要性。为了简化自己的工作，他们往往轻率地放弃了设计和技术的主动权，没有掌控"E"设计，被业主指定的设计分包商牵着鼻子走，结果造成设计不能达到经济合理的效果，遭受不应有的损失。任何一个EPC项目中，"E"不仅是设计，还包含了对项目采购、项目施工的全过程的技术服务，"E"是EPC项目的灵魂，是核心。

8.6.3 国际建设工程项目风险管理基本的对策

1. 聘请专家咨询，树立项目风险意识

参与国际工程项目建设面临的风险要远远大于国内，建筑企业对于项目所在国社会因素和自然因素的熟悉程度是远不如国内的，同时，建筑企业也不可能拥有各方面的专家来应对国际项目建设中面临的方方面面的风险，聘请专业团队应对专业问题是国际项目建设的良好选择。建筑工程项目决策人要有项目风险意识，不能不计后果地获取项目，这方面我国的建筑企业是有惨痛的教训的。

2. 设置专门的风险管理组织机构或专岗

大型项目设置专门的风险管理组织机构，如风险管理部、审计内控部及法律事务部等；规模相对较小的项目设置风险管理专岗，由该类风险管理部门或专岗专人负责组织风险管理工作。要有专职机构进行建设工程项目风险管理和协调。

3. 建立风险管理规章制度

建立风险管理规章制度，对风险管理规划、风险管理流程和风险管理人员素质要求等进行制度上的规范，避免无序进行风险管理。

4. 建立风险管理信息库

对项目所在的目标国进行商务、法律和政治社会环境调研，对自己已实施的项目进行经验教训总结和后评价，以及搜集整理对外承包工程项目案例，建立案例库等，并在企业范围内进行风险信息共享，以便为后续项目的运作参考借鉴。

5. 进行全过程的项目风险管理

项目前期就要注重搜集风险信息，包括商务、财务、法律、技术和现场条件等信息，并进行风险识别和分析，供项目决策参考；在项目合同谈判签约过程中，注重就风险点和偏差同业主进行谈判，以争取对己方更合理、更有利的合同条件，通过合同预防和降低项目运作风险；在项目实施过程中，注重制定风险管理预案，并为风险预防做出一定的人员、设备和资金配置，在项目实施过程中预防和控制风险；在风险事件发生后，十分注重应对和处理风险事件，如保险事故、战争内乱、业主反索赔等，从最大程度上降低项目损失和人员伤亡。

8.6.4 案例分析：某国×××水电站机电设备成套项目

某国×××水电站机电设备成套项目由我国×××公司牵头与×××公司组成联营体投标。2010年10月15日联营体与某国电力公司签订了《某国×××水电站项目机电设备供货、安装和技术服务合同》，2010年11月28日签订了《某国×××水电站项目机电辅机设备采购、设计及安装合同》，合同总费用达8000万美元。合同从2010年10月15日开始，2012年12月15日完成，总工期两年两个月。

对本项目的各类风险进行分析后，整理为风险分析表，具体见表8-1。

表 8-1 风险分析-应对措施

风险种类	风险识别		风险评估			风险应对措施		
	潜在的风险事件	风险发生的后果	可能性	严重性	风险值	应对策略	防范措施	责任人
HSE风险	安装人员人身安全	造成人员伤亡	1	5	5	预防/转移	加强安全培训和安全管理,配备安全防护设施,给现场人员买保险	安全管理组长
	人员身体健康	造成身体疾病	2	2	4	预防	加强药物预防,注意饮食卫生	
	环境污染风险	油污、烟尘导致工作环境变差,影响身体健康	2	2	4	预防	加强环境保护意识教育	
技术风险	设计方案	出现设计偏差,造成设计返工	1	5	5	预防	严格审查设计方案,确保方案能够满足整个车间改造项目的要求	项目经理
	设计规范适应性	设计方案不被接受	4	3	12	预防	收集国外及国际标准,学习及将其应用到设计中	
管理风险	项目管理不力	管理混乱,冲突不断	1	3	3	预防	制定有效的管理制度,制度风险责任制度、奖励和惩罚制度	项目经理
	承包商(供应商)的管理	设备安装、供货不到位,影响工期	1	4	4	预防	选择合格的分承包(供应)商	
	国内、国外各方沟通	导致技术、语言、合作障碍	2	3	6	预防	建立良好的沟通渠道及氛围	

(续)

风险种类	风险识别		风险评估			风险应对措施		责任人
	潜在的风险事件	风险发生的后果	可能性	严重性	风险值	应对策略	防范措施	
费用风险	费用超支	影响总费用，减少利润	2	4	8	预防	制订周密的费用管理计划，加强费用管理，并预留风险资金	项目经理
	索赔风险	影响总费用，导致亏本	1	5	5	预防/转移	商务谈判消灭索赔项，并尽量设立反索赔项或购买工程险	项目经理
进度风险	设备制造周期风险	进度滞后影响总工期	1	5	5	预防	严格按照项目计划实施，严控制造环节	项目经理
	安装工期风险	进度滞后影响总工期	1	4	4	预防	制订详细安装计划，按工作调派施工人员	项目经理
	设备运输风险	进度滞后影响总工期	3	4	12	预防/转移	掌握海上运输时间及海关手续，购买商业保险	项目经理
质量风险	安装质量不达标	影响交付验收及进度	1	5	5	预防	施工方加强设计方的沟通，加强施工管理	项目经理
	设备材料质量风险	影响工程质量	1	4	4	转移	与供货商签订质量协议，将风险转移	采购主管
政策、政治风险	国家关系风险	国家关系恶化工程停工	1	5	5	转移	合同谈判时予以说明	项目经理
	国际汇率变化	工程收入增加或减少	3	3	9	预防	加强国际经济研究，准确预测，做好防范	项目经理

249

复习思考题

1. 工程项目风险管理的核心是什么?
2. 工程项目风险识别的依据有哪些?
3. 工程项目确定型风险估计与评价的常用方法有哪些?
4. 简述工程风险评价的定义。
5. 简述层次分析法的基本步骤。
6. 风险应对的策略有哪些?
7. 简述风险管理计划的内容。
8. 简述风险监控的定义和必要性。
9. 工程风险监视的方法有哪些?
10. 国际工程项目风险的特点有哪些?

第9章 工程项目合同管理

本章目标 通过本章的学习，了解工程项目合同的概念、内容和特点；了解工程项目中的主要合同关系；了解工程项目合同管理的概念、重要性及主要措施；熟悉工程项目施工合同管理和总承包合同管理的有关内容；熟悉工程项目索赔的意义和起因；掌握工程项目合同的类型；掌握工程项目合同管理中合同的订立、效力、履行与违约责任、变更、转让、解除和终止的相关规定；掌握工程项目索赔的主要依据、分类和程序。

本章介绍 在现代工程项目管理中，由于项目复杂程度的加大和参与方的增多，项目合同扮演着越来越重要的角色。本章全面介绍：工程项目合同的概念、主要内容、特点、类型及工程项目中的主要合同关系；工程项目合同管理的概念、重要性和主要措施；工程项目合同管理中合同的订立、效力、履行与违约责任、变更、转让、解除和终止的相关规定，工程项目施工合同管理和工程项目总承包合同管理的相关内容；工程索赔的意义、起因、主要依据、分类和程序。

9.1 概述

9.1.1 工程项目合同的概念

工程项目合同是指项目业主或其代理人与项目承包人或供应人为完成一确定的项目所指向的目标或规定的内容，明确相互的权利义务关系而达成的协议。在社会生活中，合同是普遍存在的，需要用合同来维护当事人的合法权益，维护社会的经济秩序。没有合同，整个社会的生产和生活就不可能有效和正常地进行。

9.1.2 工程项目合同的主要内容

工程项目合同的内容由合同双方当事人约定，不同种类的合同其内容不一，繁简程度差别很大，签订一个周全的合同是实现合同目的、维护自己合法权益、减少合同争执最基本的要求。合同通常包括如下几方面内容：

(1) 合同当事人。合同当事人是指签订合同的各方，是合同的权利和义务的主体。当事人是平等主体的自然人、法人或其他经济组织。但对于具体种类的合同，当事人还应当"具有相应的民事权利能力和民事行为能力"。例如，签订建设工程承包合同的承包商，不仅需要工程承包企业的营业执照（民事权利能力），而且还要有与该工程的专业类别、规模相应的资质许可证（民事行为能力）。

(2) 合同标的。合同标的是当事人双方的权利、义务共指的对象，它可能是实物（如生产资料、生活资料、动产、不动产等）、行为（如工程承包、委托）、服务性工作（如劳务、加工）、智力成果（如专利、商标、专有技术）等。例如工程承包合同，其标的是完成工程项目，标的是合同必须具备的条款。无标的或标的不明确，这种合同是不能成立的，也无法履行。合同标的是合同最本质的特征，通常合同是按照标的来分类的。

(3) 标的的数量和质量。标的的数量和质量共同定义标的的具体特征。

标的的数量一般以度量衡作为计算单位，以数字作为衡量标的的尺度；标的的质量是指质量标准、功能、技术要求、服务条件等。没有标的数量和质量的定义，这种合同是无法生效和履行的，发生纠纷也不易分清责任。

(4) 合同价款或酬金。合同价款或酬金是指取得标的（物品、劳务或服务）的一方向对方支付的代价，作为对方完成合同义务的补偿。合同中应写明价款数量、付款方式、结算程序。

(5) 合同期限、履行地点。合同期限是指履行合同的期限，即从合同生效到合同结束的时间。履行地点是指合同标的物所在地，如以承包工程为标的的合同，其履行地点是工程计划文件所规定的工程所在地。由于项目活动都是在一定的时间和空间上进行的，离开具体的时间和空间，项目活动是没有意义的，所以合同中应非常具体地规定合同期限和履行地点。

（6）违约责任。违约责任是指合同一方或双方因过失不能履行或不能完全履行合同责任而侵犯了另一方权利时所应负的责任。违约责任是合同的关键条款之一。如果合同中没有规定违约责任，则合同对双方难以形成法律约束力，难以确保圆满地履行，发生争执也难以解决。

（7）解决争执的方法。解决争执的方法是一般项目合同必须具备的条款，不同类型项目合同按需要还可以增加许多其他内容。

9.1.3 工程项目合同的特点

工程项目合同与一般经济合同相比，具有以下特点：

（1）合同的标的物具有特殊性。合同的标的物是工程项目，工程项目具有固定性、建设产品体积庞大、投资额度大、不确定因素多和一次性的特点。合同标的物的特殊性决定了工程项目合同管理的复杂性。

（2）合同履行的期限长。工程项目实施周期长决定了项目合同的履行期限长，也决定了合同管理的长期性。

（3）合同包含的内容多，涉及面广。工程项目建设涉及诸方面的因素和多方法律关系，这些都要反映到合同中。因此，项目合同往往分写成好几个文件，既要涵盖项目实施过程中的各个环节和各方关系，又要包涵项目实施过程中的各种条款。这就决定了项目合同涉及面广、内容多和管理复杂的特点。

（4）合同风险大。工程项目所固有的一次性、固定性、涉及面广、投资额大、易受自然因素影响等特点，造成了合同的风险性，而市场的激烈竞争又加剧了这种风险。因此，在签订合同过程中须仔细斟酌，避免承担不必要的风险责任，并要善于把握和利用可能的风险因素获利，使己方在今后的合同执行中居于有利地位。

9.1.4 工程项目合同的类型

工程项目合同按不同的分类方法，其类型也不同。

1. 按签约各方的关系分类

（1）工程总承包合同。这是项目组织与承包商之间签订的合同，所包含的范围包括项目建设的全过程（包括土建、安装、水、电、空调等）。

（2）工程分包合同。它是承包商将中标工程的一部分内容包给分包商，为此而签订的总承包商与分承包商间的分包合同。允许分包的内容，一般在合同条件中有规定，如 FIDIC 合同条件就规定"承包商不得将全部工程分包出去……如（工程师）同意分包（指部分分包），也不得免除承包商在合同中承担的任何责任和义务。"也就是说，签订分包合同后，承包商仍应全部履行与业主签订的合同所规定的责任和义务。

（3）货物购销合同。该合同是项目组织为从组织外部获得货物而与供应商签订的合同。

（4）转包合同。该合同是一种承包权的转让，承包商之间签订的转包合同，明确由另一承包商承担原承包商与项目组织签订的合同所规定的权利、义务和风险，而原承包商由转包合同获取一定的报酬。

（5）劳务分包合同。通常称劳务分包合同为包工不包料合同或称为包清工合同，分包商在合同实施过程中，不承担材料涨价的风险。

（6）劳务合同。这是承包商或分承包商聘用劳务所签订的合同。提供劳务一方不承担任何风险，但也难获得较大的利润。

（7）联合承包合同。该合同是指两个或两个以上合作单位之间，以承包人的名义共同承担项目的全部工作而签订的合同。

2. 按合同计价方式分类

（1）固定价或总价合同。这种类型的合同就是把各方面非常明确的产品的总价格固定下来，如果该产品不是各方面都很明确，则买主和卖主将会有风险，买主可能收不到预想的产品，或者卖主可能要支付额外的费用才能提交该产品。固定价合同还可以增加激励措施，以便达到或超过预定的项目目标要求。

（2）单价合同。这种类型的合同就是把付给承包商的报酬按单位服务计算。例如，每小时专业服务 70 美元或每立方米挖方 1 美元，因此该合同的总价值是为完成该项目所需工作量的函数。

（3）成本加酬金合同。这种承包方式的基本特点是按项目实际发生成本加上商定的管理费和利润来确定项目总价。成本一般分为直接费用（项目直接开支的费用，如项目人员的薪水）和间接费用（由实施组织分摊到该项目上作为经营费的费用，如承包商行政人员的工资）。间接费用在计算时一般都取直接费用的某个百分比。成本加酬金合同经常包括某些激励措施，以便达到或超过某些预定的项目目标。在实践中有以下四种具体做法：

1）成本加固定百分比酬金。计算公式为
$$C = C_d + C_d P$$
式中，C 为合同总价；C_d 为实际发生的项目成本；P 为固定百分比。

从上式看，总价随着实际成本的增加而增加，显然承包商对缩短项目周期降低成本无积极性，该方式对顾客（买主）不利，现在较少采用。

2）成本加固定酬金。项目成本实报实销，但酬金是事先商定一个固定数目，计算公式为
$$C = C_d + F$$
式中，F 为固定酬金。

这种承包方式比前一种承包方式进了一步，虽然还不能鼓励承包商关心降低成本，但从尽快取得酬金出发，承包商将会关心缩短项目周期。

3）成本加浮动酬金。这种承包方式是预先商定项目成本和酬金的预期水平，根据实际成本与预期成本的离差，酬金上下浮动，计算公式为

当 $C_d = C_0$ 时，则 $C = C_d + F$
当 $C_d > C_0$ 时，则 $C = C_d + F - \Delta F$
当 $C_d < C_0$ 时，则 $C = C_d + F + \Delta F$

式中，C_0 为预期成本；ΔF 为酬金的增减部分（可以是一个绝对数，也可以换算成百分比）。

4）目标成本加奖罚。这种承包方式与成本加浮动酬金基本相同，它以项目的粗略估算成本作为目标成本，随着项目设计的逐步具体化，劳务数量和目标成本可以调整。另外，规定一个百分数，作为计算酬金的比率，最后结算时，根据实际成本与目标成本的关系确定另外一个百分数，即奖罚百分数。计算公式为
$$C = C_d + P_1 C_0 + P_2 (C_0 - C_d)$$
式中，C_0 为目标成本；P_1 为基本酬金百分数；P_2 为奖罚百分数。

（4）计量估价合同。计量估价合同以承包商提供的劳务数量清单和单价表为计算价金的依据。

3. 按承包范围分类

(1) 交钥匙合同。这种合同又称为"统包"或"一揽子"合同，整个项目的设计和建造实施通常由一个承包商承担，签订一份合同。项目业主只对项目概括地叙述一般情况，提出一般要求，而把项目的可行性研究、勘测、设计、施工、设备采购和安装及竣工后一定时期内的试运行和维护等全部承包给一个承包商。显然这种方式要求业主必须很有经验，能够与承包商讨论工作范围、技术要求、工程款支付方式和监督施工方式、方法。因此，这种合同方式最适合于承包商非常熟悉的那类技术要求高的大型工程项目。已经有许多规模大、复杂的土木、机械、电气项目使用这种合同方式并取得了成功。

这种合同一般分三个阶段进行：第一阶段为业主委托承包商进行可行性研究，承包商在提出可行性研究报告的同时，提出进行初步设计和工程结算所需的时间和费用；第二阶段是在业主审查了可行性研究报告并批准了项目实施之后，委托承包商进行初步设计和必要的施工准备；第三阶段由业主委托承包商做施工图设计并着手准备施工。上述每一阶段都要签订合同，其中包括支付报酬的形式。支付报酬一般多采用成本加酬金合同的形式。

(2) 设计-采购-施工（EPC）合同。该合同与交钥匙合同类似，只是承包的范围不包括试生产及生产准备。

(3) 设计-采购合同。承包商只负责工程项目设计和对材料设备的采购，工程施工由业主另行委托。该类合同承包商承包的工作范围较窄，业主管理工作量大，需负责设计、采购、施工的协调。

(4) 单项合同。单项合同，如设计合同和施工合同等。设计合同是承包商只承包工程项目设计和实施中的设计技术服务，而大部分工作由业主统一协调控制。施工合同是承包商只能按图施工，无权修改设计方案，承包范围单一，与项目设计、采购等环节形成众多结合部，难以协调。这种设计、施工分立式项目合同，需要业主管理能力强，也使承包商进行项目管理增大了工作难度。

9.1.5 工程项目中的主要合同关系

工程项目是极为复杂的社会生产过程，它分别经历可行性研究、勘察设计、工程施工和运行等阶段；有土建、水电、机械设备、通信等专业设计和施工活动；需要各种材料、设备、资金和劳动力的供应。由于现代社会化大生产和专业化分工，一个稍大一点的工程项目其参加单位就有十几个、几十个，甚至成百上千个，它们之间形成各式各样的经济关系。由于维系这种关系的纽带是合同，所以就有各式各样的合同，形成一个复杂的合同体系，在这个体系中，业主和工程的承包商是两个最主要的节点。

1. 业主的主要合同关系

业主为了实现工程项目总目标，可以通过签订合同将工程项目寿命期内有关活动委托给相应的专业承包单位或专业机构，如工程勘察、工程设计、工程施工、设备和材料供应、工程咨询（可行性研究、技术咨询）与项目管理服务等，从而涉及众多合同关系，包括施工承包合同、勘察设计合同、材料采购合同、工程咨询合同、项目管理合同、贷款合同和工程保险合同等。与业主签订的合同通常被称为主合同，根据工程承包方式的不同，业主可能订立几十份合同，也可能将上述合同以各种形式合并，只签订几份甚至一份主合同。

2. 承包商的主要合同关系

承包商作为工程承包合同的履行者，要完成合同所规定的责任，当然也可以通过签订合同将工程承包合同中所确定的工程设计、施工、设备材料采购等部分任务委托给其他相关单位来完成。承包商的主要合同关系包括施工分包合同、材料采购合同、运输合同、加工合同、租赁合同、劳务分包合同、保险合同等。

3. 其他方面的主要合同关系

（1）分包商有时也可把其工作再分包出去，形成多级分包合同。

（2）设计单位和供应单位也可能有分包合同。

（3）承包商有时承担部分工程的设计任务，它也需要委托设计单位。

（4）如果工程的付款条件苛刻，承包商须带资承包，也必须订立贷款合同。

（5）在许多大的工程项目中，特别是全包工程中，承包商往往是几个企业的合伙人或联营体，则这些企业之间必须订立合伙合同（联营合同）。

上述合同便构成了工程项目的合同体系，在工程项目中，特别是在大型工程项目中合同关系是极为复杂的，在整个合同体系中有不同层次的合同。

9.1.6　工程项目合同管理的概念及其重要性

1. 工程项目合同管理的概念

工程项目合同管理是对工程项目中相关合同的策划、签订、履行、变更、索赔和争议的管理，它是工程项目管理的重要组成部分。根据合同管理的对象，可将合同管理分为两个层次：①对单项合同的管理；②对整个项目的合同管理。

（1）单项合同的管理。这主要是指合同当事人从合同开始到合同结束的全过程对某个合同进行的管理，包括合同的提出、合同文本的起草、合同的订立、合同履行、合同的变更和索赔控制、合同收尾等环节。

（2）整个项目的合同管理。由于合同在工程中的特殊作用，项目的参加者以及与项目有关的组织都有合同管理工作，但不同的单位或人员，如政府行政管理部门、律师、业主、工程师、承包商、供应商等在工程项目中的角色不同，则有不同角度、不同性质、不同内容和侧重点的合同管理工作。

广义地说，工程项目的实施和管理全部工作都可以纳入合同管理的范畴。合同管理作为工程项目管理一个重要的组成部分，必须贯穿于整个工程项目管理中。要实现工程项目的目标，必须对全部项目、项目实施的全过程和各个环节、项目的所有工程活动实施有效的合同管理。合同管理与其他管理职能密切结合，共同构成工程项目管理系统。

2. 工程项目合同管理的重要性

在现代工程项目管理中，没有合同管理，则项目管理难以形成系统，难以有高效率，不可能实现项目的目标，合同管理已越来越受到人们的重视。这主要是出于以下几个方面的原因：

（1）在现代工程项目中合同已越来越复杂。在工程中相关的合同多，一般都有几十份、几百份甚至几千份合同，它们之间有着复杂的关系；合同特别是承包合同的文件多，包括合同条件、协议书、投标书、图样、规范和工程量表等；合同条款越来越多；合同生命期长，实施过程复杂；合同过程中争执多，索赔多。

（2）由于合同将工期、成本和质量目标统一起来，划分各方面的责任和权力，因此在工程项目管理中合同管理处于核心地位，作为一条主线贯穿始终。没有合同管理，工程项目管理目标就不明确，不能形成系统。

（3）严格的合同管理是国际惯例。工程项目的投资建设必须做到符合国际惯例的招投标制度、建设工程监理制度和国际通用的 FIDIC 合同条件等。这些都与合同管理有关，工程项目管理的国际化是一个大趋势。

综上所述，在现代工程中，没有合同意识，则项目整体目标不明确，项目目标也就难以实现，专业化的合同管理势在必行。

9.1.7 工程项目合同管理的主要措施

（1）组建高素质、分层次的合同管理团队。在建设项目管理机构中，应建立合同管理保证体系，从机构设置、人员安排、设备配置等方面保证合同管理的顺利开展。

（2）制定严密和明晰的合同管理程序。程序是规范管理最重要的基础之一。要根据建设项目合同，制定完善和严密的管理程序，并使合同实施过程中的日常事务工作按程序进行，使项目建设的合同事件处于控制中，保证合同目标的实现。

（3）实行全员合同管理。要组织合同培训，对各级项目管理人员进行"合同交底"，使其学习和了解合同；要对合同的主要内容、工作程序做出解释和说明，提高全员的合同意识，使其自觉按合同办事；规范管理程序，要确定合同管理任务、目标和责任，并将其细化和分解，将具体的合同管理任务和责任落实到有关部门和人员的身上。

（4）建立信息管理系统。信息管理是合同管理的基础和手段，也是建设项目管理最基本的依据。完整、准确和及时的信息对确保合同管理工作的正确、快速决策，保证工程的顺利进行和实现项目的计划目标，具有重要意义。项目管理单位和合同管理人员应给予特别重视，借助计算机和网络等现代信息手段，建立完善和高效的信息管理系统。

（5）建立合同各方之间的交流和沟通制度。工程建设期间，各方充分、及时的交流和沟通，以及信息的及时和准确传递，对有关问题的迅速处理都具有重要作用。因此，应该以制度的形式保证信息的正常流转和反馈。

9.2 工程项目合同管理的内容

9.2.1 项目合同的订立

合同的签订过程也就是合同的形成过程和合同的协商过程,合同订立应遵循以下原则:不能违反法律;由合格的法人在协商基础上达成协议;公平合理、等价交换原则;诚信原则等。

订立合同的具体方式多样:有的是通过口头或者书面往来协商谈判,有的是采取拍卖、招标投标等方式。但不管采取什么具体方式,都必然经过两个步骤,即要约和承诺。我国《民法典》第三编中规定,当事人订立合同,可以采取要约、承诺方式或其他方式。

1. 要约

要约在经济活动中又称为发盘、出盘、发价、出价、报价等。

要约是当事人一方向另一方提出订立合同的愿望。提出订立合同建议的当事人被称为"要约人",接受要约的一方被称为"受要约人"。要约的内容必须具体明确,表明只要经受要约人承诺,要约人即接受要约的法律约束力。

要约人提出要约是一种法律行为。它在到达受要约人时生效。

要约人可以撤回要约。要约人发出的撤回要约通知应当在要约到达受要约人之前,或与要约同时到达受要约人。

要约人还可以撤销要约。要约人撤销要约的通知应当在受要约人发出承诺通知前到达受要约人。

在下列情况下,要约不能撤销:

1) 要约人规定了承诺期限,或者有其他形式明示要约不可撤销。

2) 受要约人有理由认为要约是不可撤销的,并已经为合同的履行做了准备工作,如果要约撤销,受要约人就会受到损失。例如,受要约人收到要约后可能拒绝了其他人的同种要约;或受要约人收到要约后,可能为承诺做了准备工作,如为付款而向银行贷款,或者为准备接受来货而租赁了仓库等。

在下列情况下，要约无效：

1）拒绝要约的通知到达要约人。

2）要约人依法撤销要约。

3）在承诺期限内，受要约人未做出承诺。

4）受要约人对要约的内容做出实质性变更。

有时当事人一方希望他人向自己发出要约，如发布拍卖公告、寄送价目表、发布招标公告和招标文件、做商业广告等，这些为要约邀请。但商业广告的内容符合要约规定的，视为要约。在工程招标投标中，承包商的投标书是要约。

2. 承诺

承诺即接受要约，是受要约人同意要约的意思表示。承诺也是一种法律行为，要约一经承诺，就被认为当事人双方已协商一致，达成协议，合同即告成立。承诺有以下两个条件：

1）承诺人要按照要约所指定的方式，无条件地完全同意要约（或新要约）的内容。如果受要约人对要约的内容做了实质性变更，则要约失效。

2）承诺应在要约规定的期限内到达要约人，并符合要约所规定的其他各种要求。

承诺一般以通知的方式做出，承诺通知到达要约人时承诺生效；承诺生效时合同成立。承诺期限的起算遵照以下规定：

1）如果要约确定了承诺期限，则应在该确定的期限内做出承诺。如果没有确定期限，以对话方式做出的，应当及时做出承诺；要约以非对话方式做出的，应当在合理期限内做出承诺，所谓合理期限，就是要考虑给承诺人以必要的时间。

2）要约以信件或电报做出的，则承诺期限从信件载明的日期或电报交发的日期起算；信件未载明日期的，则以投寄该信件的邮戳日期起算。

3）要约以电话、传真等快速通信方式做出的，则承诺期限自要约到达受要约人时开始计算。

承诺可以撤回。承诺人撤回承诺的通知应在承诺通知到达要约人之前，或与承诺通知同时到达要约人。

如果受要约人要求对要约的内容做出实质性变更（如修改合同标的、数量、质量、合同价款、履行期限、履行地点和方式、违约责任和争执解决方法等），或超过规定的承诺期限才做出承诺，都不能视为对原要约的承诺，而只能作为受要约人提出的"新要约"。只有当要约人接受了这个新要约才算达成协议，合同以新要约的内容为准。

通常在合同的酝酿过程中，当事人双方对合同条款要反复磋商，经多轮会谈，在其中会产生许多次"新要约"，最终才达成一致，签订合同。

承诺生效的地点为合同成立的地点。如果当事人以合同书的形式签订合同，则双方当事人签字或盖章的地点为合同成立的地点。采用数据电文形式订立合同的，收件人的主营业地为合同成立的地点；没有主营业地的，其经常居住地为合同成立的地点。当事人另有约定的，按照其约定。

9.2.2 项目合同的效力

项目合同效力是指合同所具有的法律约束力。只有有效的合同才受到法律保护。

1. 合同生效的要件

合同生效，即合同发生法律约束力。合同生效后，业主和承包商须按约定履行合同，以实现其追求的法律后果。

我国《民法典》第三编规定："依法成立的合同，自成立时生效。"但也有两种特殊的情况：

（1）按照法律或行政法规规定，有些合同应当在办理批准、登记等手续后生效。

（2）当事人对合同的效力可以约定附条件或者附期限，那么自然条件成立或者期限截止时生效。

2. 无效合同

（1）无效合同的确认。有下列情形之一的，合同无效：

1) 一方以欺诈、胁迫的手段订立合同。

2) 恶意串通，损害国家、集体或者第三人利益。

3) 以合法形式掩盖非法目的。

4) 损害社会公共利益。

5) 违反法律、行政法规的强制性规定。

无效合同的确认权归合同管理机关和人民法院。

(2) 无效合同的处理。

1) 无效合同自合同签订时就没有法律约束力。

2) 合同无效分为整个合同无效和部分无效。如果合同部分无效的，不影响其他部分的法律效力。

3) 合同无效不影响合同中独立存在的有关解决争议条款的效力。

4) 因该合同取得的财产，应予返还；有过错的一方应当赔偿对方因此所受到的损失。

3. 可撤销合同

合同可撤销制度是为了体现和维护公平和自愿的原则，给当事人一种补救的机会。

(1) 可变更或撤销合同的条件。

1) 当事人对合同的内容存在重大误解。

2) 在订立合同时显失公平。

3) 一方以欺诈、胁迫的手段或者乘人之危，使对方在违背真实意愿的情况下订立合同。

对可撤销合同，只有受损害方才有权提出变更或撤销，而有过错的一方不仅不能提出变更或撤销，还要赔偿对方因此所受到的损失。

(2) 可撤销合同与无效合同的区别。

1) 可撤销合同必须由当事人提出变更还是撤销，当事人可以自由选择。

2) 提出的当事人有举证责任。请求人要提出存在的重大误解或显失公平，或对方在签订合同时采取的欺诈、胁迫手段,或者乘人之危的证据。

3)可撤销合同必须由人民法院或者仲裁机构做出裁决。做出裁决之前该合同还是有效的。如果裁决决定对合同内容予以变更,则按裁决履行;如果裁决该合同被撤销,那么它从签订时就没有法律约束力。

4)撤销权的行使有一定的期限。

4. 项目合同效力待定

某些项目合同和合同某些方向不符合合同生效要件,但又不属于无效合同或可撤销合同,应当采取补救措施,有条件的应尽量促使其成为有效合同。

例如,在代理过程中,若发生以下情况,其签订的合同效力待定:

(1) 行为人没有代理权。

(2) 合同超过代理范围。

(3) 原来有代理权,在代理权终止后还以被代理人的名义签订合同。在发生以上情况时,行为人可以催告被代理人在一个月内予以追认。如果被代理人追认,则该合同对被代理人有效;否则,对被代理人不发生效力,而由行为人承担责任。

9.2.3 项目合同的履行与违约责任

1. 项目合同的履行

项目合同的履行是指合同生效后,当事人双方按照合同约定的标的、数量、质量、价款、履行期限、履行地点和履行方式等完成各自应承担的全部义务的行为。严格履行合同是双方当事人的义务,因此合同当事人必须共同按计划履行合同,实现合同所要达到的各类预定目标。

项目合同的履行有实际履行和适当履行两种形式。

(1) 实际履行。项目合同的实际履行,即要求按照合同规定的标的来履行。实际履行已经成为我国合同法规的一个基本原则。采用该原则对项目合同的履行具有十分重大的意义。由于项目合同的标的物大都为指定物,因此不得以支付违约金或赔偿损失来免除一方当事人继续履行合同规定的义务。如果允许合同当事人的一方可用货币代偿合同中规定的义务,那么合同当事人的另一方可能在经济上蒙受更大的损失或无法计算的间接损失。此外,即使当事人一方在经济上的损失得到一部分补偿，但是对于预定的项目目标或任务，甚至国家计划的完成，某些涉及国计民生、社会公益项目不能得到实现，实际上会有更大的损失。所以，实际履行的正确含义只能是按照项目合同规定的标的履行。

当然，在贯彻以上原则时，还应从实际出发。在某些情况下，过于强调实际履行，不仅在客观上不可能，而且还会给对方和社会利益造成更大的损失。这样，应当允许用支付违约金和赔偿损失的办法来代替合同的履行。

（2）适当履行。项目合同的适当履行，即当事人按照法律和项目合同规定的标的按质、按量地履行。义务人不得以次充好，以假乱真；否则，权利人有权拒绝接受。所以在签订合同时，必须对标的物的规格、数量、质量做具体规定，以便按规定履行义务，权利人按规定验收。

（3）合同履行中的解释问题。包括以下方面：

1）在合同的执行过程中，如果当事人对合同条款的解释有异议，应当按照合同所使用的词句、合同的有关条款、合同的目的、交易习惯以及诚实信用的原则确定该条款的真实意思。

2）如果合同文本采用两种以上的文字订立，并约定具有同等效力，则当各文本使用的词句不一致时，应当根据合同的目的予以解释。

3）当合同中对有些内容没有约定或约定不明时，双方可以订立补充协议确定。如果不能达成补充协议，根据公平合理的原则，按照如下规定执行：

①若质量要求不明确，则应按照国家标准、行业标准履行；若没有国家标准或行业标准，则应按照通常标准或者符合合同目的的特定标准履行。

②若合同对价款或者报酬规定不明，则应按照订立合同时履行地的市场价格履行；若依法应当执行政府定价或政府指导价，则应按照规定履行。

如果合同规定执行政府定价或政府指导价，在合同执行中政府价格调整，则应按照交付时的价格计价；若逾期交付标的物，又遇价格上涨，则应按照原价格执行；若遇价格下降，则应按照新价格执行。对逾期提取标的物或逾期付款的，则做相反的处理。这也体现了公平原则，对违约者不利。

③对履行地点不明确的情况，若合同规定给付货币的，则在接受货币一方所在地履行；若合同规定交付不动产的，则在不动产所在地履行；对其他标的情况，应在履行义务一方所在地履行。

④若履行期限不明确,则债务人可以随时履行,债权人也可以随时要求履行,但应当给对方必要的准备时间。

⑤若履行方式不明确,则按照有利于实现合同目的的方式履行。

⑥若履行费用的负担不明确,则由履行义务一方负担。

2. 违约责任

违约责任是指合同当事人违反合同约定、不履行义务或者履行义务不符合约定所应承担的责任。违约责任制度是保证当事人履行合同义务的重要措施,有利于促进合同的全面履行。如果没有违约责任制度,则"合同具有法律约束力"便成为空话。

当事人一方不履行合同义务或者履行合同义务不符合约定的,应当承担如下责任:

(1) 继续履行合同,违约人应继续履行没尽到的合同义务。

(2) 采取补救措施。例如,质量不符合约定的,可以要求修理、更换、重做、退货、减少价款或者报酬等。

(3) 支付违约金。关于违约金的支付有关事项如下:

1) 当事人可以约定违约金条款。在合同实施中,只要一方有不履行合同的行为,就得按合同规定向另一方支付违约金,而不管违约行为是否造成对方损失。以这种手段对违约方进行经济制裁,目的是对企图违约者起警戒作用。违约金的数额应在合同中用专门条款详细规定。

2) 违约金同时具有补偿性和惩罚性。《民法典》规定,约定的违约金低于造成的损失的,人民法院或者仲裁机构可以根据当事人的请求予以增加;约定的违约金过分高于造成的损失的,人民法院或者仲裁机构可以根据当事人的请求予以适当减少。这就保护了受损害方的利益,体现了违约金的惩罚性,有利于对违约者制约,同时也体现了公平原则。

3) 当事人可以约定一方向对方给付定金作为债权的担保。即为了保证合同的履行,在当事人一方应付给另一方的金额内,预先支付部分款额作为定金。若支付定金一方违约或不履行合同,则定金不予退还。同样,如果接受定金的一方违约,不履行合同,则应加倍偿还定金。

（4）赔偿损失。违约方在继续履行义务、采取补救措施、支付违约金后，对方仍有其他损失，则应当赔偿损失。损失的赔偿额应相当于因违约所造成的损失，包括合同履行后可以获得的利润。

因不可抗力导致不能履行合同责任，可以部分或全部免除合同责任。但如果当事人拖延履行合同责任后发生不可抗力，不能免除责任；若法律规定和合同约定有免责条件，则当发生这些条件时，可以不承担责任。

9.2.4　项目合同的变更、转让、解除和终止

1. 项目合同的变更和转让

合同的变更通常是指由于一定的法律事实而改变合同的内容和标的的法律行为。当事人双方协商一致，就可以变更合同。合同变更应符合合同签订的原则和程序。

债权人可以将合同的权利全部或部分地转让给第三人，但如下情况除外：

（1）根据合同的性质不得转让。

（2）按照当事人的约定不得转让。

（3）按照法律规定不得转让。

债权人转让权利应当通知债务人。未经通知，该转让对债务人不发生效力。合同当事人一方经对方同意，可以将自己的权利和义务转让给第三人。如果当事人一方发生合并或分立，则应由合并或分立后的当事人承担或分别承担履行合同的义务，并享有相应的权利。

2. 项目合同的解除

合同的解除是指消灭既存合同效力的法律行为。其主要特征有：①合同当事人必须协商一致；②合同当事人应负恢复原状之义务；③其法律后果是消灭原合同的效力。合同解除有以下两种情况：

（1）协议解除。协议解除是指当事人双方通过协议解除原合同规定的权利和义务关系。有时是在订立合同时在合同中约定了解除合同的条件，当解除合同的条件成立时，合同就被解除；有时在履行过程中，双方经协商一致同意解除合同。

（2）法定解除。法定解除是在合同成立后，没有履行或者没有完全履行以

前，当事人一方行使法定解除权而使合同终止。为了防止解除权的滥用，《民法典》规定了十分严格的条件和程序。有下列情形之一的，当事人可以解除合同：

1）因不可抗力致使不能实现合同目的。

2）在履行期限届满前，当事人一方明确表示或者以自己的行为表明不履行主要债务。

3）当事人一方迟延履行主要债务，经催告后在合理期限内仍未履行。

4）当事人一方迟延履行债务或者有其他违约行为致使不能实现合同目的。

5）法律规定的其他情形。

以持续履行的债务为内容的不定期合同，当事人可以随时解除合同，但是应当在合理期限之前通知对方。

法律规定或者当事人约定解除权行使期限，期限届满当事人不行使的，该权利消灭。

法律没有规定或者当事人没有约定解除权行使期限，自解除权人知道或者应当知道解除事由之日起一年内不行使，或者经对方催告后在合理期限内不行使的，该权利消灭。

当事人一方依法主张解除合同的，应当通知对方。合同在通知到达对方时解除；通知载明债务人在一定期限内不履行债务则合同自动解除，债务人在该期限内未履行债务的，合同自通知载明的期限届满时解除。对方对解除合同有异议的，任何一方当事人均可以请求人民法院或者仲裁机构确认解除行为的效力。

当事人一方未通知对方，直接以提起诉讼或者申请仲裁的方式依法主张解除合同，人民法院或者仲裁机构确认该主张的，合同自起诉状副本或者仲裁申请书副本送达对方时解除。

合同解除后，尚未履行的，终止履行；已经履行的，根据履行情况和合同性质，当事人可以请求恢复原状或者采取其他补救措施，并有权请求赔偿损失。

合同因违约解除的，解除权人可以请求违约方承担违约责任，但是当事人另有约定的除外。

主合同解除后，担保人对债务人应当承担的民事责任仍应当承担担保责任，但是担保合同另有约定的除外。

3. 项目合同的终止

当事人双方依照项目合同的规定，履行其全部义务后，合同即行终止。合同签订以后，是不允许随意终止的。根据我国的现行法律和有关司法实践，合同的法律关系可由下列原因而终止：

（1）合同因履行而终止。合同的履行，就意味着合同规定的义务已经完成，权利已经实现，因而合同的法律关系自行消灭。所以，履行是实现合同、终止合同法律关系最基本的方法，也是合同终止的最通常原因。

（2）当事人双方混同为一人而终止。法律上对权利人和义务人合为一人的现象称为混同。既然合同当事人合并为一人，那么原有的合同已无履行的必要，因而自行终止。

（3）合同因不可抗力的原因而终止。不是由于当事人的过错而是由于不可抗力的原因致使合同义务不能履行的，应当终止合同。

（4）合同因当事人协商同意而终止。当事人双方通过协议而解除或者免除义务人的义务，也是合同终止的方法之一。

（5）仲裁机构裁决或者法院判决终止合同。

9.2.5 项目合同纠纷的处理

合同纠纷通常具体表现在，当事人双方对合同规定的义务和权利理解不一致，最终导致对合同的履行或不履行的后果和责任的分担产生争议。合同纠纷的解决通常有如下几个途径：

1. 协商

这是一种最常见的，也是首先采用的解决方法。当事人双方在自愿、互谅的基础上，通过双方谈判达成解决争执的协议。这是解决合同争执的最好方法，具有简单易行、不伤和气的优点。

2. 调解

调解是在第三者（如上级主管部门、合同管理机关等）的参与下，以事实、合同条款和法律为根据，通过对当事人的说服，使合同双方自愿、公平合理地达成解决协议。如果双方经调解后达成协议，由合同双方和调解人共同签订调解协议书。

3. 仲裁

仲裁是仲裁委员会对合同争执所进行的裁决。我国实行一裁终局制，裁决做出后若合同当事人就同一争执再申请仲裁或向人民法院起诉，则不再予以处理。

仲裁机构做出裁决后，由其制作仲裁裁决书。对仲裁机构的仲裁裁决，当事人应当履行。当事人一方在规定的期限内不履行仲裁机构做出的仲裁裁决，另一方可以申请法院强制执行。

4. 诉讼

诉讼解决是指司法机关和案件当事人在其他诉讼参与人的配合下，为解决案件依法定诉讼程序所进行的全部活动。基于所要解决案件的不同性质，诉讼可以分为民事诉讼、刑事诉讼和行政诉讼。

项目合同当事人因合同纠纷而提起的诉讼一般由各级法院的经济审判庭受理并判决；根据某些合同的特殊情况，还必须由专业法院进行审理，如铁路运输法院、水上运输法院、森林法院以及海事法院等。

当事人在提起诉讼以前应该充分做好准备，收集有关对方违约的各类证据，进行必要的取证工作，整理双方往来的所有财务凭证、信函、电报等；同时，向律师咨询或聘请律师处理案件。

当事人在采取诉讼前，应注意诉讼管辖地和诉讼时效问题。

9.2.6　工程项目施工合同管理

1. FIDIC 合同简介

FIDIC 是国际咨询工程师联合会（Fédération Internationale Des Ingénieurs Conseils）的法文缩写。该联合会始建于 1913 年，经过一个多世纪的发展，现在已经成为一个拥有 80 多个会员国的国际组织。总部设在瑞士洛桑，后迁至日内瓦。中国工程咨询协会代表我国于 1996 年 10 月加入该组织。

FIDIC 除下属若干个地区委员会外还下设许多专业委员会，主要包括业主－咨询工程师关系委员会（CCRC）、土木工程合同委员会（CECC）、电气机械合同委员会（EMCC）及职业责任委员会（PLC）等。FIDIC 专业委员会针对不同的工程采购模式编纂了许多标准合同条件范本，如 FIDIC《土木工程施工合同条件》《电气与机械工程合同条件》等。1957 年，FIDIC 与欧洲建筑工程联合会（FIEC）一起在英国土木工程师协会（ICE）编写的《标准合同条件》（*ICE Condition*）的基础上，编纂了 FIDIC《土木工程施工合同条件》第 1 版，该版主要沿用英国的传统做法和法律体系。1969 年第 2 版 FIDIC《土木工程施工合同条件》面世，该版没有修改第 1 版的内容，只是增加了适用于疏浚工程的特殊条件。1977 年 FIDIC《土木工程施工合同条件》第 3 版出版，对第 2 版做了较大修改，同时出版了《土木工程施工合同文件注释》。1987 年，出版了第 4 版。1988 年，又出版了第 4 版修订版，对 1987 年的版本做了 17 处修订。为了指导应用，FIDIC 又于 1989 年出版了一本更加详细的《土木工程合同条件应用指南》。

随着国际工程合同额的持续增长，合同争端的增加，客观上需要适应性更强、能更好地界定承发包双方责权利的标准合同范本。在对 1988 年版进行多处修订的基础上，FIDIC 又编纂了 1999 年版施工合同条件范本，包括《施工合同条件》《生产设备和 DB 合同条件》《EPC／交钥匙工程合同条件》和《简明合同格式》四种。这套合同范本的组合是认真汲取过去的经验，加入新的理念，为适应各类工程和各种承包管理模式而重新编写的。各合同范本的通用条件均为 20 章，专用条件分别适用不同的承包方式，业主在发包时可根据需要灵活地"拼装"，从而最大限度地满足自己的要求。这种做法为各类工程普遍利用国际经验创造了条件。2017 年 12 月，FIDIC 在伦敦举办的国际用户会议上，发布了 1999 版 3 本合同条件《施工合同条件》《生产设备和 DB 合同条件》和《EPC／交钥匙工程合同条件》第 2 版。由此可以看出，FIDIC 一直致力于对施工合同范本的改进和完善。正因为如此，不仅世界银行和各洲开发银行的贷款项目无一例外地要求借款国在工程发包时采用 FIDIC 合同条件，而且美国总承包商协会（AGCA）、中美洲建筑工程联合会（FIIC）、亚洲及西太平洋承包商协会国际联合会（IFAWPCA）均推荐在实行土木工程国际招标时以 FIDIC 合同条件作为合同条件的范本。我国是接受世界银行和亚洲开发银行贷款最多的国家之一。自 20 世纪 80 年代以来，我国利用世界银行和亚洲开发银行贷款开发的基础设施项目几乎全部采用 FIDIC 施工合同条件。不仅如此，我国原建设部和原国家工商行政管理局联合颁布的 1991 和 1999 年施工合同示范文本也是在参考 FIDIC 合同条件的基础上编纂的。

2.《建设工程施工合同（示范文本）》

为了规范和指导施工合同当事人的行为，完善合同管理制度，解决施工合同中存在的合同文本不规范、合同纠纷多等问题，原建设部和原国家工商行政管理局结合我国建设工程施工的实际情况，借鉴国际上通用的建设工程施工合同的成熟经验和有效做法，修正了《建设工程施工合同（示范文本）》（GF—1991—0201），于1999年颁布了《建设工程施工合同（示范文本）》（GF—1999—0201），此后为了顺应建筑市场的发展又进行了修改，最新版《建设工程施工合同（示范文本）》（(GF—2017—0201）于2017年10月1日在我国正式执行。

（1）《建设工程施工合同（示范文本）》的组成。《建设工程施工合同（示范文本）》由合同协议书、通用合同条款和专用合同条款三部分组成。

1）合同协议书。《建设工程施工合同（示范文本）》合同协议书共13条，主要包括：工程概况、合同工期、质量标准、签约合同价与合同价格形式、项目经理、合同文件构成、承诺以及合同生效条件等重要内容，集中约定了合同当事人基本的合同权利义务。

2）通用合同条款。通用合同条款是合同当事人根据我国《建筑法》《合同法》（现《民法典》的第三编）等法律法规的规定，就工程建设的实施及相关事项，对合同当事人的权利义务做出的原则性约定。

通用合同条款共计20条，具体条款分别为：一般约定，发包人，承包人，监理人，工程质量，安全文明施工与环境保护，工期和进度，材料与设备，试验与检验，变更，价格调整，合同价格、计量与支付，验收和工程试车，竣工结算，缺陷责任与保修，违约，不可抗力，保险，索赔和争议解决。这些条款安排既考虑了现行法律法规对工程建设的有关要求，也考虑了建设工程施工管理的特殊需要。

3）专用合同条款。专用合同条款是对通用合同条款原则性约定的细化、完善、补充、修改或另行约定的条款。合同当事人可以根据不同建设工程的特点及具体情况，通过双方的谈判、协商对相应的专用合同条款进行修改补充。在使用专用合同条款时，应注意以下事项：

①专用合同条款的编号应与相应的通用合同条款的编号一致。

②合同当事人可以通过对专用合同条款的修改，满足具体建设工程的特殊要求，避免直接修改通用合同条款。

③在专用合同条款中有横道线的地方，合同当事人可针对相应的通用合同条款进行细化、完善、补充、修改或另行约定；如无细化、完善、补充、修改或另行约定，则填写"无"或划"/"。

(2)《建设工程施工合同（示范文本）》的性质和适用范围。《建设工程施工合同（示范文本）》为非强制性使用文本。《建设工程施工合同（示范文本）》适用于房屋建筑工程、土木工程、线路管道和设备安装工程、装修工程等建设工程的施工承发包活动，合同当事人可结合建设工程具体情况，根据《建设工程施工合同（示范文本）》订立合同，并按照法律法规规定和合同约定承担相应的法律责任及合同权利义务。

3. 合同管理涉及的有关各方

(1) 合同当事人。

1) 发包人。通用合同条款规定，发包人是指与承包人签订合同协议书的当事人及取得该当事人资格的合法继承人。

2) 承包人。通用合同条款规定，承包人是指与发包人签订合同协议书的，具有相应工程施工承包资质的当事人及取得该当事人资格的合法继承人。

从以上两个定义可以看出，施工合同签订以后，当事人任何一方均不允许转让合同。因为承包人是发包人通过复杂的招标选中的实施者；发包人则是承包人在投标前出于对其信誉和支付能力的信任才参与竞争取得合同。因此，按照诚实信用原则，订立合同后，任何一方都不能将合同转让给第三者。所谓合法继承人是指因资产重组后，合并或分立后的法人或组织可以作为合同的当事人。

(2) 工程师。《建设工程施工合同（示范文本）》定义的工程师包括监理单位委派的总监理工程师和发包人指定的履行合同的负责人两种情况。

1) 发包人委托监理。发包人可以委托监理单位全部或者部分负责合同的履行管理。监理单位委派的总监理工程师在施工合同中称为工程师。总监理工程师是经监理单位法定代表人授权，派驻施工现场监理组织的总负责人，行使监理合同赋予监理单位的权利和义务，全面负责受委托的工程的监理工作。发包人应当将委托的监理单位名称、工程师的姓名、监理内容及监理权限以书面形式通知承包人。除合同内有明确约定或经发包人同意外，负责监理的工程师无权解除承包人的任何义务。

2) 发包人派驻代表。对于国家未规定实施强制监理的工程施工，发包人也可以派驻代表自行管理。发包人派驻施工场地履行合同的代表在施工合同中也称工程师。发包人代表是经发包人单位法定代表人授权，派驻施工现场的负责人，其姓名、职务、职责在专用合同条款内约定，但其职责不得与监理单位委派的总监理工程师的职责相互交叉。双方职责发生交叉或不明确时，由发包人明确双方职责，并以书面形式通知承包方。

3) 工程师易人。在施工过程中，如果发包人需要撤换工程师，应至少于易人前7天以书面形式通知承包人。后任继续履行合同文件约定于前任工程师的权利和义务，不得更改前任工程师做出的书面承诺。

4. 国家有关机关对施工合同的管理

国家有关机关对施工合同的管理是指国家有关机关依据相关法律、法规、规章制度，采取法律的、行政的手段，对施工合同关系进行组织、指导、协调及监督，保护合同当事人的合法权益，处理合同纠纷，防止和制裁违法行为，保证合同贯彻实施等一系列活动。具体包括建设行政主管部门、工程质量监督机构和金融机构对施工合同的管理。

(1) 建设行政主管部门对施工合同的监督管理，主要从质量和安全的角度进行，主要是颁布规章、批准工程项目的建设和对建设活动实施监督。

(2) 工程质量监督机构接受建设行政主管部门的委托，负责监督工程质量，发包人工程招标工作完成后，在领取开工证之前，需到工程所在地的质量监督机构办理质量监督登记手续。质量监督机构要对工程参建各方的质量行为和建设工程的实体质量两方面进行监督，以监督对合同履行的情况。

(3) 金融机构对施工合同的管理，是通过对信贷管理、结算管理、当事人账户管理进行的。金融机构还有义务协助执行已生效的法律文书，保护当事人的合法权益。

9.2.7 工程项目总承包合同管理

工程项目总承包与施工承包的最大不同在于承包商要负责全部或者部分的设

计，并负责物资设备的采购。从时间范围上，一般可包括从工程立项到交付使用的工程建设全过程，具体可包括勘察设计、设备采购、施工、交付使用等内容。

1. 工程项目总承包合同的当事人

工程项目总承包合同的当事人包括建设单位和总承包单位两方。建设单位是发包方，也就是准备建设工程项目的单位；总承包单位则是指承包方，可以是设计单位（或者是以设计院为主体的设计工程公司），也可以是工程总承包企业。

（1）建设单位发包项目总承包应具备的条件主要包括：

1）必须是法人或者依法成立的其他组织。

2）要有项目审批机关批准的项目建议书和所需要的资金。

3）若进行分阶段总承包招标，则应具有分阶段招标的条件。

（2）总承包单位应具备的条件主要包括：

1）必须是具有法人地位的经济实体。

2）由各地区、各部门根据建设需要分别组建，并且向公司所在地的工商行政管理部门登记，依法取得企业法人营业执照。

3）总承包公司接受工程项目的总承包任务以后，可以对勘察设计、工程施工和材料设备供应等进行招标，签订分包合同，并且在合同实施过程中，负责对各项分包任务进行综合协调管理和监督。

4）总承包公司应该具有较高的组织管理水平、专业工程管理经验和工作效率。

2. 《建设项目工程总承包合同示范文本（试行）》

为指导建设项目工程总承包合同当事人的签约行为，维护合同当事人的合法权益，依据我国《合同法》（现《民法典》第三编）、《建筑法》和《招标投标法》以及相关法律、法规，2011年住房和城乡建设部、原国家工商行政管理总局制定了《建设项目工程总承包合同示范文本（试行）》（以下简称《示范文本》）。

（1）《示范文本》的组成。《示范文本》由合同协议书、通用条款和专用条款三部分组成。

1) 合同协议书。根据《合同法》的规定，合同协议书是双方当事人对合同基本权利、义务的集中表述，主要包括建设项目的功能、规模、标准和工期的要求、合同价格及支付方式等内容。合同协议书的其他内容，一般包括合同当事人要求提供的主要技术条件的附件及合同协议书生效的条件等。

2) 通用条款。通用条款是合同双方当事人根据《建筑法》《合同法》以及有关行政法规的规定，就工程建设的实施阶段及其相关事项，双方的权利、义务做出的原则性约定。通用条款共20条，其中包括：

①核心条款。这部分条款是确保建设项目功能、规模、标准和工期等要求得以实现的实施阶段的条款，共8条：第1条（一般规定）、第4条（进度计划、延误和暂停）、第5条（技术与设计）、第6条（工程物资）、第7条（施工）、第8条（竣工试验）、第9条（工程接收）和第10条（竣工后试验）。

②保障条款。这部分条款是保障核心条款顺利实施的条款，共4条：第11条（质量保修责任）、第13条（变更和合同价格调整）、第14条（合同总价和付款）、第15条（保险）。其中：在第13条中，相关约定在合同谈判阶段仅指合同条件的约定，中标价格并未包括；在第14条中，合同总价中包括中标价格，还包括执行合同过程中被发包人确认的变更、调整和索赔款项。

③合同执行阶段的干系人条款。这部分条款是根据建设项目实施阶段的具体情况，依法约定了发包人、承包人的权利和义务，共3条：第2条（发包人）、第3条（承包人）和第12条（工程竣工验收）。合同双方当事人在实施阶段已对工程设备材料、施工、竣工试验、竣工资料等进行检查、检验、试验及确认，并经接收后进行竣工后试验考核确认了设计质量；而工程竣工验收是发包人针对其上级主管部门或投资部门的验收，故将工程竣工验收列入干系人条款。

④违约、索赔额争议条款。这部分条款是约定若合同当事人发生违约行为，或合同履行过程中出现工程物资、施工、竣工试验等质量问题及出现工期延误、索赔等争议，如何通过好友协商、调解、仲裁或诉讼程序解决争议的条款。即第16条（违约、索赔和争议）。

⑤不可抗力条款。第17条（不可抗力）约定了不可抗力发生时的双方当事人的义务和不可抗力的后果。

⑥合同解除条款。第18条（合同解除）分别对由发包人解除合同、承包人解除合同的情形做出了约定。

⑦合同生效与合同终止条款。第 19 条（合同生效与合同终止）对合同生效的日期、合同的份数以及合同义务完成后合同终止等内容做出了约定。

⑧补充条款。合同双方当事人需对通用条款细化、完善、补充、修改或另行约定的，可将具体约定写在专用条款内，即第 20 条（补充条款）。

3）专用条款。专用条款是合同双方当事人根据不同建设项目合同执行过程中可能出现的具体情况，通过谈判、协商对相应通用条款的原则性约定细化、完善、补充、修改或另行约定的条款。在编写专用条款时，应注意以下事项：

①专用条款的编号应与相应的通用条款的编号相一致。

②在《示范文本》专用条款中有横道线的地方，合同双方当事人可针对相应的通用条款进行细化、完善、补充、修改或另行规定，如果不需进行细化、完善、补充、修改或另行约定，可划"/"或写"无"。

③对于在《示范文本》专用条款中未列出的通用条款，合同双方当事人根据建设项目的具体情况认为需要进行细化、完善、补充、修改或另行约定的，可增加相关专用条款，新增专用条款的编号须与相应的通用条款的编号相一致。

(2)《示范文本》的适用范围。《示范文本》适用于建设项目工程总承包发包方式。工程总承包是指承包人受发包人委托，按照合同约定对工程建设项目的设计、采购、施工（含竣工试验）、试运行等实施阶段实行全过程或若干阶段的工程承包。为此，在《示范文本》的条款设置中，将"技术与设计""工程物资""施工""竣工试验""工程接收""竣工后试验"等工程建设实施阶段相关工作内容皆分别作为独立条款，发包人可根据发包建设项目实施阶段的具体内容和要求，确定对相关建设实施阶段和工作内容的取舍。

(3)《示范文本》的性质。《示范文本》为非强制性使用文本。合同双方当事人可依照《示范文本》订立合同，并按法律规定和合同约定承担相应的法律责任。

3. 工程项目总承包合同的订立和履行

(1) 工程项目总承包合同的订立。工程项目总承包合同通过招标投标方式订立。承包人一般应当根据发包人对项目的要求编制投标文件，可包括设计方案、施工方案、设备采购方案、报价等。双方在合同签字盖章后合同即告成立。

(2) 工程项目总承包合同的履行。工程项目总承包合同订立后，双方都应按合同的规定严格履行。总承包单位可以按合同规定对工程项目进行分包，但不得倒手转包。总承包单位可以将承包工程中的部分工程发包给具有相应资质条件的分包单位，但是除总承包合同中约定的工程分包外，必须经发包人认可。

9.3 工程项目索赔

9.3.1 工程项目索赔的概念和意义

1. 工程项目索赔的概念

工程项目索赔是当事人在合同实施过程中，根据法律、合同规定及惯例，对并非由于自己的过错而是属于应由合同对方承担责任的情况造成而且实际已经发生的损失，向对方提出给予补偿的要求。索赔的性质属于经济补偿行为，是合同一方的一种"权利"要求，而不是惩罚。承包商可以向业主提出索赔，业主也可以向承包商提出索赔。

2. 工程项目索赔的意义

（1）索赔是合同管理的重要环节。索赔和合同管理有直接的联系，合同是索赔的依据，整个索赔处理的过程就是执行合同的过程。从项目开工后，合同人员就必须将每日实施合同的情况与原合同进行对比分析，若出现索赔事件，就应当研究是否提出索赔。

（2）索赔有利于提高工程项目管理水平。工程项目索赔直接关系到建设单位和施工单位的双方利益，索赔和处理索赔的过程实质上是双方管理水平的综合体现。作为建设单位，为使工程顺利进行，如期完成，早日投产取得收益，就必须加强自身管理，做好资金、技术等各相关工作，保证工程中的各项问题得以及时解决；作为施工单位，要实现合同目标，取得索赔，争取自己的应得利益，就必须加强各项基础管理工作，对工程的质量、进度、变更等进行更严格、更细致的管理。

（3）索赔是合同双方利益的体现。从某种意义上讲，索赔是一种风险费用的转移或再分配，如果施工单位利用索赔的方法使自己的损失尽可能地得到补偿，就会降低工程报价中的风险费用，从而使建设单位得到相对较低的报价，当工程施工中发生这种费用时，可以按实际支出给予补偿，也使工程造价更趋于合理。作为施工单位，要取得索赔，保证自己应得的利益，就必须全力保证工程质量和进度，实现合同目标。同样，作为建设单位，要通过索赔的处理和解决，保证工程质量和进度，实现合同目标。

（4）索赔是挽回成本损失的重要手段。在合同履行过程中，由于建设项目的主客观条件发生了与原合同不一致的情况，使施工单位的实际工程成本增加，施工单位为了挽回损失，就可以通过索赔加以解决。显然，索赔是以赔偿实际损失为原则的，施工单位必须准确地提供整个工程成本的分析和管理数据，以便确定挽回损失的数量。

（5）索赔有利于国内工程建设管理与国际惯例接轨。索赔是国际工程建设中非常普遍的做法，尽快学习、掌握、运用国际工程建设管理的通行做法，不仅有利于我国企业工程建设管理水平的提高，而且对我国企业顺利参与国际工程承包、国外工程建设也有着重要的意义。

9.3.2 工程项目索赔的起因和主要依据

1. 工程项目索赔的起因

索赔可能由以下一个或者几个方面的原因引起：

（1）合同对方违约，不履行或未能正确履行合同义务与责任。

（2）合同错误，如合同条文不全、错误、矛盾等，设计图、技术规范错误等。

（3）合同变更。

（4）工程环境变化，包括法律、物价和自然条件的变化等。

（5）不可抗力因素，如恶劣气候条件、地震、洪水、战争状态等。

2. 工程项目索赔的主要依据

为了达到索赔成功的目的，承包商必须进行大量的索赔论证工作，以大量的证据来证明自己拥有索赔的权利和应得的索赔款额和索赔工期。在进行施工索赔时，承包商应善于从合同文件和施工记录等资料中寻找索赔的依据，在提出索赔要求的同时，提出必需的证据资料。可以作为索赔依据的主要的十二种资料是：

(1) 政策法规文件。

(2) 招标文件、合同文本及附件。

(3) 施工合同协议书及附属文件。

(4) 往来的书面文件。

(5) 会议记录。

(6) 批准的施工进度计划和实际进度记录。

(7) 施工现场工程文件。

(8) 工程照片、录像资料。

(9) 检查验收报告和技术鉴定报告。

(10) 工程财务记录文件。

(11) 现场气象记录。

(12) 市场行情资料。

9.3.3 工程项目索赔的分类

1. 按索赔有关当事人分类

(1) 承包人与发包人之间的索赔。

(2) 承包人与分包人之间的索赔。

(3) 承包人或发包人与供货人之间的索赔。

(4) 承包人或发包人与保险人之间的索赔。

2. 按照索赔目的和要求分类

(1) 工期索赔。工期索赔一般是指承包人向业主或者分包人向承包人要求延长工期。

(2) 费用索赔。费用索赔即要求补偿经济损失，调整合同价格。

3. 按照索赔事件的性质分类

(1) 工程延期索赔。因为发包人未按合同要求提供施工条件，发包人指令工程暂停或不可抗力事件等原因造成工期拖延的，承包人向发包人提出的索赔；如果由于承包人原因导致工期拖延，发包人可以向承包人提出的索赔；由于非分包人的原因导致工期拖延，分包人可以向承包人提出的索赔；这些都统称为工程延期索赔。

（2）工程加速索赔。工程加速索赔通常是：由于发包人或工程师指令承包人加快施工进度，缩短工期，引起承包人的人力、物力、财力的额外开支，承包人提出的索赔；承包人指令分包人加快进度，分包人向承包人提出的索赔。

（3）工程变更索赔。工程变更索赔是由于发包人或工程师指令增加或减少工程量或增加附加工程、修改设计、变更施工顺序等，造成工期延长和费用增加，承包人对此向发包人提出的索赔，分包人也可以对此向承包人提出索赔。

（4）工程终止索赔。工程终止索赔是由于发包人违约或发生了不可抗力事件等造成工程非正常终止，承包人和分包人因蒙受经济损失而提出的索赔；如果由于承包人或者分包人的原因导致工程非正常终止，或者合同无法继续履行，发包人可以对此提出索赔。

（5）不可预见的外部障碍或条件索赔。不可预见的外部障碍或条件索赔即施工期间在现场遇到承包商通常不能预见的外界障碍或条件，例如，地质条件与预计的（业主提供的资料）不同，出现未预见的巨石、淤泥或地下水等，导致承包人损失，这类风险通常应该由发包人承担，即承包人可以据此提出索赔。

（6）不可抗力事件引起的索赔。在施工合同条件中，不可抗力通常是满足以下条件的特殊事件或情况：一方无法控制的、该方在签订合同前不能对之进行合理防备的、发生后该方不能合理避免或克服的、主要归因于他方的、不可抗力事件发生导致承包人损失的，通常应该由发包人承担责任，即承包人可以据此提出索赔。

（7）其他索赔。其他索赔是如货币贬值、汇率变化、物价变化、政策法令变化等原因引起的索赔。

4. 工程反索赔

工程反索赔是指发包人向承包人提起的索赔，包括以下方面：

（1）工期延误索赔。由于承包商的原因造成工期延误，业主可要求其支付延期竣工违约金，一般要考虑的因素有：业主盈利损失；工程拖期引起的贷款利息增加；工程拖期引起的附加监理费；由于工程拖期不能使用，继续租用原建筑物或租用其他建筑物的租赁费。

（2）质量不满足合同要求索赔。当承包商的施工质量不符合合同的要求，或使用的设备和材料不符合合同的规定，或在缺陷责任期未满前未完成应负责修补的工程时，业主可据此向承包商索赔，并有权雇用他人来完成工作，发生的费用由承包商承担。

（3）业主合理终止合同或承包商不正当地放弃工程的索赔。如果业主合理地终止承包商的承包，或者承包商不合理地放弃工程，则业主有权从承包商手中收回由新的承包商完成工程所需的工程款与原合同未付部分的差额。

9.3.4 索赔程序

索赔程序是指从索赔事件发生到最终获得处理的全过程所包括的工作内容和工作步骤。

在实际工作中，索赔的过程包括以下几个阶段：

1. 提出索赔通知

提出索赔通知是索赔的第一步，标志着索赔的开始。在工程实施过程中，一旦发生索赔事件或承包人意识到存在潜在的索赔机会时，应在规定的时间内向监理工程师发出索赔通知书并抄报一份给发包人。《建设工程施工合同（示范文本）》规定，"承包人应在知道或应当知道索赔事件发生后28天内，向监理人递交索赔意向通知书，并说明发生索赔事件的事由"。如果承包人没有在规定的时间内提出索赔通知，则会丧失在索赔中的主动地位，发包人和工程师也有权拒绝承包人的索赔要求。

2. 提交索赔申请报告及索赔证据资料

承包人必须在合同规定的时限内向发包人或工程师提交正式的书面索赔报告，其内容一般应包括索赔事件的发生情况与造成损害的情况，索赔的理由和根据、索赔的内容和范围、索赔额度的计算依据与方法等，并附上必要的记录和证明材料。《建设工程施工合同（示范文本）》规定：承包人应在发出索赔意向通知书后28天内，向监理人正式递交索赔报告；索赔事件具有持续影响的，承包人应按合理时间间隔继续递交延续索赔通知；在索赔事件影响结束后28天内，承包人应向监理人递交最终索赔报告。

3. 索赔报告的评审

对于承包人的索赔申请，工程师应当做出回应。我国《建设工程施工合同（示范文本）》要求工程师在收到承包人送交的索赔报告和有关资料后，于 28 天内回复，或要求承包人进一步补充索赔理由和依据。

接到承包人的索赔信件后，工程师应当立即研究承包人的索赔资料，对承包人提出的索赔要求进行评审、反驳与修正。审核索赔是否具有合同依据、索赔理由是否充分、程序是否恰当。审查在索赔事件初发时承包人是否采取了控制措施。按国际惯例，凡遇偶然事故发生影响工程施工时，承包人有责任采取力所能及的一切措施，防止事态扩大，尽力挽回损失。如确有事实证明承包人在当时未采取任何措施，业主可拒绝其补偿损失的要求。要认真核定索赔工期、款额，肯定其合理的索赔要求，反驳、修正其不合理的要求，使之更加合理、准确。

4. 争议的解决和索赔的支付

如果发包人和承包人均接受最终的索赔处理决定，索赔事件的处理即告结束，双方按照处理决定进行赔付。否则无论发包人还是承包人，如果认为监理工程师的决定不公正，则可以进入解决争议的程序。

复习思考题

1. 工程项目合同的特点有哪些？
2. 工程项目合同的类型有哪些？
3. 简述工程项目中主要的合同关系。
4. 工程项目合同管理的主要措施有哪些？
5. 在工程项目合同订立中哪些情况下要约不能撤销？哪些情况下要约无效？
6. 工程项目合同生效的要件是什么？哪些情况下合同无效？合同可变更或撤销的条件是什么？可撤销合同与无效合同的区别是什么？
7. 当事人一方不履行合同义务或者履行合同义务不符合约定的，应当承担哪些责任？
8. 合同的法律关系可由什么原因而终止？

9. 《建设工程施工合同（示范文本）》由哪几部分组成？并简要说明。《建设项目工程总承包合同示范文本（试行)》由哪几部分组成？并简要说明。

10. 工程索赔的起因有哪些？主要依据有哪些？

11. 工程索赔的分类有哪些？

12. 简述工程索赔的程序。

第 10 章 工程项目沟通管理

本章目标　通过本章的学习,使学生能够掌握工程项目沟通的基本理论和重要的沟通技巧,熟悉工程项目沟通管理的方法和技术,能够进行工程项目沟通的管理工作。

本章介绍　本章主要介绍沟通管理的基本理论,建设工程项目沟通的技术和管理过程,具体包括:沟通定义、沟通过程和模型、沟通渠道和类别等基本理论;介绍项目沟通技巧,并重点介绍团队沟通、项目会议和谈判管理的沟通技术。

10.1 概述

10.1.1 沟通的含义及其重要性

1. 沟通的含义

沟通(Communication)是人们分享信息、思想和情感的任何过程。这种过程不仅包含口头语言和书面语言,也包含形体语言、个人的语气和方式、物质环境等赋予信息含义的任何东西。

沟通应包括五个要素,即沟通主体、沟通客体、沟通介体(沟通媒介)、沟通环境、沟通渠道。

(1) 沟通主体。沟通主体是指有目的地对沟通客体施加影响的个人和团体。沟通主体可以选择和决定沟通客体、沟通介体、沟通环境和沟通渠道,在沟通过程中处于主导地位。

(2) 沟通客体。沟通客体即沟通对象,包括个体沟通对象和团体沟通对象,团体沟通对象还有正式群体和非正式群体的区分。沟通对象是沟通过程的出发点和落脚点，因而在沟通过程中具有积极的能动作用。

（3）沟通介体（沟通媒介）。沟通介体即沟通主体用以影响、作用于沟通客体的中介。它包括沟通内容和沟通方法，保证沟通主体与客体间的联系，保证沟通过程的正常开展。

（4）沟通环境。沟通环境既包括与个体间接联系的社会整体环境（政治制度、经济制度、政治观点、道德风尚、群体结构），又包括与个体直接联系的区域环境（学习、工作、单位或家庭等），对个体直接施加影响的社会情境及小型的人际群落。

（5）沟通渠道。沟通渠道即沟通介体从沟通主体传达给沟通客体的途径。沟通渠道不仅能使正确的思想观念尽可能全、准、快地传达给沟通客体，而且还能广泛、及时、准确地收集客体的思想动态和反馈的信息，因而沟通渠道是实施沟通过程、提高沟通功效的重要一环。沟通渠道很多，诸如谈心、座谈等。

2. 沟通对于项目的重要性

（1）沟通是企业与外部环境之间建立联系的桥梁。
（2）沟通是协调各个体、各要素，使组织成为一个整体的凝聚剂。
（3）沟通是决策和计划的基础。
（4）沟通是组织和控制管理过程的依据和手段。
（5）沟通是建立和改善人际关系必不可少的条件。
（6）沟通是项目经理激励下属、实现领导职能的重要手段。

10.1.2 项目沟通过程和模型

1. 沟通过程

简单地说，沟通就是传递信息的过程。在这个过程中至少存在着一个发送者和一个接收者，即发出信息一方和接收信息一方。信息在二者之间的传递过程，一般经历七个环节。

（1）发送者需要向接收者传递信息。这里所说的信息是一个广义的概念，它包括观点、想法、资料等内容。

（2）发送者将所要发送的信息译成接收者能够理解的一系列符号。为了有效地进行沟通，这些符号必须适应媒体的需要。例如，如果媒体是书面报告，符号的形式应选择文字、图表或照片；如果媒体是讲座，就应选择文字、投影胶片和板书。

（3）发送的符号传递给接收者。由于选择的符号种类不同，传递的方式也不同。传递的方式可以是书面的，如信函、备忘录等；也可以是口头的，如交谈、演讲、电话等；甚至还可以通过身体动作来表述，如手势、面部表情、姿态等。

（4）接收者接收符号。接收者根据发送来的符号的传递方式，选择相应的接收方式。例如，如果发送来的符号是口头传递的，接收者就必须仔细地聆听，否则，符号就会丢失。

（5）接收者将接收到的符号译成具有特定含义的信息。由于发送者翻译和传递能力的差异，以及接收者接收和翻译水平的不同，信息的内容和含义经常被曲解。

（6）接收者理解被翻译的信息内容。

（7）发送者通过反馈来了解他想传递的信息是否被对方准确地接收。一般来说，沟通过程中存在着许多干扰和扭曲信息传递的因素（通常把这些因素称为噪声），这使得沟通的效率大为降低。因此，发送者了解信息被理解的程度也是十分必要的。沟通过程图中的反馈构成了信息的双向沟通。

2．沟通模型

图 10-1 是一个基于香农信息论的沟通模型。

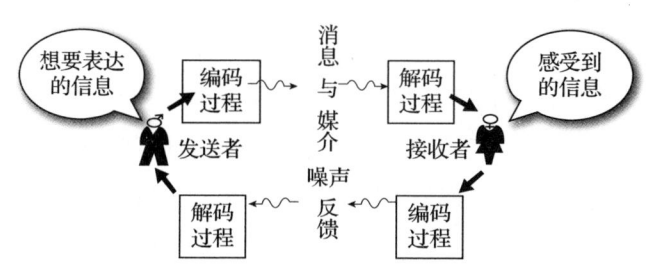

图 10-1 沟通模型

（1）发送者（Communicator）——消息的产生者。

（2）编码（Encoding）——将精神、思想转化为一种可以被其他人理解的代码或语言。

（3）消息（Message）——编码的输出，是发送者想要传达的思想、意见、感觉或其他信息。

（4）媒介（Medium）——用来传达消息的工具或方法。

（5）接收者（Receiver）——完成或打断通信过程的参与者。只有当接收者接收到消息并使他与发送者之间对消息的意义理解"相同"时，才发生沟通。

（6）解码（Decoding）——将可以被解释的信息转化为口头、非口头或可视的。

（7）反馈（Feedback）——检查我们对所收到消息理解情况的机制。

（8）噪声（Noise）——阻碍消息传送与理解的任何东西。

10.1.3 沟通渠道和类别

1. 沟通渠道

沟通渠道分为链式、轮式、环式、Y式和全通道式五种，如图10-2所示。

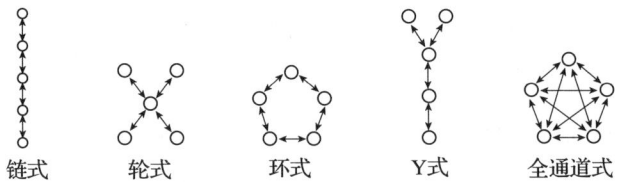

图10-2 沟通渠道

（1）链式沟通渠道。信息在高低层次间逐层传递，沟通链比较长，信息传导失真度较高。

（2）轮式沟通渠道。主管人员分别同下属部门发生联系，成为个别信息的汇集点和传递中心。主管信息掌握得较好，成员之间信息不充分。

（3）环式沟通渠道。信息在组织不同成员之间依次传递。信息交流不充分。

（4）Y式沟通渠道。属于纵向沟通，有一个成员居于沟通活动中心，成为中间媒介与中间环节，他往往成为信息的整理者。

（5）全通道式沟通渠道。属开放式沟通系统，每个成员之间都有一定的联系。信息交流通畅，信息失真度较低，但交流较为复杂。

2. 沟通类别

（1）按组织系统划分，包括正式沟通和非正式沟通。

1）正式沟通。正式沟通是指在组织系统内，依据一定的组织原则所进行的信息传递与交流。正式沟通的优点是：沟通效果好，比较严肃，约束力强，易于保密，可以使信息沟通保持权威性。重要信息的传达一般都采取这种方式。其缺点是：由于依靠组织系统层层传递，所以较刻板，沟通速度慢。

正式沟通中按沟通方向划分，包括下行沟通、上行沟通和平行沟通。

上级按照隶属关系自上而下进行的沟通被称为下行沟通；反之，自下而上的沟通为上行沟通；同级别的人员信息交流叫作平行沟通。

2）非正式沟通。非正式沟通指的是正式沟通渠道以外的信息交流和传递及相互之间的回馈。这也是达成双方利益和目的一种方式。它不受组织监督，自由选择沟通渠道。非正式沟通的优点是：不拘于沟通形式，直接明了，速度很快，容易及时了解到正式沟通难以提供的"内幕新闻"。其缺点表现在：非正式沟通难以控制，传递的信息不确切，易于失真、曲解，而且它可能导致小集团、小圈子，影响人心稳定和团体的凝聚力。

非正式沟通渠道有：单线式、流言式、偶然式、集束式。

单线式沟通消息由一连串的人把消息传播给最终端的接收者；流言式也叫闲谈传播式，是由一个人主动把消息传递给一组人；偶然式，也叫机遇传播式，无一定的线路，传播基于偶然；集束式，也叫群集传播式，一个人传递给一组人，然后以此类推。

（2）按反馈情况划分，包括单向沟通和双向沟通。

1）单向沟通。单向沟通是指发送者和接收者这两者之间的地位不变（单向传递），一方只发送信息，另一方只接收信息。

单向沟通的速度快，信息发送者的压力小，但是接收者没有反馈意见的机会，不能产生平等和参与感，不利于增加接收者的自信心和责任心，不利于建立双方的感情。

2）双向沟通。双向沟通是信息发送者和接收者两者之间的位置不断交换，且发送者是以协商和讨论的姿态面对接收者，信息发出以后还需及时听取反馈意见，必要时双方可进行多次重复商谈，直到双方共同明确和满意为止，如交谈、协商等。

双向沟通的优点是沟通信息准确性较高，接收者有反馈意见的机会，产生平等感和参与感，增加自信心和责任心，有助于建立双方的感情。

(3) 按功能划分，包括工具式沟通和感情式沟通。

1) 工具式沟通。工具式沟通是发送者将信息、知识、想法和要求传达给接收者，目的是影响、改变接收者的行为。

2) 感情式沟通是沟通双方表达情感，获得对方精神上的理解和同情，最终改善相互之间的人际关系。

(4) 按方法划分，包括口头沟通、书面沟通、电子媒体沟通和非语言沟通等。

10.2 工程项目沟通管理规划

工程项目沟通管理（Project Communication Management）是指为确保项目信息及时且恰当地传达而进行的信息规划、收集、生成、发布、存储、检索、管理、控制、监督和最终处置所需的各个过程。

工程项目沟通管理规划就是有计划地管理项目参与各方的信息交流和沟通，也就是确定谁需要何种信息、何时需要以及应如何传达。识别建设项目利益相关方的信息需求，并确定满足这些需求的合适手段，是获得项目成功的重要保证。

1. 沟通规划的依据

(1) 事业环境因素。

(2) 组织过程经验。

(3) 项目范围说明书。

(4) 项目管理计划。

2. 沟通规划的工具技术

(1) 沟通需求分析。确定项目沟通要求通常需要的信息如下：

1) 组织结构图。

2) 项目组织和利益相关方职责关系。

3) 项目中涉及的学科、部门和专业。

4）多少人参与项目以及在何地参与项目。

5）内部信息需求（如跨越组织的沟通）。

6）外部信息需求（如与媒体或承包商的沟通）。

7）利益相关方的信息需求。

（2）沟通技术。在项目各部分之间来回传递信息所用的技术和方法很多。选用哪种沟通技术以迅速、有效、快捷地传递信息，主要取决于下列因素：

1）对信息要求的紧迫程度。

2）技术的取得性。

3）预期的项目环境。

4）项目的时间长短。

5）预期的项目环境。

（3）制约因素和假设。制约因素和假设是限制项目管理班子选择的因素，项目管理者要找到沟通的制约因素并发现影响项目沟通的途径，并采取相应的措施。

3. 沟通规划的结果

（1）确定项目的利益相关方。

（2）制订沟通管理计划。沟通管理计划是规定项目未来沟通管理的文件，一般在项目初期阶段制订。其主要内容如下：

1）详细说明信息收集渠道的结构。

2）详细说明信息分发渠道的结构。

3）说明待分发信息的形式。

4）制定信息发生日程表。

5）制定随项目进展而对沟通计划更新和细化的方法。

10.3 工程项目的有效沟通

10.3.1 沟通技巧

沟通技巧包括倾听技巧、气氛控制技巧和推动技巧等。

1. 倾听技巧

倾听能鼓励他人倾吐其状况与问题，而这种方法能协助他们找出解决问题的方法。倾听技巧能增强有效影响力，而它需要耐心与聚精会神。

倾听技巧由四个个体技巧所组成，分别是鼓励、询问、反应与复述。

（1）鼓励。鼓励促进对方表达意愿。

（2）询问。询问以探索方式获得更多对方的信息资料。

（3）反应。反应告诉对方你在听，同时确定完全了解对方的意思。

（4）复述。复述用于讨论结束时，确定没有误解对方的意思。

2. 气氛控制技巧

安全而和谐的气氛，能使对方更愿意沟通，假如沟通双方彼此猜忌、批评或恶意中伤，将使气氛紧张，加速彼此心理设防，使沟通中断或无效。

气氛控制技巧由四个个体技巧所组成，分别是联合、参与、依靠与觉察。

（1）联合。联合以爱好、价值、需求和目标等强调双方所共有的事务，造成和谐的气氛而达到沟通的效果。

（2）参与。参与会激发对方的投入态度，创造一种热忱，使目标更快完成，并为随后进行的推动创造积极气氛。

（3）依靠。依靠可创造安全的情境，提高对方的安全感，接纳对方的感受、态度与价值等。

（4）觉察。觉察有助于将潜在"爆炸性"或高度冲突状况予以化解，避免讨论演变为负面或破坏性。

3. 推动技巧

推动技巧是用来影响他人的行为，使其逐渐符合我们的议题。有效运用推动技巧的要点，在于以明白具体的积极态度让对方在毫无怀疑的情况下接受你的意见，并觉得受到激励，想完成工作。

推动技巧由四个个体技巧所组成，分别是回馈、提议、推论与增强。

（1）回馈。让对方了解你对其行为的感受，这些回馈对人们改变行为或维持适当行为是相当重要的，尤其是提供回馈时，要以清楚具体而非侵犯的态度提出。

(2) 提议。将自己的意见具体明确地表达出来，让对方能了解自己的行动方向与目的。

(3) 推论。使讨论具有进展性，整理谈话内容，并以它为基础，为讨论目的延伸而锁定目标。

(4) 增强。利用增强对方出现的正向行为（符合沟通意图的行为）来影响他人，也就是利用增强来激励他人做你想要他们做的事。

10.3.2 工程项目团队沟通与冲突管理

1. 项目团队沟通

项目团队沟通是项目团队领导和成员为解决项目建设中存在的问题，在项目管理团队内或与团队外项目干系人进行的交流沟通。

项目经理是项目沟通的促进者和主导者，项目团队沟通只能按指挥链层级进行，有什么问题和上下级沟通，可以越级申诉，但不能越级汇报；另外，沟通要遵循与当事人沟通、谁的问题找谁沟通、尽量避免以势压人的原则。

项目经理和其他管理人员要具有较好的沟通技巧，无论是正式沟通与非正式沟通，还是在工作内容与非工作内容的沟通中，均可进行有效沟通，这需要管理人员平时注重沟通技巧的训练，学会表达和倾听的技巧。一般团队沟通常见的问题是沟通者对上沟通没有"胆"，平级沟通没有"肺"，对下沟通没有"心"。

团队合作是工程项目沟通管理的重要目的，因为团队的作用在于提高团队整体的表现；发扬团队精神的目的在于提高团队的工作业绩，使团队的工作业绩超过成员个人的业绩，使团队业绩由各部分组成又大于各部门之和；每一个成员都必须有很好的协作精神，要充分发挥团队成员之间的优势互补作用，让全体团队成员尽可能地发挥各自的才能。

2. 团队冲突管理

冲突是个人或群体在实现目标的过程中，受到挫折时的社会心理现象。

冲突表现为项目中个人或群体因观点、需要、欲望、利益或要求的差距、矛盾、不相容而引起的一种情感上的激烈争斗。

冲突产生的原因包括：处事策略不同产生冲突；责任归属不清产生冲突；信息谬传产生冲突；情绪冲突产生冲突。

解决冲突的措施包括：

（1）建立良好的方法。建立良好的沟通渠道；工作分配明确、确定；强调团队理念及目标；让团队成员有参与的机会；增加资源并且平均分配。

（2）消除冲突的方法。达成共识；分离冲突双方（最快、最容易解决冲突的方法）；谈判；调动员工；利用规则或法则等。

10.3.3 工程项目会议

工程项目会议是工程项目沟通常用的和重要的形式。有常规项目会议，在项目手册中规定每周、每半月或每月在规定的时间和地点举行，由规定的人员参加；也有非常规的项目会议，即在特殊情况下根据项目需要举行的会议，解决专门问题。

1. 项目会议的作用

项目经理对项目会议要足够重视，亲自组织和筹划，因为项目会议是一个沟通的极好机会。

（1）可以让管理者获得大量的信息，以便对现状进行了解和分析，比通过报告文件能更好、更快、更直接地获得有价值的信息，特别是软信息，如各方面的工作态度、积极性、工作秩序等。

（2）可以检查任务、澄清问题，让管理者了解各子系统完成情况、存在问题及影响因素，评价项目进展情况，及时跟踪。

（3）布置下阶段的工作，调整计划，研究问题的解决措施，选择方案，分配资源。在这个过程中可以集思广益，听取各方面的意见。同时又可以贯彻自己的计划和思路。

（4）会议可以产生新的激励，动员并鼓励参加者努力工作。

会议也是一项管理活动，也应当进行计划、组织和控制，组织好一个项目会议，使它富有成果，达到预定目标，需要有相当深厚的管理知识，又会考验组织者的艺术性和权威性。

2. 项目会议的组织内容

（1）事前筹划。在开会之前，项目经理必须做好准备，包括：

1) 应分析召开会议的必要性，确定会议目的，确定谁需要参加会议。

2) 做好信息准备，了解项目状况、困难，各方面的基本情况，准备展示的材料，收集数据。

3) 准备好议题，准备在会上让大家讨论什么，想了解什么，达到什么效果，设计解决方案或意见。

4) 应考虑大家会有什么反应，能不能够接受自己的意见；如果有矛盾，应有什么备选的方案或措施，如何达成一致。

5) 其他相应的准备工作，如时间安排、会场布置、人员通知，有时需准备直观仪器、材料或其他物品。

(2) 会中控制。即控制会议按既定目的开展，具体有：

1) 会议应按时开始，指定记录员，简要介绍会议的目的和议程表。

2) 驾驭整个过程，防止不正常的干扰影响会议的正常秩序，项目管理者必须不失时机地提醒进入主题或过渡到新的主题。

3) 善于发现和抓住有价值的问题，集思广益，补充解决方案。

4) 鼓励参加者讲出自己的观点，反映实际情况、问题和困难，一起研究解决方法。

5) 通过沟通、协调甚至妥协或劝说，使大家意见达成一致，使会议富有成果。

①当出现争执、不一致甚至冲突时，项目经理必须把握项目的总体目标和整体利益，并不断地解释项目的利益和意义，宣传共同的合作关系，以争取共识，使大家取得协调一致而且各方面心悦诚服地接受协调，并以积极的态度完成工作。

②项目经理在必要时应适当动用权威，如果项目参加者各执己见，互不让步，在总目标的基本点上不能协调或没人响应，则他不能为避免争执而放弃工作，必须动用权威做出决定，但必须向建设单位做出解释。

6) 在会议结束时总结会议成果，并确保所有参加者对所有决策和行动有清楚的理解。

(3) 会后处理。会后应尽快整理并起草会议纪要。

会议的结果通常以会议纪要的形式作为决议。在会上只能做会议记录，会后才整理起草纪要，并送达各方认可。一般参加者在收到纪要后如有反对意见，应在规定时间内提出反驳，否则便作为同意会议纪要内容处理，则该会议纪要即成为有约束力的协议文件。当然，对重大问题的协议常常要在新的协调会议上签署。

10.3.4 工程项目谈判管理

谈判是沟通的一种，工程项目谈判不仅仅是信息交换和情感共融，而是要追求在双方充分表达自己观点后商议出双方共同认同的项目问题解决方案。谈判不是零和博弈，一方赢得胜利，另一方失利。谈判是双方的共赢，真正成功的谈判是问题的解决，各方各得所需，同时也是人际关系的建立，即事成人和。

1. 谈判的阶段管理

（1）谈判前准备。项目管理人员要对谈判有着清晰的认知和目的要求：哪些目标是在任何情况下都不能让步的；哪些目标可以让步以及让步的程度；哪些目标可能需要让步或完全放弃。

（2）谈判准备阶段了解对手。了解对手时不仅要了解对方的谈判目的、心理底线等，还要了解对方公司经营情况、行业情况、谈判人员的性格、对方公司的文化、谈判对手的习惯与禁忌等。还有一个非常重要的因素需要了解并掌握，那就是其他竞争对手的情况。

（3）根据所要谈判的项目，确定己方谈判人员的组成。例如工程项目合同谈判一般可由三部分人员组成：①懂建筑法律法规与政策的人员，保证所签订的合同能符合国家的法律法规和相关政策；②懂工程技术的人员，谈判涉及的建设工程专业性强，涉及范围广，在谈判中要充分发挥这方面人员的作用；③懂建筑工程经济的人员，因为企业是要通过承揽项目获得利润，所以，要求合同谈判人员必须有懂得建筑工程经济方面专业知识的人员。人员的组成不仅仅考虑专业的要求，也要根据对手的情况考虑我方人员的年龄、文化背景甚至性格等方面的因素。

（4）考虑工程项目可能面临的危险、双方的共同利益和冲突，拟订谈判方案。谈判方案中要注意尽可能将双方能取得一致的内容列出，还要尽可能地列出双方在哪些问题还存在着分歧甚至原则性的分歧问题，从而拟订谈判的初步方案,决定谈判的重点和难点,从而有针对性地运用谈判策略和技巧,获得谈判的成功,同时也要制订备用方案以备不测。

(5) 谈判中的控制。控制谈判的议程、聚焦的议题和谈判的气氛。

设定好谈判的禁区,谈判是一种很敏感的交流,所以,语言要简练,避免出现不该说的话,但是在艰难的长时间谈判过程中也难免出错,最好的方法就是提前设定好哪些是谈判中的禁语,哪些话题是危险的,哪些行为是不能做的,谈判的心理底线等。

成功的谈判者善于掌握谈判的进程,在充满合作气氛的阶段,展开自己所关注的议题进行商讨,从而抓住时机,达成有利于己方的协议。而在气氛紧张时,则引导谈判进入双方具有共识的议题,一方面缓和气氛,另一方面缩小双方距离,推进谈判进程。同时,谈判者应懂得合理分配谈判时间。对于各议题的商讨时间应得当,不要过多拘泥于细节性问题。这样可以缩短谈判时间,降低交易成本。

(6) 谈判结束的评估。谈判结束要尽快签订有效的法律文书,同时及时收集整理谈判的资料,对本次谈判梳理总结经验与教训,这样才能不断提高项目管理人员的谈判水平和能力。

2. 谈判的技巧管理

谈判的技巧是一门艺术,它是谈判者在综合自身知识、技能、经验、文化修养、脾气性格等多种素质的条件下,考虑谈判对象特点、谈判内容的性质和谈判环境的多种因素下采取的主观能动活动。若干谈判技巧主要体现在以下方面:

(1) 要有感染力,通过你的举止来表现你的信心和决心。
(2) 起点高,最初提出的要求要高一些,给自己留出回旋的余地。
(3) 以权力有限为借口,设定谈判的回旋余地。
(4) 中断谈判或赢得时间,争取合适的时机。
(5) 缩小分歧,建议在两种立场中找到一个折中点。
(6) 先行试探,抛出议题试探一下对手的反应。
(7) 出其不意,永远不要让对手猜出你下一步的策略。
(8) 找一个威望较高的合作伙伴赢得谈判对手的尊重。

另外，还有欲擒故纵、请君入瓮、声东击西和釜底抽薪等各种计谋的运用。总之，谈判的技巧是谈判者的综合能力运用。

复习思考题

1. 沟通的含义和构成要素有哪些？
2. 简述沟通的过程。
3. 简述沟通渠道种类。
4. 工程项目团队冲突管理中，解决冲突的措施有哪些？
5. 如何有效组织工程项目会议？
6. 如何有效进行工程项目谈判管理？

第 11 章
工程项目相关方管理

本章目标 通过本章的学习，了解项目相关方的基本概念、对工程项目的影响以及对项目的不同需求目标；掌握工程项目相关方管理的一般过程，包括识别相关方、规划相关方参与项目、管理相关方参与项目和监督相关方参与项目的具体方法。

本章介绍 在现代建设工程项目管理中，项目经理和团队正确识别并合理引导所有相关方参与项目的能力，决定着项目的成败。本章主要介绍项目相关方的基本概念和工程项目相关方对工程项目的影响及不同的需求目标；工程项目相关方管理的一般过程和方法，包括识别相关方、规划相关方参与项目、管理相关方参与项目和监督相关方参与项目的具体方法。

11.1 概述

11.1.1 基本概念

"相关方"一词的外延正在扩大，从传统意义上的员工、供应商和股东扩展到涵盖各式群体，包括监管机构、游说团体、环保人士、金融组织、媒体，以及那些自认为是相关方的人员（他们认为自己会受项目工作或成果的影响）。ISO 10006定义项目相关方可能包括：顾客，即项目产品的接受者；消费者，即项目产品的使用者；所有者，即启动项目的组织；合作伙伴，如在合资项目中的项目资金提供者，包括金融机构等；分承包方，即为项目组织提供产品或服务的组织；社会，如司法机构或法定机构和广大公众；内部人员，如项目组织的成员。

每个项目都有相关方，它们会受项目的积极或消极影响，或者能对项目施加积极或消极的影响。有些相关方影响项目工作或成果的能力有限，而有些相关方可能对项目及其期望成果有重大影响。项目经理和团队正确识别并合理引导所有相关方参与的能力决定着项目的成败。为提高成功的可能性，应该在项目章程被批准、项目经理被委任，以及团队开始组建之后，尽早开始识别相关方并引导相关方参与。

相关方满意度应作为项目目标加以识别和管理。有效引导相关方参与的关键是重视与所有相关方保持持续沟通（包括团队成员），以理解它们的需求和期望、处理所发生的问题、管理利益冲突，并促进相关方参与项目决策和活动。至少要在以下时点开展这些活动：

（1）项目进入其生命周期的不同阶段。

（2）当前相关方不再与项目工作有关，或者在项目的相关方人员中出现了新的相关方成员。

（3）组织内部或更大区域的相关方人员发生重大变化。

11.1.2 项目相关方对工程项目的影响

项目相关方参与项目，为项目提供资金、材料和设备、劳务或服务，承包工程，或使用项目的产品或服务。它们对项目的立项、工程的建设和运行都有各自的作用，做出应有的贡献，项目是它们合作的结果。项目的成功必须经过所有项目相关各方的共同努力。

项目相关方参与项目，有着自己的目标和期望。它们对项目的支持程度、认可程度和它们在项目中的组织行为，是由它们对项目的满意程度、目标和期望的实现程度决定的。因此，项目的总目标应该包容项目相关各方的目标和利益，体现各方面利益的平衡，使各相关方满意。这样有利于团结协作、互相信任，确保项目的整体利益，有利于项目的成功。

在国际上，人们曾研究过许多工程项目的案例，将项目成功的因素分为4个方面67个相关因素。其中参加者各方的努力程度、积极性、组织行为和对项目的支持等是一个主要方面。而这一切是由它们对项目的满意程度决定的。

过去人们过于强调工程项目的投资者或业主的利益，忽视项目其他相关方的利益。实践证明，在这种情况下，没有各方面的满意，会出现对抗情绪和行为，不可能有成功的项目。近十几年来，现代国际工程项目越来越显示出如下趋向：

（1）人们强调项目相关方之间的合作，讲究诚实信用，强调利益的一致性，而不强调利益冲突、斗争、利己。业主与承包商、供应商是伙伴关系，应争取实现"多赢"。

（2）更理性地认识到项目相关方各方面的权利和责任的平衡，公平地对待各方，公平合理地分配风险和解决项目中的冲突。

（3）在项目中人们加强组织沟通和信息公开，重视合同管理和项目的组织行为的研究，通过有效沟通，加强相关方之间的互相理解和协作，减少误解和消极影响。

（4）强调项目的组织文化和团队精神。在项目相关方之间形成共有的价值观念、职业道德、行为准则和团队精神，以增强各方的合作，减少矛盾和冲突。

11.1.3 工程项目的相关方以及对项目的需求

由于工程项目的特殊性，工程项目相关方的范围非常广泛，已超出传统的工程项目组织的范围。从总体上，主要相关方如图 11-1 所示。

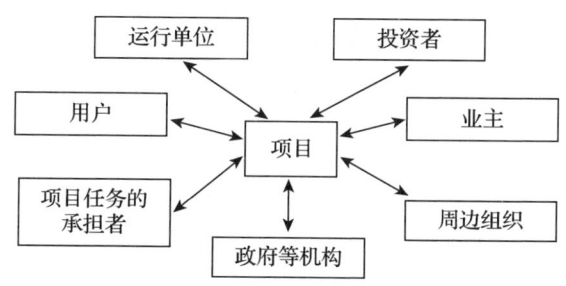

图 11-1 工程项目主要相关方

（1）用户。这即工程项目产品的顾客，即直接购买、使用或接受工程运行所提供的最终产品或服务的人或单位。例如，房地产开发项目产品的使用者是房屋的购买者或用户；城市地铁建设项目最终产品的使用者是乘客。有时工程项目产品的用户就是项目的投资者，例如，某企业投资新建一栋办公大楼，则该企业使用此大楼的职能科室是用户。

用户购买项目的产品或服务，决定项目的市场需求和存在价值。项目的产品和服务要有市场，就必须使"用户满意"，通常用户对工程项目的要求有：产品或服务的价格合理；在功能上符合要求，同时讲究舒适、健康、安全、可用；有周到、完备、人性化的服务；"以人为本"，符合人们的文化、价值观、审美要求等。

项目产品或服务的市场定位、功能设计，产品销售量和价格的确定必须从产品使用者的角度出发。在所有项目相关方中，用户是最重要的，因为它们是所有项目参加者最终的"用户"。当用户和其他相关方的需求发生矛盾时，应首先考虑用户的需求。

(2) 投资者。这即为项目提供资金或财务资源的个人或集体。例如项目的直接投资人、参与项目融资的金融单位或项目所属的企业。在现代社会，工程项目的融资渠道和方式很多，资本结构是多元化的，可能有政府、企业、金融机构、私人投资，可能是本国资本或外国资本等。例如：某城市地铁工程建设项目的投资者为该市政府；某企业独资新建一条生产流水线，则投资者是该企业；某企业与一外商合资建设一个新的工厂，则该企业和外商都是该建设项目的投资者；某发电厂工程是通过 BOT 融资的，参与 BOT 融资的有一个外资银行、一个国有企业和一个国外的设备供应商，它们都是该项目的投资者。

投资者为项目提供资金，注重工程最终产品或服务的市场，并从工程的运行中获得预期的投资收益。他承担投资风险，行使与风险相对应的管理权利，如参与项目重大问题的决策、在工程建设和运行过程中的宏观管理、对项目收益的分配等。

投资者的目标和期望可能有：以一定量的投资完成工程项目；通过工程的运行取得预定的投资回报，达到预定的投资回报率；承担较低的投资风险等。

(3) 业主。"业主"一词主要应用在工程的建设过程中。实施一个工程项目，投资者或项目所属的企业、政府必须成立专门的组织或委派专门人员以业主的身份负责项目的管理和控制，如我国的基建部门、建设单位等。相对于设计单位、承包商、供应商、项目管理单位（咨询、监理）而言，业主以项目所有者的身份出现。

业主的目标是实现工程全寿命期整体的综合效益，它不仅代表和反映投资者的利益和期望，而且要反映项目任务承担者的利益，更应注重项目相关方各方面利益的平衡。

（4）项目任务的承担者，如承包商、供应商、勘察和设计单位、咨询单位（包括项目管理公司、监理单位）、技术服务单位等。它们接受业主的委托完成项目或项目管理任务。它们又可以分为两类角色：

1）项目管理（咨询或监理）公司。在现代工程项目中，业主通常将具体的项目管理工作委托给项目管理（咨询或监理）公司承担。它为业主提供专业的项目管理和咨询服务，协调承包商、设计单位和供应单位关系。所以它主要代表和反映业主的利益和期望，追求工程全寿命期整体的综合效益。

2）承包商、供应商、勘察和设计单位、技术服务单位等。它们通常接受业主的委托在规定工期内完成合同规定的专业性工作任务，包括设计、施工、提供材料和设备，并为这些工作提供设备、劳务、管理人员，对相关的项目工作进行计划、组织、协调和控制。它们希望通过项目的实施取得合理的工程价款和利润、赢得信誉和良好的企业形象。

（5）运行单位。工程运行单位在工程建成后接受运行管理任务，直接利用工程生产产品或提供服务。例如城市地铁建设项目，工程运行单位是指地铁的运行公司和相关生产者（包括运行操作人员和维护管理人员）。

它的任务是使工程达到预定的产品生产能力或服务能力，以及质量要求等。运行单位（或员工）希望有安全、舒适、人性化的工作环境，且工程运行维护方便、成本低。

（6）政府等机构。这即工程所在地的政府、司法、执法机构，以及为项目提供服务的政府部门、基础设施的供应和服务单位。它们为项目做出各种审批（如城市规划审批）、提供服务（如发放项目需要的各种许可）、实施监督和管理（如对招标投标过程监督和对工程质量监督）。

政府注重工程项目的社会效益、环境效益，希望通过工程项目促进地区经济的繁荣和社会的可持续发展，解决当地的就业和其他社会问题，增加地方财力，改善地方形象，使政府政绩显赫。

（7）周边组织。这包括项目所在地周围的居民、周边的社区组织、媒体、环境保护组织、其他社会大众等。项目周边组织要求保护环境，保护景观和文物，要求就业、拆迁安置或赔偿，有时还包括对工程特殊的使用要求。

从上面的分析可见，项目相关方的目标往往彼此相距甚远，甚至互相冲突。在项目管理中对项目相关方的识别和界定，对其目标、期望、组织行为的研究和确定是十分重要的。项目管理者必须在项目的全过程中解决项目总目标和项目相关方需求间的矛盾，分析它们对项目的影响，并一直关注项目相关方需求的变化，以确保项目的成功。

11.2 工程项目相关方管理的一般过程

项目相关方管理包括用于开展下列工作的各个过程：识别能够影响项目或会受项目影响的人员、团体或组织，分析相关方对项目的期望和影响，制定合适的管理策略来有效调动相关方参与项目。用这些过程分析相关方期望，评估它们对项目或受项目影响的程度，以及制定策略来有效引导相关方支持项目决策、规划和执行。这些过程能够支持项目团队的工作。项目相关方管理的一般过程如下：

（1）识别相关方。定期识别项目相关方，分析和记录它们的利益、参与度、相互依赖性、影响力和对项目成功的潜在影响的过程。

（2）规划相关方参与项目。根据相关方的需求、期望、利益和对项目的潜在影响，制定项目相关方参与项目的方法。

（3）管理相关方参与项目。与相关方进行沟通和协作，以满足其需求与期望，处理问题，并促进相关方合理参与项目的过程。

（4）监督相关方参与项目。监督项目相关方关系，并通过修订参与策略和计划来引导相关方合理参与项目的过程。

项目相关方管理的发展趋势和新兴实践主要包括：

（1）识别所有相关方，而非在限定范围内。

（2）确保所有团队成员都涉及引导相关方参与的活动。

（3）定期审查相关方成员，这往往与单个项目风险的审查并行开展。

（4）应用"共创"概念，咨询最受项目工作或成果影响的相关方。该概念的重点是，将团队内受影响的相关方视为合作伙伴。

（5）关注与相关方有效参与项目程度有关的正面及负面价值。正面价值是相关方（尤其是强大相关方）对项目的更积极支持所带来的效益；负面价值是因相关方未有效参与项目而造成的损失，包括产品召回、组织信誉损失或项目信誉损失。

11.2.1 识别相关方

识别相关方是定期识别项目相关方，分析和记录它们的利益、参与度、相互依赖性、影响力和对项目成功的潜在影响的过程，其主要作用是，使项目团队能够建立对每个相关方或相关方群体的适度关注。本过程应根据需要在整个项目期间定期开展，通常在编制和批准项目章程之前或同时首次开展。本过程需在必要时重复开展，至少应在每个阶段开始时，以及项目或组织出现重大变化时重复开展。每次重复开展本过程，都应通过查阅项目管理计划组件及项目文件来识别有关的项目相关方。

1. 识别相关方的主要依据

（1）项目章程。项目章程会列出关键相关方清单，还包含与相关方职责有关的信息。

（2）商业文件。在首次开展识别相关方过程时，商业论证和收益管理计划是项目相关方信息的来源。

1) 商业论证。商业论证确定项目目标，以及受项目影响的相关方的最初清单。

2) 收益管理计划。收益管理计划描述了如何实现商业论证中所述收益。它可能指出将从项目成果交付中获益并因此被视为相关方的个人及群体。

（3）项目管理计划。在首次识别相关方时，项目管理计划并不存在；不过，一旦编制完成，项目管理计划主要包括：

1) 沟通管理计划。沟通使相关方之间存在密切联系。沟通管理计划中的信息是了解项目相关方的主要依据。

2) 相关方参与计划。相关方参与计划确定了用于有效引导相关方参与的管理策略和措施。

（4）项目文件。作为识别项目相关方依据的项目文件主要包括：

1）变更日志。变更日志可能引入新的相关方或改变相关方与项目的现有关系的性质。

2）问题日志。问题日志所记录的问题可能为项目带来新的相关方，或改变现有相关方的参与类型。

3）需求文件。需求文件可以提供关于潜在相关方的信息。

（5）协议。协议的各方都是项目相关方，还可涉及其他相关方。

（6）环境因素。能够影响识别相关方的环境因素主要包括：组织文化、政治氛围等政府或行业标准（法规、产品标准和行为规范）；全球、区域或当地的趋势、实践或习惯；设施和资源的地理分布。

（7）其他。能够影响识别相关方过程的其他依据主要包括：相关方登记册模板和说明；以往项目的相关方登记册；经验教训，包括与相关方偏好、行动和参与有关的信息。

2. 识别相关方的方法

识别相关方的方法通常有：专家判断法；数据收集法（包括问卷和调查法、头脑风暴法）；数据分析法（适用于识别相关方的数据分析法主要包括：相关方分析法、文件分析法）；分类法；会议法。

（1）专家判断法。应征求具备以下专业知识或接受过相关培训的个人或小组的意见：

1）理解组织内的政治和权力结构。

2）了解所在组织和其他受影响组织（包括客户及其他组织）的环境和文化。

3）了解项目所在行业或项目可交付成果类型。

4）了解个体团队成员的贡献和专长。

(2) 数据收集法。数据收集法一般包括：

1) 问卷和调查法。问卷和调查可以包括一对一调查、焦点小组讨论，或其他大规模信息收集技术。

2) 头脑风暴法。用于识别相关方的头脑风暴法包括一般的头脑风暴和头脑风暴的改良形式头脑写作。头脑风暴是一种通用的数据收集和创意技术，用于向小组征求意见，如团队成员或主题专家；头脑写作让个人参与者有时间在小组创意讨论开始前单独思考问题。信息可通过面对面小组会议收集，或由技术支持。

(3) 数据分析法。适用于识别相关方的数据分析法主要包括：

1) 相关方分析法。相关方分析会产生相关方清单和关于相关方的各种信息，如在组织内的位置，在项目中的角色，与项目的利害关系，对项目的期望、态度（对项目的支持程度），以及对项目信息的兴趣。

2) 文件分析法。评估现有项目文件及以往项目的经验教训，以识别相关方和其他支持性信息。

(4) 分类法。对相关方进行分类有助于团队与已识别的项目相关方建立关系。常见的分类法包括：

1) 权力利益方格法。该法又称权力影响方格法或作用影响方格法。基于相关方的职权级别（权力）、对项目成果的关心程度（利益）、对项目成果的影响能力（影响），或改变项目计划或执行的能力，每一种方格都可用于对相关方进行分类。对于小型项目、相关方与项目的关系很简单的项目，或相关方之间的关系很简单的项目，该法非常实用。

2) 相关方立方体法。这是上述方格模型的改良形式。立方体把上述方格中的要素组合成三维模型，项目经理和团队可据此分析相关方并引导相关方参与项目。作为一个多维模型，它将相关方视为一个多维实体更好地加以分析，从而有助于沟通策略的制定。

3) 凸显模型法。通过评估相关方的权力（职权级别或对项目成果的影响能力）、紧迫性（因时间约束或相关方对项目成果有重大利益诉求而导致需立即加以关注)和合法性(参与的适当性),对相关方进行分类。在凸显模型中,也可以用邻近性取代合法性,以便考察相关方参与项目工作的程度。这种凸显模型适用于复杂的相关方大型社区,或在相关方社区内部存在复杂的关系网络。凸显模型法可用于确定已识别相关方的相对重要性。

4)影响方向法。可以根据相关方对项目工作或项目团队本身的影响方向,对相关方进行分类。可以把相关方分类为:①向上(执行组织或客户组织、发起人和指导委员会的高级管理层);②向下(临时贡献知识或技能的团队或专家);③向外(项目团队外的相关方群体及其代表,如供应商、政府部门、公众、最终用户和监管部门);④横向(项目经理的同级人员,如其他项目经理或中层管理人员,他们与项目经理竞争稀缺项目资源或者合作共享资源或信息)。

5)优先级排序法。如果项目有大量相关方、相关方的成员频繁变化,相关方和项目团队之间或相关方成员的关系复杂,可能有必要对相关方进行优先级排序。

(5)会议法。会议法可用于在重要项目相关方之间达成谅解。既可以召开引导式研讨会、指导式小组讨论会,也可以通过电子或媒体技术进行虚拟小组讨论,来分享想法和分析数据。

3. 识别相关方的结果

通过运用上述方法进行相关方识别后,一般可呈现下面一些结果(或成果)。

(1)建立相关方登记册。相关方登记册是识别相关方后的主要成果。它记录关于已识别相关方的信息,主要包括:

1)身份信息。例如姓名、组织职位、地点、联系方式,以及在项目中扮演的角色等。

2)评估信息。例如主要需求、期望、影响项目成果的潜力,以及相关方最能影响或冲击的项目生命周期阶段等。

例如,某会商国际大厦工程项目,该工程作为一栋智能化的高级综合写字楼,其相关方识别表和登记册可见表 11-1 和表 11-2。

表 11-1　某会商国际大厦工程项目相关方识别表

相关方分类		对项目的影响统计均值	评估结果 1	评估结果 2	评估结果 3	评估结果 4	评估结果 5	评估结果 6
内部	建设单位	工程部	7.5	8	7	8	7	8	7
		成本部	7.5	7	8	7	8	7	8
	设计院	××设计院	6.0	7	5	7	5	7	5
	监理单位	监理项目部	5.5	5	6	5	6	5	6
	使用单位	工商局	7.3	7	8	7	8	7	7
	政府部门	安监站	6.5	6	7	6	7	6	7
		质监站	6.3	7	6	6	6	6	7
		建管处	4.5	5	4	5	4	5	4
		质安处	4.5	5	4	5	4	5	4
		城管	6.5	7	6	7	6	7	6
		环保局	6.5	7	6	7	6	7	6
		派出所	3.5	5	2	5	2	5	2
		居委会	3.5	4	3	4	3	4	3
		管理处	4.0	5	3	5	3	5	3

(续)

相关方分类		对项目的影响统计均值	评估结果1	评估结果2	评估结果3	评估结果4	评估结果5	评估结果6
内部	项目部							
	项目经理	7.5	8	7	8	7	8	7
	项目成员	6.5	7	6	7	6	7	6
	项目家属	2.5	3	2	3	2	3	2
外部	分包单位							
	劳务分包	5.8	5	6	6	6	6	6
	专业分包	6.2	6	6	6	7	6	6
	机电安装分包	6.3	6	7	6	6	5	7
	供应商							
	物资供应商	5.5	5	6	6	6	6	5
	设备供应商	6.0	6	6	6	6	6	6
	工程技术部	5.0	5	5	5	5	5	5
外部	分公司机关							
	商务部	6.5	6	8	5	8	5	8
	财务部	5.5	6	5	6	5	6	5
	人资部	3.0	3	3	3	3	3	3
	物资部	4.5	4	5	4	5	4	5
	综合办	2.0	2	2	2	2	2	2
	分公司领导	7.0	7	7	7	7	7	7

表11-2 某会商国际大厦工程项目相关方登记册

相关方分类		对项目的影响统计均值	对项目态度	姓名	单位	职务	联系方式	兴趣爱好	利益诉求
建设单位	工程部	7.5	支持	郭××	城投集团	经理	×××	喝茶	L
	成本部	7.5	中立	张××	城投集团	经理	×××	旅游	L
设计院	××设计院	6.0	支持	王××	××设计院	副院长	×××	喝茶	M
监理单位	监理项目部	5.5	支持	迟××	××监理公司	总监	×××	篮球	H
使用单位	工商局	7.3	支持	吴××	开发区工商局	局长	×××	钓鱼	H
政府部门	安监站	6.5	支持	任××	建管局	站长	×××	足球	H
	质监站	6.3	支持	曹××	建管局	站长	×××	书法	H
	建管处	4.5	支持	孙××	建管局	处长	×××	画画	M
	质安处	4.5	支持	刘××	建管局	处长	×××	篮球	M
	城管	6.5	支持	孔××	××城管	队长	×××	足球	M
	环保局	6.5	支持	代××	××环保局	队长	×××	篮球	M
	派出所	3.5	支持	夏××	××派出所	所长	×××	足球	M
	居委会	3.5	支持	孙××	××居委会	主任	×××	乒乓球	L
	管理处	4.0	支持	王××	××管理处	主任	×××	乒乓球	L

(续)

相关方分类		对项目的影响统计均值	对项目态度	姓名	单位	职务	联系方式	兴趣爱好	利益诉求
项目部	项目经理	7.5	支持	迟××	××公司	经理	×××		H
	项目成员	6.5	支持	吴××	××公司		×××		H
	项目家属	2.5	支持	任××	××公司		×××		M
分包单位	劳务分包	5.8	支持	曹××	××公司	经理	×××		H
	专业分包	6.2	支持	孙××	××公司	经理	×××		H
	机电安装分包	6.3	支持	刘××	××公司	经理	×××		H
供应商	物资供应商	5.5	支持	孔××	××公司	经理	×××		H
	设备供应商	6.0	支持	代××	××公司	经理	×××		M
分公司机关	工程技术部	5.0	支持	夏××	××公司	经理	×××	足球	H
	商务部	6.5	支持	张××	××公司	经理	×××	自行车	H
	财务部	5.5	支持	张××	××公司	经理	×××	旅游	M
	人资部	3.0	支持	孙××	××公司	经理	×××	羽毛球	M
	物资部	4.5	支持	王××	××公司	经理	×××	篮球	M
	综合办	2.0	支持	王××	××公司	经理	×××	象棋	L
	分公司领导	7.0	支持	×××	××公司	经理	×××	书法	H

注：L 表示低，M 表示中等，H 表示高。

3）相关方分类。用内部或外部、作用、影响、权力或利益，上级、下级、外围或横向，或者项目经理选择的其他分类模型进行分类。

（2）变更请求。首次开展识别相关方过程，不会提出任何变更请求。但随着在后续项目期间继续识别相关方，新出现的相关方或关于现有相关方的新信息可能导致对产品、项目管理计划或项目文件提出变更请求。这应该通过实施整体变更控制措施对变更请求进行审查和处理。

（3）项目管理计划更新。在项目初始时识别相关方，不会导致项目管理计划更新。但随着项目进展，项目管理计划可能会出现一些变更。可能需要变更的项目管理计划主要包括：

1）需求管理计划。新识别的相关方可能会影响规划、跟踪和报告需求活动的方式。

2）沟通管理计划。沟通管理计划记录相关方的沟通要求和已商定的沟通策略。

3）风险管理计划。如果相关方的沟通要求和已商定的沟通策略会影响管理项目风险的方法，就应在风险管理计划中加以反映。

4）相关方参与计划。相关方参与计划会记录针对已识别相关方的商定的沟通策略。

（4）项目文件更新。需更新的项目文件主要包括（但不限于）：

1）假设日志。大量关于相对权力、利益和相关方参与度的信息，都是基于一定的假设条件的。应该在假设日志中记录这些假设条件。此外，还要在假设日志中记录会影响与具体相关方互动的各种制约因素。

2）问题日志。在本过程中产生的新问题应该记录到问题日志中。

3）风险登记册。风险登记册记录在本过程中识别，并通过风险管理过程加以管理的新风险。

11.2.2 规划相关方参与项目

规划相关方参与项目是根据相关方的需求、期望、利益和对项目的潜在影响，制定项目相关方参与项目的方法。其主要作用是，提供与相关方进行有效互动的可行计划，根据需要在整个项目期间定期开展。

为满足项目相关方的多样性信息需求，应该在项目生命周期的早期制订一份有效的计划；然后，随着相关方成员变化，定期审查和更新该计划。在通过识别相关方明确最初的相关方成员之后，就应该编制第 1 版的相关方参与计划，然后定期更新相关方参与计划，以反映相关方成员的变化。会触发该计划更新的典型情况主要包括：

（1）项目新阶段开始。

（2）组织结构或行业内部发生变化。

（3）新的个人或群体成为相关方，现有相关方不再是相关方社区的成员，或特定相关方对项目成功的重要性发生变化。

（4）其他项目过程（如变更管理、风险管理或问题管理）的输出导致需要重新审查相关方参与策略。

这些情况都可能导致已识别相关方的相对重要性发生变化。

1. 规划相关方参与项目的主要依据

（1）项目章程。项目章程包含与项目目的、目标和成功标准有关的信息，在规划如何引导相关方参与项目时应该考虑这些信息。

（2）项目管理计划。项目管理计划主要包括：

1）资源管理计划。这包含关于团队成员及其他相关方的角色和职责的信息。

2）沟通管理计划。这是用于相关方管理的沟通策略以及用于实施策略的计划，既是项目相关方管理中各个过程的输入，又会收录来自这些过程的相关信息。

3）风险管理计划。风险管理计划中包含风险临界值或风险态度，有助于选择最佳的相关方参与策略组合。

（3）项目文件。用于规划相关方参与项目的项目文件（尤其在初始规划之后）主要包括：假设日志；变更日志；问题日志；项目进度计划；风险登记册；相关方登记册。

（4）协议。在规划承包商及供应商参与时，通常涉及与组织内的采购小组和（或）合同签署小组开展合作，以确保对承包商和供应商进行有效管理。

（5）环境因素。能够影响规划相关方参与的环境因素主要包括：组织文化、政治氛围，以及治理框架；人事管理政策；相关方风险偏好；已确立的沟通渠道；全球、区域或当地的趋势、实践或习惯；设施和资源的地理分布。

（6）其他。能够影响规划相关方参与项目的其他依据主要包括：企业的社交媒体、道德和安全政策及程序；企业的问题、风险、变更和数据管理政策及程序；组织对沟通的要求；制作、交换、储存和检索信息的标准化指南；经验教训知识库，包括与相关方偏好、行动和参与有关的信息；支持有效相关方参与所需的软件工具等。

2. 规划相关方参与项目的方法

规划相关方参与项目的方法包括：专家判断法；数据收集法；数据分析法；决策法；数据表现法；会议法。

（1）专家判断法。应征求具备相关专业知识或接受过相关培训的个人或小组的意见。

（2）数据收集法。适用于规划相关方参与项目的数据收集法主要包括标杆对照法，即将相关方分析的结果与其他被视为世界级的组织或项目的信息进行比较。

（3）数据分析法。适用于规划相关方参与项目的数据分析法主要包括：

1）假设条件和制约因素分析法。这即分析当前的假设条件和制约因素，以合理剪裁相关方参与项目的策略。

2）根本原因分析法。这即开展根本原因分析，识别是什么根本原因导致了相关方对项目的某种支持水平，以便选择适当的策略来改进其参与水平。

（4）决策法。适用于规划相关方参与项目的决策法主要包括优先级排序法或分级法。这即对相关方需求以及相关方本身进行优先级排序或分级。具有最大利益和最高影响的相关方，通常应该排在优先级清单的最前面。

（5）数据表现法。适用于规划相关方参与项目的数据表现法主要包括：

1）思维导图。思维导图用于对相关方信息、相互关系以及它们与组织的关系进行可视化整理。

2) 相关方参与度评估矩阵。相关方参与度评估矩阵用于将相关方当前参与度与期望参与度进行比较。对相关方参与度进行分类的方式之一,见表 11-3。相关方参与度可分为如下几种:

①不了解:不知道项目及其潜在影响。

②抵制:知道项目及其潜在影响,但抵制项目工作或成果可能引发的任何变更。此类相关方不会支持项目工作或项目成果。

③中立:了解项目,但既不支持,也不反对。

④支持:了解项目及其潜在影响,并且会支持项目工作及其成果。

⑤领导:了解项目及其潜在影响,而且积极参与以确保项目取得成功。

在表 11-3 中,C 代表每个相关方的当前参与度,而 D 是项目团队评估出来的、为确保项目成功所必不可少的参与度(期望的)。应根据每个相关方的当前与期望参与度的差距,开展必要的沟通,有效引导相关方参与项目。弥合当前与期望参与度的差距是监督相关方参与项目的一项基本工作。

表 11-3 相关方参与度评估矩阵

相关方	不了解	抵制	中立	支持	领导
相关方 1	C			D	
相关方 2			C	D	
相关方 3				D C	

(6) 会议法。通过会议形式讨论与分析规划相关方参与项目所需的输入数据,以便制订良好的相关方参与计划。

3. 规划相关方参与项目的结果

通过上面各种方法规划相关方参与项目,最终需要制订出一份相关方参与项目的计划,它是项目管理计划的组成部分,用于确定促进相关方有效参与决策和执行的策略和行动。基于项目的需要和相关方的期望,相关方参与计划可以是正式或非正式的,非常详细或高度概括的。相关方参与计划可包括调动个人或相关方参与项目的特定策略或方法。

11.2.3 管理相关方参与项目

管理相关方参与项目是指与相关方进行沟通和协作以满足其需求与期望，进行问题处理，并促进相关方合理参与项目。其主要作用是，让项目经理能够提高相关方的支持，并尽可能降低相关方的抵制。

在管理相关方参与项目的过程中，需要开展多项活动，例如：

1）在适当的项目阶段引导相关方参与，以便获取、确认或维持它们对项目成功的持续承诺。

2）通过谈判和沟通管理相关方期望。

3）处理与相关方管理有关的任何风险或潜在关注点，预测相关方可能在未来引发的问题。

4）澄清和解决已识别的问题。

管理相关方参与项目有助于确保相关方明确了解项目目的、目标、收益和风险，以及它们的贡献将如何促进项目成功。

1. 管理相关方参与项目的主要依据

（1）项目管理计划。项目管理计划主要包括：

1）沟通管理计划。沟通管理计划描述与相关方沟通的方法、形式和技术。

2）风险管理计划。风险管理计划描述了风险类别、风险偏好和报告格式。这些内容都可用于管理相关方参与。

3）相关方参与计划。相关方参与计划为管理相关方期望提供指导和信息。

4）变更管理计划。变更管理计划描述了提交、评估和执行项目变更的过程。

（2）项目文件。项目文件主要包括变更日志、问题日志、经验教训登记册和相关方登记册等。

（3）环境因素。能够影响管理相关方参与项目的环境因素主要包括：组织文化、政治氛围，以及组织的治理结构；人事管理政策；相关方风险临界值；已确立的沟通渠道；全球、区域或当地的趋势、实践或习惯；设施和资源的地理分布等。

(4)其他。能够影响管理相关方参与项目的其他依据主要包括：企业的社交媒体、道德和安全政策及程序；企业的问题、风险、变更和数据管理政策及程序；组织对沟通的要求；制作、交换、储存和检索信息的标准化指南；以往类似项目的历史信息等。

2.管理相关方参与项目的方法

管理相关方参与项目的方法，包括专家判断法、沟通法、人际关系与团队技能法、基本规则法和会议法等。

(1)专家判断法。应征求具备以下专业知识或接受过相关培训的个人或小组的意见：组织内部及外部的政治和权力结构；组织及组织外部的环境和文化；相关方参与过程使用的分析和评估技术；沟通方法和策略；可能参与过以往类似项目的相关方、相关方群体及相关方组织的特征；需求管理、供应商管理和变更管理。

(2)沟通法。在开展管理相关方参与项目过程时，应该根据沟通管理计划，针对每个相关方采取相应的沟通方法。项目管理团队应该使用反馈机制，来了解相关方对各种项目管理活动和关键决策的反应。反馈的收集方法主要包括正式与非正式对话、问题识别和讨论、会议、进展报告以及调查等。

(3)人际关系与团队技能法。人际关系与团队技能主要包括：

1)冲突管理。项目经理应确保及时解决冲突。

2)文化意识。文化意识有助于项目经理和团队通过考虑文化差异和相关方需求，来实现有效沟通。

3)谈判。谈判用于获得支持或达成关于支持项目工作或成果的协议，并解决团队内部或团队与其他相关方之间的冲突。

4)观察和交谈。通过观察和交谈，及时了解项目团队成员和其他相关方的工作和态度。

5)政治意识。通过了解项目内外的权力关系，建立政治意识。

(4)基本规则法。根据团队章程中定义的基本规则，来明确项目团队成员和其他相关方应该采取什么行为去引导相关方参与项目。

(5)会议法。会议用于讨论和处理任何与相关方参与有关的问题或关注点。

在本过程中需要召开的会议类型主要包括以下几种：决策；问题解决；经验教训和回顾总结；项目开工；迭代规划；状态更新；等等。

3. 管理相关方参与项目的结果

（1）变更请求。作为管理相关方参与项目的结果，项目范围或产品范围可能需要变更。应该通过实施整体变更控制对所有变更请求进行审查和处理。

（2）项目管理计划更新。项目管理计划的任何变更都以变更请求的形式提出，且通过相应措施进行处理。可能需要变更的项目管理计划主要包括：

1）沟通管理计划。需要更新沟通管理计划，以反映新的或已变更的相关方需求。

2）相关方参与计划。需要更新相关方参与计划，以反映为有效引导相关方参与所需的新的或更改的管理策略。

（3）项目文件更新。可在本过程更新的项目文件主要包括变更日志、问题日志、经验教训登记册和相关方登记册等。

11.2.4 监督相关方参与项目

监督相关方参与项目是监督项目相关方关系，并通过修订参与策略和计划来引导相关方合理参与项目。其主要作用是，随着项目进展和环境变化，维持或提升相关方参与活动的效率和效果。

1. 监督相关方参与项目的主要依据

（1）项目管理计划。项目管理计划主要包括：

1）资源管理计划。资源管理计划确定了对团队成员的管理方法。

2）沟通管理计划。沟通管理计划描述了适用于项目相关方的沟通计划和策略。

3）相关方参与计划。相关方参与计划定义了管理相关方需求和期望的计划。

（2）项目文件。用于监督相关方参与项目的项目文件主要包括问题日志、经验教训登记册、项目沟通记录、风险登记册和相关方登记册等。

（3）工作绩效数据。工作绩效数据包含项目状态数据，例如，哪些相关方支持项目，以及它们的参与水平和类型。

（4）环境因素。能够监督相关方参与项目的环境因素主要包括：组织文化、政治氛围，以及治理框架；人事管理政策；相关方风险临界值；已确立的沟通渠道；全球、区域或当地的趋势、实践或习惯；设施和资源的地理分布。

（5）其他。能够影响监督相关方参与项目的其他依据主要包括：企业的社交媒体、道德和安全政策及程序；企业的问题、风险、变更和数据管理政策及程序；组织对沟通的要求；制作、交换、储存和检索信息的标准化指南；以往项目的历史信息等。

2. 监督相关方参与项目的方法

监督相关方参与项目的方法包括数据分析法、决策法、数据表现法、沟通法、人际关系与团队技能法以及会议法等。

（1）数据分析法。适用于本过程的数据分析法主要包括（但不限于）：

1）备选方案分析法。在相关方参与效果没有达到期望要求时，应该开展备选方案分析，评估应对偏差的各种备选方案。

2）根本原因分析法。开展根本原因分析，确定相关方参与未达预期效果的根本原因。

3）相关方分析法。开展相关方分析，确定相关方群体和个人在项目任何特定时间的状态。

（2）决策法。适用于本过程的决策法主要包括：

1）多标准决策分析法。对考察相关方参与的成功程度的多种标准进行优先级排序和加权，识别出最适当的选项。

2）投票法。通过投票，选出应对相关方参与水平偏差的最佳方案。

（3）数据表现法。适用于本过程的数据表现法主要是相关方参与度评估矩阵。使用相关方参与度评估矩阵来跟踪每个相关方参与水平的变化，对相关方参与加以监督。

（4）沟通法。适用于本过程的沟通法主要包括：

1）反馈。反馈用于确保发送给相关方的信息被接收和理解。

2）演示。演示为相关方提供清晰的信息。

（5）人际关系与团队技能法。适用于本过程的人际关系与团队技能主要包括：

1）积极倾听。通过积极倾听，减少理解错误和沟通错误。

2）文化意识。文化意识和文化敏感性有助于项目经理依据相关方和团队成员的文化差异和文化需求对沟通进行规划。

3）领导力。成功的相关方参与，需要强有力的领导技能，以传递愿景并激励相关方支持项目工作和成果。

4）人际交往。通过人际交往了解关于相关方参与水平的信息。

5）政治意识。政治意识有助于理解组织战略，理解谁能行使权力和施加影响，以及培养与这些相关方沟通的能力。

（6）会议法。会议的类型包括：为监督和评估相关方的参与水平而召开的状态会议、站会、回顾会，以及相关方参与计划中规定的其他任何会议。会议不再局限于面对面或声音互动。虽然面对面互动最为理想，但可能成本很高。电话会议和电信技术可以降低成本，并提供丰富的联系方法和会议方式。

3. 监督相关方参与项目的结果

（1）建立工作绩效信息。工作绩效信息包括与相关方参与状态有关的信息，例如，相关方对项目的当前支持水平，以及与相关方参与度评估矩阵、相关方立方体或其他工具所确定的期望参与度相比较的结果。

（2）变更请求。变更请求可能包括用于改善相关方当前参与度的纠正及预防措施。应该通过实施整体变更控制对变更请求进行审查和处理。

（3）项目管理计划更新。项目管理计划的任何变更都以变更请求的形式提出，且通过相应措施进行处理。可能需要变更的项目管理计划主要包括：

1）资源管理计划。可能需要更新团队对引导相关方参与的职责。

2）沟通管理计划。可能需要更新项目的沟通策略。

3）相关方参与计划。可能需要更新关于项目相关方成员的信息。

（4）项目文件更新。可在本过程更新的项目文件主要包括问题日志、经验教训登记册、风险登记册和相关方登记册等。

复习思考题

1. 简要分析工程项目的相关方对项目的不同需求目标。
2. 简述工程项目相关方管理的一般过程。
3. 试叙述识别相关方的主要依据、方法和结果。
4. 试叙述规划相关方参与项目的主要依据、方法和结果。
5. 试叙述管理相关方参与项目的主要依据、方法和结果。
6. 试叙述监督相关方参与项目的主要依据、方法和结果。

第 12 章
工程项目信息管理

本章目标 通过本章的学习，应熟悉项目信息的内涵及分类，项目信息管理的内涵流程及实施策略；掌握建筑信息模型（BIM）的内涵、特点及应用；了解项目管理信息化及建立信息平台的意义，常用的项目管理软件和信息技术在项目管理中应用的新发展。

本章介绍 本章主要介绍项目信息的内涵及分类，项目信息管理的内涵、流程及实施策略。同时，介绍了项目管理信息化的意义，基于互联网的工程项目信息平台以及常用的项目管理软件。最后讲述了信息技术在项目管理中应用的新发展，重点介绍建筑信息模型和大数据的特点与应用。

12.1 概述

12.1.1 项目信息的内涵及分类

1. 信息

信息指的是用口头的方式、书面的方式或电子的方式传输（传达、传递）的知识、新闻以及或可靠的或不可靠的情报。声音、文字、数字和图像等都是信息表达的形式。工程项目的实施需要人力资源和物质资源，应认识到信息也是项目实施的重要资源之一。

2. 项目信息

项目信息是指在项目决策过程、实施过程（设计准备、设计、施工和物资采购等）、运行过程中产生的信息，以及其他与项目建设有关的信息。例如图 12-1，项目信息包括项目的组织类信息、管理类信息、经济类信息、技术类信息等。

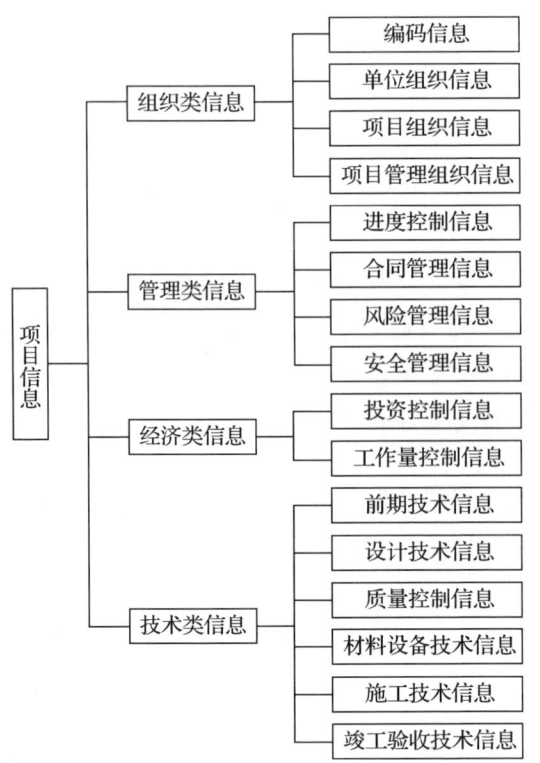

图 12-1 项目信息

3. 项目信息的分类方法

业主方和项目参与各方可根据各自项目管理的需求确定其信息的分类，但为了信息交流的方便和实现部分信息共享，应尽可能做一些统一分类的规定，如项目的分解结构应统一。

(1) 从不同的角度对工程项目的信息进行分类，如：

1) 按项目管理工作的对象，即按项目的分解结构，如子项目、子任务等进行信息分类。

2) 按项目实施的工作过程，如设计准备、招标投标和施工过程等进行信息分类。

3) 按项目管理工作的任务，如投资控制、进度控制、质量控制等进行信息分类。

4) 按信息的内容属性，如组织类、管理类、经济类、技术类等进行信息分类。

(2) 为满足项目管理工作的要求,往往需要对工程项目信息进行综合分类,即按多维进行分类,如:

1) 第一维:按项目的分解结构。
2) 第二维:按项目实施的工作过程。
3) 第三维:按项目管理工作的任务。

4. 项目信息的编码方法

编码由一系列符号(如文字)和数字组成,编码是信息处理一项重要的基础工作。一个工程项目有不同类型和不同用途的信息,为了有组织地存储信息、方便信息的检索和信息的加工整理,必须对项目的信息进行编码。

可以从以下服务于各种用途的角度进行信息编码:

(1) 项目的结构编码。依据项目结构图对项目结构每一层的每一个组成部分进行编码。

(2) 项目管理组织结构编码。依据项目管理的组织结构图,对每一个工作部门进行编码。

(3) 项目的政府主管部门和各参与单位编码(组织编码)。这些部门和单位包括:

1) 政府主管部门。
2) 业主方的上级单位或部门。
3) 金融机构。
4) 工程咨询单位。
5) 设计单位。
6) 施工单位。
7) 物资供应单位。
8) 物业管理单位等。

(4) 项目实施的工作项编码(项目实施的工作过程的编码)。应覆盖项目实施的工作任务目录的全部内容,包括:

1) 设计准备阶段的工作项。

2) 设计阶段的工作项。

3) 招标投标工作项。

4) 施工和设备安装工作项。

5) 项目动用前的准备工作项等。

(5) 项目的投资项编码（业主方）与 成本项编码（施工方）。它并不是概预算定额确定的分部分项工程的编码，应综合考虑概算、预算、标底、合同价和工程款的支付等因素建立统一的编码，以服务于项目投资目标的动态控制。

(6) 项目的进度项（进度计划的工作项）编码。应综合考虑不同层次、不同深度和不同用途的进度计划工作项的需要建立统一的编码，服务于项目进度目标的动态控制。

(7) 项目进展报告和各类报表编码。项目进展报告和各类报表编码应包括项目管理形成的各种报告和报表的编码。

(8) 合同编码。应参考项目的合同结构和合同的分类，反映出合同的类型、相应的项目结构和合同签订的时间等特征。

(9) 函件编码。应反映发函者、收函者、函件内容所涉及的分类和时间等，以便函件的查询和整理。

(10) 工程档案编码。应根据有关工程档案的规定、项目的特点和项目实施单位的需求等而建立。

以上这些编码是因不同的用途而编制的，如投资项编码（业主方）/成本项编码（施工方）服务于投资控制工作/成本控制工作，进度项编码服务于进度控制工作。但是有些编码并不是针对某一项管理工作而编制的，如投资控制/成本控制、进度控制、质量控制、合同管理、编制项目进展报告等都要使用项目的结构编码，因此就需要进行编码的组合。

12.1.2 项目信息管理的内涵及流程

1. 信息管理

信息管理指的是信息传输的合理组织和控制，是一项十分普遍的、基本的项目管理工作。信息管理是为工程项目的总目标服务的，目的是通过有效的信息沟通保证项目的成功，保证项目管理系统高效运行。信息沟通的具体作用如下：

(1) 使上层决策者能及时准确地获得决策时所需的信息。

(2) 实现项目组织成员之间的高度协调。

(3) 能有效地控制和指挥项目的实施。

(4) 让外界和上层组织了解项目实施状况，更有效地获得各方面对项目实施的支持。

(5) 在项目组织中，实现信息资源的共享，消除组织中的信息孤岛现象，防止信息的堵塞，从而提高管理效率。

2. 项目信息管理

项目信息管理是通过对各个系统、各项工作和各种数据的管理，使项目的信息能方便和有效地获取、存储、存档、处理和交流。项目信息管理的目的是通过有效的项目信息传输的组织和控制为项目建设的增值服务。

3. 信息工作流程

信息工作流程包括如下几项：

(1) 信息管理手册编制和修订的工作流程。

(2) 为形成各类报表和报告，收集信息、录入信息、审核信息、加工信息、信息传输和发布的工作流程。

(3) 工程档案管理的工作流程等。

12.1.3 信息管理手册

业主方和项目参与各方都有各自的信息管理任务，为充分利用和发挥信息资源的价值，提高信息管理的效率以及实现有序的、科学的信息管理，各方都应编制各自的信息管理手册，以规范信息管理工作。信息管理手册描述和定义信息管理做什么、谁做、什么时候做和其工作成果是什么等，它的主要内容包括：

(1) 信息管理的任务（信息管理任务目录）。

(2) 信息管理的任务分工表和管理职能分工表。

(3) 信息的分类。

(4) 信息的编码体系和编码。

(5) 信息输入输出模型。

(6) 各项信息管理工作的工作流程图。

(7) 信息流程图。

(8) 信息处理的工作平台及其使用规定。

(9) 各种报表和报告的格式，以及报告周期。

(10) 项目进展的月度报告、季度报告、年度报告和工程总报告的内容及其编制。

(11) 工程档案管理制度。

(12) 信息管理的保密制度等。

12.1.4 工程项目信息管理实施策略

工程项目信息管理的实施离不开成熟的信息技术、稳定的硬件运行环境，更需要一整套科学合理的工程项目组织管理体系。

1. 强化建设单位作用，强调全员参与

建设单位不同于一般的工程建设参与者，建设单位是工程项目生产过程的总集成者，是推动工程项目信息管理的"发动机"，是工程项目信息管理的关键。同时，信息交流是一个双向或多向过程，只有强调全员参与，才能使信息交流顺畅，产生应有效果。

2. 编制信息管理手册，建立健全信息管理制度

信息管理制度是工程项目管理信息系统得以正常运行的基础，建立制度的目的就是规范信息管理工作，规范和统一信息编码体系，规范和统一信息的输入和输出报表，规范工程项目信息流，促进工程项目管理工作的规范化、程序化和科学化。

3. 明确信息管理工作流程，充分利用信息资源

为达到充分利用信息资源的目的，应明确信息管理手册编制和修订工作流程，收集、录入、审核、加工、传输和发布信息工作流程，工程档案管理工作流程，信息技术二次开发工作流程等。

4. 建立基于网络的信息平台，实现工程项目协同管理

工程项目具有跨地域、参与单位多、单件生产和生产过程组织复杂等特性，信息技术的广泛应用极大地促进了工程项目管理变革，互联网、物联网等技术促进了计算资源、存储资源、通信、软件等信息和知识的全面共享。通过采用网络技术，建立工程项目信息平台，可以进一步促进工程项目参建各方的协同工作。

12.2 工程项目信息平台

12.2.1 项目管理信息化的意义

项目管理信息化有利于提高建设工程项目的经济效益和社会效益，以达到为项目建设增值的目的。

(1) 项目管理信息资源的开发和信息资源的充分利用，可吸取类似项目正反两方面的经验和教训。许多有价值的组织信息、管理信息、经济信息、技术信息和法规信息将有助于项目决策期多种可能方案的选择，有利于项目实施期的项目目标控制，也有利于项目建成后的运行。

(2) 通过信息技术在项目管理中的开发和应用能实现：

1) 信息存储数字化和存储相对集中（图12-2）。这有利于项目信息的检索和查询，有利于数据和文件版本的统一，并有利于项目的文档管理。

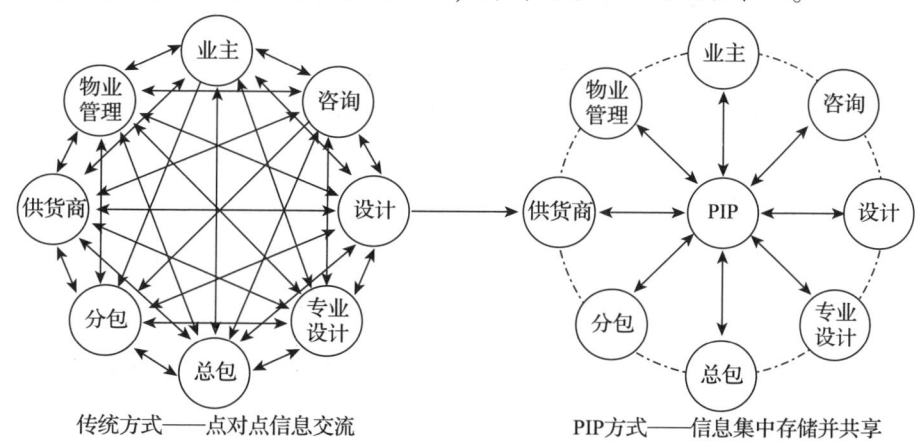

图12-2 信息存储方式

2) 信息处理和变换的程序化。这有利于提高数据处理的准确性,并可提高数据处理的效率。

3) 信息传输的数字化和电子化。这可提高数据传输的抗干扰能力,使数据传输不受距离限制并可提高数据传输的保真度和保密性。

4) 信息流扁平化,信息获取便捷。这有利于项目各参与方之间的信息交流和协同工作。

5) 信息透明度提高。

(3) 项目管理机构使用信息系统可取得下列管理效果:

1) 实现项目文档管理的一体化。

2) 获得项目的进度、成本、质量、安全、合同、资金、技术、环保、人力资源、保险动态信息。

3) 支持项目管理满足事前预测、事中控制、事后分析的需求。

4) 提供项目关键过程的具体数据并自动产生相关报表和图表。

12.2.2 项目信息门户

1. 项目信息门户的概念

项目信息门户(PIP)是在对项目全寿命过程中项目参与各方产生的信息和知识进行集中管理的基础上,为项目参与各方在互联网平台上提供一个获取个性化项目信息的单一入口,从而为项目参与各方提供一个高效率信息交流(Project Communication)和共同工作(Collaboration)的环境。

"项目全寿命过程"包括项目的决策期、实施期(设计准备阶段、设计阶段、施工阶段、动用前准备阶段和保修期)和运行期(或称使用期、运营期)。

"项目参与各方"包括政府主管部门和项目法人的上级部门、金融机构(银行和保险机构以及融资咨询机构等)、业主方、工程管理和工程技术咨询方、设计方、施工方、供货方、设施管理方(包括物业管理方)等。

"信息和知识"包括以数字、文字、图像和语音表达的组织类信息、管理类信息、经济类信息、技术类信息及法律和法规类信息。

"提供一个获取个性化项目信息的单一入口"指的是经过用户名和密码认定

后而提供的入口。

国际上有许多不同的项目信息门户产品（品牌），其功能不尽一致，但其主要的核心功能是类似的，包括以下几项：

（1）项目各参与方的信息交流（Project Communication）。

（2）项目文档管理（Document Management）。

（3）项目各参与方的共同工作（Project Collaboration）。

项目信息门户可以为一个建设工程的各参与方的信息交流和共同工作服务，也可以为一个建设工程群体的管理服务。前者侧重于一个建设工程（Project）各参与方内部的共同工作，而后者侧重于对一个建设工程群体（Program）的总体和宏观的管理。

2. 项目信息门户实施的条件

项目信息门户的实施是一个系统工程，既应重视其技术问题，更应重视其与实施有关的组织和管理问题。项目信息门户不仅是一种技术工具和手段，它的实施将会引起建设工程实施在信息时代进程中的重大组织变革。组织变革包括政府对建设工程管理的组织的变化、项目参与方的组织结构和管理职能分工的变化，以及项目各阶段工作流程的重组等。组织的创建和在项目实施过程中动态地完善组织是项目信息门户实施最重要的条件。

12.2.3　基于互联网的工程项目信息平台

随着信息技术的快速发展和项目管理需求的不断提高，人们对项目信息管理和沟通提出了更高要求，主要体现在：

（1）工程参建各方能在各个阶段随时随地获得工程项目各种信息。

（2）能够用虚拟现实的工程项目模型指导工程项目决策、设计与施工全过程。

（3）减少距离影响，使项目管理者之间沟通时有同处一地的感觉。

（4）对信息的产生、保存及传播能够得到有效管理。

基于互联网的工程项目信息平台能够在一定程度上解决上述问题。随着物联网、大数据、人工智能等现代信息技术的快速发展和广泛应用，信息技术在工程项目管理中将会发挥更大的作用。

1. 基于互联网的工程项目信息平台的特点

基于互联网的工程项目信息平台不是一个简单的文档系统，也不是对项目信息进行加工、处理。其主要功能是通过信息的集中管理和门户设置，实现项目信息的共享和传递，为工程参建各方提供一个开放、协调、个性化的信息沟通环境。

2. 基于互联网的工程项目信息平台的体系结构

一个完整的基于互联网的工程项目信息平台的体系结构如图 12-3 所示。

（1）基于互联网的项目信息集成平台。这是项目信息平台实施的关键，必须对来自不同信息源的各种异构信息进行有效集成。

（2）项目信息分类层。该层在项目信息集成平台基础上，对信息进行有效的分类编目，以便于工程参建各方的信息利用。

（3）项目信息搜索层。该层为项目参与各方提供方便的信息检索服务。

（4）项目信息发布与传递层。该层能支持信息内容网上发布。

（5）工作流程支持层。该层使项目参建各方通过项目门户完成一些工程项目的日常工作流程，如工程变更等。

（6）项目协同工作层。该层使用同步和异步手段使项目参建各方结合一定的工作流程进行协作和沟通。

（7）个性化设置层。该层使项目参建各方实现基于角色的界面设置。

（8）数据安全层。基于互联网的项目信息平台有严格的数据安全保证措施，用户通过一次登录即可访问所有信息源。

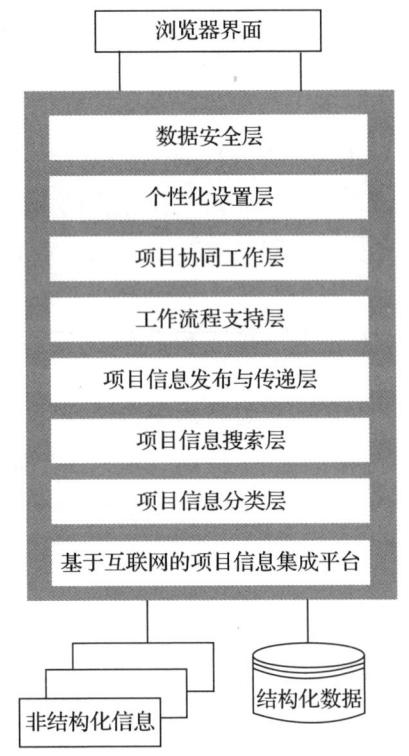

图 12-3　基于互联网的工程项目信息平台的体系结构

3. 基于互联网的工程项目信息平台的功能

基于互联网的工程项目信息平台的功能分为基本功能和拓展功能两个层次。其中：基本功能是大部分商业化项目信息平台和应用服务所具备的功能，可以看成基于互联网的工程项目信息平台的核心功能；而拓展功能则是部分应用服务商在其应用服务平台上所提供的服务，这些服务代表了基于互联网的工程项目信息平台的未来发展趋势。

基于互联网的工程项目信息平台的功能框架如图 12-4 所示。

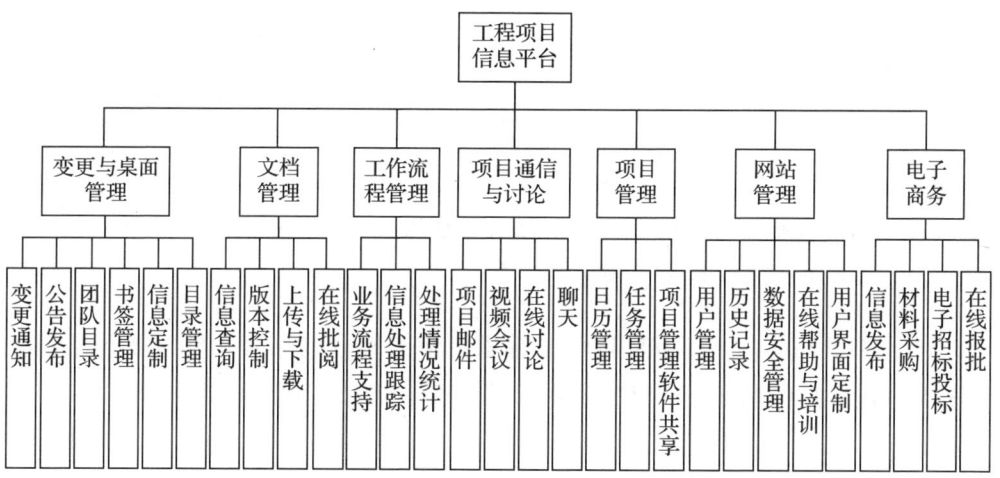

图 12-4　基于互联网的工程项目信息平台的功能框架

（1）基本功能。

1）变更与桌面管理。变更与桌面管理包括变更通知、公告发布、团队目录及书签管理等功能。其中，变更通知是指当某一个项目参建单位有关的项目信息发生改变时，系统用电子邮件（Email）进行提醒和通知。

2）项目管理。项目管理是一些简单的项目进度控制工作功能，包括共享项目进度计划的日历管理和任务管理，以及项目管理软件共享。

3）文档管理。文档管理是在项目站点上提供标准的文档目录结构，工程参建各方可根据需求进行定制。可以完成信息（包括工程照片、合同、技术说明、图样、报告、会议纪要、往来函件等）查询、版本控制、上传和下载、在线审阅等工作。其中，在线批阅功能是基于互联网的工程项目信息平台的一项重要功能,可支持多种文档格式,如 CAD/Excel /PowerPoint 等,项目参建各方可在同一个文件上进行标记、圈阅和讨论,这样可大大提高项目组织的工作效率。

4) 项目通信与讨论。在基于互联网的工程项目信息平台为用户定制的主页上,工程参建各方可通过平台的内置邮件通信功能进行项目沟通,所有的通信记录在站点上都有详细记录,从而便于争议处理。另外,还可就某一个主题进行在线讨论,讨论的每一个细节都会被记录下来,并分发给有关各方。项目通信与讨论可以获得大量随手可及的信息作为支持。

5) 工作流程管理。工作流程管理是对项目工作流程的支持,包括在线完成信息请求、工程变更、提交请求及原始记录审批等,并对处理情况进行跟踪统计。

6) 网站管理。网站管理包括用户管理、在线帮助与培训等功能。其中很重要的一项功能就是对项目参建各方的信息沟通(包括文档传递、邮件信息、会议等)及成员在网站上的活动进行详细记录。数据安全管理也是一项十分重要的功能,它包括数据的离线备份、加密等。

(2) 拓展功能。基于互联网的工程项目信息平台的拓展功能主要包括电子商务等功能,如信息发布、材料采购、电子招标投标和在线报批等功能。

12.3 项目管理软件主要功能

工程项目管理随着工程项目的规模、性质和要求出现了许多根本性的变化而日趋复杂。对工程项目实施全面规划和动态控制,需要处理大量的信息,并且要求及时、准确、全面,这样才能提高项目决策的效率,发挥信息的最大经济价值。对工程项目建设过程中产生的大量数据,单靠人工方法整理和计算已经远远不能满足项目管理的要求,并且许多信息的处理光靠手工方式是不能胜任的。因此,提高工程项目管理水平,应用计算机等信息技术辅助项目管理是工程项目管理中最有效和必需的手段。下面介绍几款国内外常见的项目管理软件的主要功能。

12.3.1　Microsoft Project 项目管理系统

Microsoft Project 是一个在国际上享有盛誉的通用的项目管理工具软件，凝集了许多成熟的项目管理现代理论和方法。使用 Microsoft Project 可以快速构建企业项目管理信息平台，提高企业现代化的项目管理能力和管理效率。

Microsoft Project 不仅可以快速、准确地创建项目计划，而且可以帮助项目经理实现项目进度、成本的控制、分析和预测，使项目工期大大缩短，资源得到有效利用，提高经济效益。可以通过网络协作工具进行动态跟踪，突破时间和空间的局限，随时了解项目进度和当前状态，从而确保项目实施的顺利进行，为企业战略目标的实现提供支持。

Microsoft Project 的功能包括：项目计划制订、项目视图和报表管理、资源管理、成本管理、项目控制和动态跟踪、项目沟通管理、群体项目管理以及灵活的定制技术。

12.3.2　北京梦龙项目管理平台

梦龙项目管理平台依据项目管理理论，从实际应用的角度出发，对项目的进度、成本、质量进行控制，同时对项目中所有涉及的文档和合同进行管理，使用户在任何时候能够及时地找到需要的文档。该系统采用灵活的插件形式，根据行业的不同和企业用户的实际需要，提供不同的功能模块进行定制组合，为用户提供一套最合理、最有效的项目管理解决方案。其主要功能有：

（1）项目管理。以项目树的形式对项目进行管理，尤其在项目分布广泛、数量众多的情况下，这种形式非常有效。辅助以项目地理信息模块，按照项目所在地区进行查看，能够使用户非常清晰地了解项目的各种地理信息。

（2）可扩展的项目信息。不同行业、用户需要查看的项目信息有所不同，项目信息模块除提供相对固定的信息，如名称、编号、时间等外，还以自定义信息的方式提供了扩展项目信息的功能，用户可以根据自己的实际需要，增加若干项信息。

（3）项目进度控制。对项目进度的控制，目前最科学有效的方式是网络计划。在网络计划图中，各个不同的工作以及工作和工作之间的关系，能够很清晰得以体现。

1）项目阶段模块。从更宏观的角度展现了项目的进展情况以及阶段划分，它能够告诉用户，当前时间项目正在进行的阶段是什么，进展情况如何，以及离目标有多远，还需要哪几个阶段，每个阶段有什么要求等。

2）项目形象进度模块。这是另一个与项目进度相关的模块，它以多媒体的形式展现项目的实际场景照片、图像等，更加生动地体现了项目的进度。

（4）项目成本控制。项目成本控制是一个项目是否能够成功最关键的一方面，它以项目的挣值曲线体现所有关于项目成本方面的数据，包括成本现状、趋势、成本进度、成本性能等。通过曲线的分析结果，用户能够很清晰地了解到项目的当前成本状态（是否超出计划、是否超出预算），如果出现成本问题，可以及时采取必要的补救措施。

（5）项目文档管理。一个项目从审批开始，经过立项、运作阶段，到结题验收，一直到最后的总结阶段，会有众多杂乱无章的文档产生。项目文档管理模块会把这些文档以一种有序的方式组织起来，并且存档。在任意时刻，可以查询找到关于该项目的任一文档。

（6）项目合同管理。任何一个项目都会有一份或者多份合同，较大的项目中会涉及甲方乙方身份的改变。随着项目的进展，合同资金会不断地变化，其中的原因包括：合同变更而导致的资金变化，合同金额的支付过程等。项目合同管理模块不仅提供了对合同的查询功能，更重要的是，它能够对当前项目中所有合同的资金现状进行统计，准确地报告资金盈亏状况，供用户参考，进行决策。

12.3.3 清华斯维尔智能项目管理软件

斯维尔智能项目管理软件在充分汲取国内外同类软件优点的基础上，将网络计划及优化技术应用于建设项目的实际管理中，以国内建筑行业普遍采用的横道图、双代号时标网络图作为项目进度管理与控制的主要工具，通过挂接各类工程定额实现对项目资源、成本的精确分析与计算。该软件不仅能够从宏观上控制工期、成本，还能从微观上协调人力、设备、材料的具体使用。

1. 主要特点

（1）严格遵循《工程网络计划技术规程》（JGJ/T1001）等标准，提供单起单终、过桥线、时间参数双代号网络图等重要功能。

（2）智能流水、搭接、冬歇期、逻辑网络图等功能更好地满足了实际绘图与管理的需要。

（3）图表类型丰富实用、制作快速精美，充分满足工程项目投标与施工控制的各类需求。

（4）实用的矢量图控制功能、全方位的图形属性自定义功能、任务样式自定义功能极大地增强了软件的灵活性。

（5）动态真实地模拟施工现场任务，清晰表达各种作业关系（开始—开始（SS）、完成—开始（FS）、开始—完成（SF）、完成—完成（FF））以及延迟、搭接、资源消耗、成本费用等任务信息。

（6）方便快捷地进行工程任务分解，建立完整的大纲任务结构和子网络，实现项目计划的分级控制与管理。

（7）兼容微软 Project 项目数据，智能生成双代号网络图，最大限度地利用用户已有资源，真正实现项目数据的完全共享。

（8）适应性强，能满足单机、网络用户的项目管理需求，适应大、中、小型施工企业的实际应用。

2. 主要功能

（1）项目管理。以树形结构的层次关系组织实际项目并允许同时打开多个项目文件进行操作，系统自动存盘。

（2）数据录入。可方便地选择在图形界面或表格界面中完成各类任务信息的录入工作。

（3）视图切换。可随时选择在横道图、双代号、单代号、资源曲线等视图界面间进行切换，从不同角度观察、分析实际项目。同时在一个视图内进行数据操作时，其他视图动态适时改变。

（4）编辑处理。可随时插入、修改、删除、添加任务，实现或取消任务间的四类逻辑关系，进行升级或降级的子网操作，流水、搭接网络操作，以及任务查找等功能。

（5）图形处理。能够对网络图、横道图进行放大、缩小、拉长、缩短、鹰眼、全图等显示，以及对网络的各类属性进行编辑等操作，也可利用矢量图绘制图形，每个视图均可以存为 EMF 图形。

（6）数据管理与导入。实现项目数据的备份与恢复，并且能导入Project项目数据以及各类定额数据库、工料机数据库的数据等。

（7）图表打印。可方便地打出施工横道图、单代号网络图、双代号网络图、双代号逻辑时标网、资源需求曲线图、关键任务表、任务网络时间参数计算表等多种图表。

12.3.4 建文软件项目管理系统

建文软件项目管理系统，以合同为约束，以进度为主线，以项目的成本控制为目标。针对公司项目分散，各个项目部距离总部比较远，项目现场复杂，人员流动性大，投入的一次性，项目涉及的关联环节多，各种风险大以及企业集中管理难度大等业务特点，平台采用互联网和无线技术相结合的浏览器/服务器（B/S）多层开放结构体系，对工程项目进行远程控制和管理。决策层只需要拥有一台可以上网的计算机，或者一部普通的手机就可对分散在各地的项目进行远程管理和控制，真正解决了施工企业分散作业与集中管理的矛盾。

建文软件项目管理系统的主要特点是软件之中融合了先进的项目管理思维和方法，使得长期以来困扰用户的工期进度、费用和资源投入情况等无法整体性、动态管理的问题得到了很好的解决。此外，软件还能将工程的现行进度与目标管理有机地联系到一起，从而使得项目管理的思想和方法变为一种可操作性很强的、切实可行的手段。

1. 主要特点

（1）采用国内领先的纯粹的基于互联网的B/S结构的网络进度计划体系，真正做到了能上网就能进行项目管理，极大地提高了系统的可操作性和灵活性。

（2）兼容微软Project项目数据，最大限度地利用用户已有资源，真正实现项目数据的完全共享。

（3）动态真实模拟施工现场任务，清晰表达各种作业关系（开始—开始（SS）、完成—开始（FS）、开始—完成（SF）、完成—完成（FF））以及延迟、搭接、资源消耗、成本费用等任务信息。

（4）方便快捷地进行工作任务分解，建立完整的大纲任务结构和子网络，实现项目计划的分级控制与管理。

2. 主要功能

（1）项目范围管理。通过范围管理，明确项目管理的目标与边界，主要涵盖对项目包括什么与不包括什么的定义与控制过程。这个过程用于确保项目组和项目相关方对作为项目结果的项目产品以及生产这些产品所用到的过程有一个共同的理解。

（2）项目进度管理。运用网络计划技术进行项目进度计划的编制、优化与实际进度的追踪管理。

（3）项目资源管理。通过挂接行业、地区与企业定额实现资源的精确分析与计算，在此基础上进行资源计划的编制、优化与追踪管理。

（4）项目成本管理。与资源管理模块结合，采用从下而上的成本累算方式计算项目的实际成本，同时运用成本的分析技术对项目实际运行效果进行有效控制。

（5）项目沟通管理。这包括项目的沟通、项目的报告、项目施工日记和项目知识的管理。

（6）项目质量管理。可根据项目进度，针对施工过程中的开竣工文件、施工组织设计方案、工程质量计划、施工过程控制资料、测量记录、技术交底、检验批质量验收记录，以及分部分项验收资料等进行全方位管理控制，实现工程质量管理资料的归类、检索与统计，并对项目的优良率等质量指标进行自动统计与报警提示，为企业对工程质量管理提供有力的决策依据和支持。

（7）项目安全管理。紧密结合《建筑施工安全检查标准》（JGJ 59—2011），配合国务院《建设工程安全生产管理条例》，提供工程项目安全措施分析、设计、实施和监控，而且提供安全动态分析的信息流，为建筑施工安全生产情况提供科学的评价和决策依据，极大地提高安全生产工作和文明施工的管理水平，实现安全检查评价工作的标准化、规范化。

12.4 信息技术在项目管理中应用的新发展

近年来，现代信息技术（BIM、云计算、大数据、物联网等）在项目管理中的应用有许多新的发展，促进了现代工程项目实施过程和管理过程数字化、网络化、个性化、集成化、智能化、虚拟化。BIM 技术和大数据技术等在上海中心大厦、中国尊等一批典型项目管理应用中取得了明显进展。

12.4.1 建筑信息模型

1. 建筑信息模型的内涵及特点

建筑信息模型（Building Information Modeling，BIM）的概念最早可以追溯到 20 世纪 70 年代，时任卡内基梅隆大学建筑和计算机科学专业教授的 Chuck Eastman 于 1975 年提出了"Building Description System"（BDS）的概念，可以被视为最早提出的与之相关的概念。建筑信息模型的概念是伴随着信息技术在建筑业的深入运用而产生和发展的，且概念的提出者往往又从多个方面来理解与之相关的问题，因此，它又常以不同的名称出现，如单一建筑模型（Single Building Model，SBM）、集成建筑模型（Integrated Building Model，IBM）、通用建筑模型（Generic Building Model，GBM）及虚拟建筑模型（Virtual Building Model，VBM）等。近年来，随着各方的看法逐渐趋于一致，建筑信息模型的说法得到了广泛的认同。

BIM 是一个建设项目（或设施）物理和功能特性的数字表达，属于共享的知识资源。在建设项目全寿命周期，BIM 的信息可为所有决策提供可靠的依据。在项目不同阶段，不同参与方可以在 BIM 中插入、提取、更新和修改信息，在共同的模型中实现协同作业。

对 BIM 内涵的理解应从技术和方法两个层面来认识。BIM 首先是一种技术，是数字技术在建筑工程中的直接应用，以解决建筑工程在软件中的描述问题，使设计人员和工程技术人员能够对各种建筑信息做出正确的应对，并为协同工作提供坚实的基础。BIM 同时又是一种应用于设计、建造、管理的数字化方法，这种方法支持建筑工程的集成管理环境，可以使建筑工程在其整个进程中显著提高效率和大量减少风险。

BIM 的特点主要体现在以下五个方面：

（1）可视化。可视化是 BIM 最显著的优点，也就是"所见即所得"。与传统的二维图相比，三维模型的可视化特性可以让设计师在三维模式下，搭建与实际工程一样的模型，能按照三维的思考方式来完成设计，同时也给业主提供了最直接有效的感官体验，使得建筑物的体量形态、空间位置一目了然。通过三维模型的展示，业主能直观地看到自己的投资成果，方便业主和设计师之间更好地沟通、讨论与决策。

(2) 参数化。参数化在工程设计阶段发挥了突出的优势。面对多个设计方案或设计变更，传统的方法是设计人员对大量的设计图进行手动修改调整，费时耗力且容易出错。而利用 BIM 的参数化修改引擎对模型设计的任何部位所做的修改，都可以自动修改到其相关联的部分，在任一视图下所发生的变更都能参数化地、双向地传播到所有视图，以保证所有设计图的一致性，无须逐一对所有视图进行修改，大大提高了工作效率和工作质量。

(3) 协同化。各专业设计师基于统一的 IFC 工业标准建立 BIM 模型，不同应用程序之间可以完成数据的转换和共享。设计师们采用 BIM 技术并通过网络将各自的设计理念整合到一起，实现协同设计，得到最终的数字化模型。该模型不仅可以完成对图形的描述，还可以容纳从设计、施工、运维到项目报废为止的全生命周期的信息，使所有信息相互之间完全关联。协同的结果是不仅消除了项目中的信息孤岛和不同专业软件之间的不兼容性，也为各相关人员提供了一个交流、共享的平台。模型信息可以被平台上各相关人员共享，避免重复利用，减少信息传递过程的损失，从而大大提高整体工作效率。

(4) 模拟性。BIM 不仅模拟建筑物的形状，对于一些抽象的信息，比如温度、光度、日照等都可以进行模拟实验，从而得出适合建筑物应用的设计方案；与施工进度计划链接，可以模拟整个施工过程，为科学布置施工现场、合理确定施工计划、优化使用施工资源提供指导；进行运营阶段日常紧急情况的处理方式模拟，确定灾害发生位置，分析灾害发生原因，合理制定人员快速疏散路线，为有效预防地震、火灾、人员伤亡事件发生等提供最佳应对方案。

(5) 可出图性。BIM 数据库由参数化数据组成，可以以多种方式导出。对建筑物进行可视化展示、协调、模拟、优化以后，出具对应的建筑设计图、经过碰撞检查和设计修改后的施工图、综合管线图、综合结构留洞图（预埋套管图）、碰撞检查侦错报告和建议改进方案等。另外，工程量清单、设备表等电子表格信息及电子文档信息也可以输出。

2. 建筑信息模型的应用分析

(1) 设计企业 BIM 应用的主要内容。

1) 方案设计和初步设计。使用 BIM 技术能进行项目立体模型的直观展示，分析造型、体量和空间的不足之处并进行修改，快速确定方案，还可以同时进行能耗分析和建造成本分析等，使得初期方案决策更具有科学性。

2）详细设计分析及模拟。基于建筑、结构、机电各专业建立的 BIM，进行日照、能耗、室内外风环境、声学、热工、环境光污染及噪声等分析，进行垂直交通模拟、应急模拟，相对于传统设计可以在设计工期很紧的情况下，快速完成设计分析和模拟，大幅提高设计质量。

3）施工图设计。基于三维几何模型的 BIM 工程数据可以通过工具软件自动生成各种平面、立面、剖面图和统计报表。设计变更也可以通过修改模型自动完成相应图的修改，把设计人员从繁重的二维图绘制中解放出来，把主要精力放到方案设计和扩初设计阶段，集中在创造性劳动上。

4）设计评审。在设计会签之前，利用 BIM 的三维模型进行错漏碰缺的检查，能够直观地解决建筑物空间关系上的冲突，检查出设计中存在的错误，并利用专业知识查勘缺失项目，从而优化工程设计，减少在正式施工时可能存在的问题，最大限度地避免返工。同时可以通过 BIM 进行空间标高的优化，对装修完成面和管线排布方案进行调整和美化。

(2) 施工企业 BIM 应用的主要内容。

1）专业协调。施工单位利用错漏碰缺优化后的方案，进行施工交底和施工模拟，对各专业施工进行协调，能够大大提高施工质量，最大限度地减少返工。

2）模拟优化施工方案。在 BIM 模型三维可视化模型的基础上增加时间维度，结合施工组织设计和施工方案，进行施工进度的模拟。将不同方案的模拟效果进行对比，可以优选方案；将模拟施工进度与施工现场的实际进度进行对比，可以提前预警，提醒工程技术人员调整进度安排和资源配置。

3）项目综合管控。运用 BIM5D 技术追踪现场的施工过程，监控各种危险源，发现问题进行标记、跟踪、记录并进行数据同步，通知现场质安人员核实查看完成质量、安全管理工作；将实际进度完成情况反馈进 BIM5D，可以看到当前的进度情况与计划对比的效果，进行进度调控；在已经关联了进度计划的 BIM5D 模型中，可以根据进度、部位、不同材料类别进行材料查询，生成材料报表，辅助材料管理人员对现场材料进行管控；BIM5D 提供合同造价、实际造价和结算造价等资金信息，可随时查询不同时期计划资金与实际资金的差距，进而可预测项目的实时盈亏情况；此外，BIM5D 还可以提供移动端、PC 端和网页端的互联网＋应用，对项目进行综合管控。

(3) 建设单位运维阶段 BIM 应用的主要内容。

1) 空间管理。在为各系统进行空间位置信息的编码后，将原来编号或者文字表示的内容变成三维图形位置，能够非常直观地查找设施、设备的位置，提升空间管理的效率。例如，通过射频识别（RFID）获取安保人员的位置；消防报警时，在 BIM 上快速定位所在位置，并查看周边疏散通道和重要设备等。

2) 设施管理。这主要包括设施的装修、空间规划和维护操作。美国国家标准与技术研究院（NIST）于 2004 年进行的研究显示，业主和运营商在持续设施运营和维护方面耗费的成本几乎占总成本的 2/3。对重要设备进行远程控制，了解设备的运行状况，可降低由于缺乏互操作性而导致的成本损失，为业主提供更好的运维管理条件。

3) 隐蔽工程管理。通过 BIM 可以将隐蔽的管线或者设备的信息进行可视化的共享，内部管理人员可以通过共享的信息随时查看设备数据可能发生的调整，并及时更新这些信息，从而确保信息的完整性和准确性，对设备进行维护，最大概率地降低安全风险。

4) 应急管理。公共建筑、大型建筑和高层建筑等作为人流聚集区域，对突发事件的应急响应能力变得至关重要。通过 BIM 技术的运维管理对突发事件进行管理，包括预防、警报和处理，可以迅速定位故障设施设备的位置，避免了在浩如烟海的图样中寻找信息的问题，降低酿成灾难性事故的风险。

5) 节能减排管理。BIM 通过与物联网技术的结合，可以方便地进行日常能源管理监控。通过传感器采集到的建筑能耗数据，实现数据的实时传输、初步分析、定时定点上传等基本功能，并实时地在 BIM 上显示数据，进行数据的可视化处理。

12.4.2 大数据技术

1. 大数据技术的内涵及特点

从各种各样类型的数据中，快速获得有价值信息的能力，就是大数据技术。大数据技术的特点主要有：

（1）数据体量巨大。可从 TB 级别跃升到 PB 级别。

（2）数据类型繁多。例如有网络日志、视频、图片、地理位置信息等。

（3）价值密度低。以视频为例，连续不间断监控过程中，可能有用的数据仅仅有一两秒。

（4）处理速度快。1 秒定律，这和传统的数据挖掘技术有着本质的不同。

基于大数据背景，工程的各项活动都变得更加高效与智能，大数据技术的出现为工程项目的发展提供了全新的动力。

2. 大数据技术的应用与管理

（1）大数据技术应用基础工作。

1）数据收集与处理。首先，管理人员需要对大数据的存储、集成技术进行应用，分析和处理各类工程项目中产生的数据信息。对未来的工程项目的发展趋势进行分析可知，还需要加强对虚拟社区数据技术的研究与应用。其次，在应用大数据技术时，管理人员应将大数据技术与工程项目的目标规划、目标控制以及项目的具体实施联系在一起，确保深化大数据技术与工程项目的结合度。最后，工程管理人员在应用大数据技术时，应关注数据管理需求，并将其与工程项目相对接，并在此基础上对大数据技术进行积极创新，以取得标志性管理成果。

2）建立基础数据模型。在对工程项目进行数据处理时，在大数据背景下，需要积极地构建基础数据模型，以此来帮助工程管理人员获得管理工作的科学参考。在基础数据模型下，工程管理人员能够充分掌握项目相关信息，并探寻其中的规律。在构建基础数据模型时，工作人员需要在大数据技术的支持下对数据信息进行提炼与整合，且要关注数据信息与工程项目管理条目以及工程项目施工之间的实际连接，要借助基础数据模型展示出工程项目的一般特征。常规的建设项目工程管理工作需要掌握一般性内容，即设计建造参数、实际建造进度、建造费用、后期维保，在构建基础数据模型时，要对上述每一个分项要素进行专项模型构建，同时要对模型进行整合，形成集成化的模型结构，确保既能够展示出若干细分条目，又能够体现出各种数据信息之间的关系。在细分条目下，管理人员可以借助拓扑学原理，构建蛛网状数据结构模型，形成分布式的大数据模型结构，确保工程基础信息完成，并有序地对相关信息进行罗列，为工程管理人员的使用提供便利。

（2）大数据决策技术的应用与管理。工程管理模式的转型需要依托于先进的管理理念与管理技术，当前大数据背景可以看作工程项目管理工作发展的重要机遇。管理人员需要对先进的技术进行应用，以促进工程管理模式的转型。在现阶段的管理工作中，管理人员主要倾向于对云计算技术、智能物联技术、移动互通技术等进行应用，在上述技术的支持下，工程管理人员可以对现场施工、材料采购以及施工人员等进行有效的管理。实际的管理工作对管理人员的技能水平要求较高，需要管理人员认识到存在的诸多影响施工与管理决策的复杂因素，因而，在应用大数据技术时，也要考虑工程项目在大数据判断与预测结果方面可能出现的偏差，由此需要工程管理人员对大数据决策技术进行合理的应用。应用大数据决策技术在诸多方面可以彰显效益，在最初的工程项目方案的讨论与改进阶段可以使用大数据决策技术，在工程项目后期维护和运营阶段可以使用大数据决策技术，在项目施工合同的订立和执行阶段也可以使用大数据决策技术。工程管理人员要充分借助大数据分析与大数据挖掘等技术，对信息资源进行深入分析，以提高工程项目决策的科学性。

（3）大数据集群智能技术的应用与管理。对未来发展趋势进行分析可知，智能化是行业发展的主要方向之一，管理人员要善于采取更加智能化的管理手段，即大数据集群智能技术对工程项目进行管理。在大数据集群智能技术的支持下，管理人员能够实现对工程项目跨时空范围的数字化管理，且能够从规划设计、施工到运营进行集成化的管理。在未来的智能化建筑工地中，可以将施工现场看作由多个供应链连接、多种制造产业组合的集成化装配现场，因而在进行工程管理时，管理人员需要做到各个环节的协同管理。在施工现场管理活动中，可以应用的现代化技术较多，包括以无人机为代表的大规模数据采集和分析技术、RFID 技术、图像识别技术等，以更高频率地获取施工现场数据资料，彰显效益，提高质量。

（4）区块链大数据技术的应用与管理。在当前的大数据环境中，出现了一种更为先进的技术，即区块链大数据技术，该技术主要针对的是数据信息的网络传输效率与网络传输安全。在工程管理过程中，管理人员应积极地对区块链大数据技术进行应用，具体包括加密算法、点对点传输以及分布式数据存储技术等，在上述技术的应用下，能够有效地对数据安全问题进行规避。区块链大数据技术的应用应关注以下问题：

1) 管理人员应首先在区块链大数据技术的支持下对工程项目的模型架构进行搭建，确保后续工程管理活动有数字化的管理支撑。

2) 区块链大数据技术本身具有不可追溯、不可篡改以及不可伪造等特性，因而在管理过程中，应重视对原始数据、文件、图片等重要资料进行备份。

3) 在应用区块链大数据技术时，管理人员应构建完善的激励与共识管理机制，从工程项目的有序以及顺利进行角度出发，对区块链大数据技术进行自适应性应用。工程项目的未来管理活动将更加关注数据安全性，因而区块链大数据技术将作为重点研究课题，管理人员则要不断加强应用实践，获得更加丰富的应用经验。

复习思考题

1. 项目信息包括哪些？
2. 简述信息管理手册的主要内容。
3. 简述工程项目信息管理实施策略。
4. 简述项目管理信息化的意义。
5. 简述基于互联网的工程项目信息平台功能。
6. 简述一种项目管理软件的主要功能。
7. 简述 BIM 的特点。
8. 分析 BIM 在建设工程项目不同阶段的应用。
9. 简述大数据决策、大数据集群智能技术的应用与管理。

参考文献

[1] 成虎，陈群. 工程项目管理［M］. 4版. 北京：中国建筑工业出版社，2015.
[2] 全国一级建造师执业资格考试用书编写委员会. 建设工程项目管理：2019年版［M］. 北京：中国建筑工业出版社，2019.
[3] 白思俊. 现代项目管理［M］. 2版. 北京：机械工业出版社，2019.
[4] 隋云龙，王东升. 建设工程项目管理理论与实务［M］. 徐州：中国矿业大学出版社，2019.
[5] 卢向南. 项目计划与控制［M］. 2版. 北京：机械工业出版社，2009.
[6] 全国造价工程师职业资格考试培训教材编审委员会. 建设工程造价管理［M］. 北京：中国计划出版社，2019.
[7] 王祖和. 现代项目质量管理［M］. 北京：中国电力出版社，2014.
[8] 王雪青，杨秋波. 工程项目管理［M］. 北京：高等教育出版社，2011.
[9] 中国项目管理研究委员会. 国际项目管理专业资质认证标准［M］. 北京：电子工业出版社，2006.
[10] 王祖和，王海鑫. 工程质量持续改进［M］. 北京：中国电力出版社，2014.
[11] 中国项目管理研究委员会. 中国项目管理知识体系［M］. 北京：电子工业出版社，2006.
[12] 王祖和. 现代工程项目管理［M］. 北京：电子工业出版社，2013.
[13] 中国石油工程建设公司. 国际石油工程建设HSE知识与操作实务［M］. 北京：石油工业出版社，2008.
[14] 明杏芬，李臻，孟秀丽. 工程项目管理［M］. 成都：西南交通大学出版社，2017.
[15] 全国一级建造师执业资格考试用书编写委员会. 建筑工程管理与实务［M］. 北京：中国建筑工业出版社，2019.
[16] 赖一飞，夏滨，张清. 工程项目管理［M］. 武汉：武汉大学出版社，2006.
[17] 宜卫红，张本业. 工程项目管理［M］. 北京：中国水利水电出版社，2006.
[18] 郭峰. 土木工程项目管理［M］. 北京：冶金工业出版社，2013.
[19] 邱国林，刘茉. 建设工程项目管理［M］. 武汉：武汉大学出版社，2014.
[20] 邓铁军. 工程建设项目管理［M］. 武汉：武汉理工大学出版社，2012.
[21] 杨兴荣，姚传勤. 建设工程项目管理［M］. 武汉：武汉大学出版社，2013.

[22] 叶胜川,刘平. 工程建设法规 [M]. 武汉:武汉理工大学出版社,2009.

[23] 张厚先. 建设项目管理 [M]. 郑州:黄河水利出版社,2008.

[24] 季鹏. 大数据背景下工程项目管理的创新要点 [J]. 建材与装饰,2020 (3):212-213.

[25] Project Management Institute. A Guide to the Project Management Body of Knowledge:PMBOK® Guide [M]. 6th ed. Newtown Square, PA, USA:Project Management Institute, Inc, 2017.

[26] 美国项目管理协会. 项目管理知识体系指南:PMBOK®指南 第5版 [M]. 许江林,等译. 北京:电子工业出版社,2013.

[27] 郭波,龚时雨. 项目风险管理 [M]. 北京:电子工业出版社,2008.

[28] 李世荣. 工程建设风险管理 [M]. 北京:中国建筑工业出版社,2000.

[29] 苗准,欧立雄. 项目风险评估基准研究现状与趋势分析 [J]. 项目管理技术,2013 (10):41-44.

[30] 戚安邦. 项目风险管理 [M]. 天津:南开大学出版社,2010.

[31] 任旭. 工程风险管理 [M]. 北京:清华大学出版社,2010.

[32] 张国兴,胡绍兰. 项目风险监控研究 [J]. 基建优化,2006 (6):30-31.

[33] 刘立新. 风险管理 [M]. 北京:北京大学出版社,2006.

[34] 沈建明. 项目风险管理 [M]. 2版. 北京:机械工业出版社,2010.

[35] 刘晓红,徐玖平. 项目风险管理 [M]. 北京:经济管理出版社,2008.

[36] 王长峰. 现代项目风险管理 [M]. 北京:机械工业出版社,2008.

[37] 赵丽坤. 项目风险管理 [M]. 北京:中国电力出版社,2015.

[38] 马翠华,刘建准. 管理沟通:技能与开发 [M]. 北京:清华大学出版社,2015.

[39] 康青. 管理沟通 [M]. 5版. 北京:中国人民大学出版社,2018.

[40] 魏江. 管理沟通:成功管理的基石 [M]. 4版. 北京:机械工业出版社,2019.

[41] 丁宁. 管理沟通:理论、技巧与案例分析 [M]. 北京:人民邮电出版社,2016.

[42] 叶龙,吕海军. 管理沟通:理念与技能 [M]. 北京:清华大学出版社,2006.

[43] 国际项目管理协会. 个人项目管理能力基准:项目管理、项目集群管理和项目组合管理 第4版 [M]. 中国优选法统筹法与经济数学研究会项目管理研究委员会,译. 北京:中国电力出版社,2019.